Martin Öxle
Speisemeister

Martin Öxle
Speisemeister

Hommage an einen großen Koch

KOSMOS

Inhalt

Martin Öxle – Speisemeister   6

♛

„Das Kochen ist für mich wie eine Droge"   8
Auf der Suche nach dem Urgeschmack   14
Wanderjahre von Berlin über München zum Schloss Solitude   22
Das Beste vom Besten – im eigenen Restaurant   32
Der „Speisemeisterei" verschrieben – mit Haut und Haar   44
„Er hat uns neue Genusswelten erschlossen"   56
Rückblick und Zukunftspläne   62

♛

DIE REZEPTE
Vorspeisen & Suppen   68
Fisch & Krustentiere   122
Hauptgerichte   160
Käsegerichte & Desserts   182
Grundrezepte   204

♛

ANHANG
Kulinarische Tipps aus der Sterneküche   214
Alphabetisches Rezeptregister   216
Glossar   218

Martin Öxle – Speisemeister

Seelenverwandtschaft

Kennengelernt haben wir uns im Rahmen einer Ehrung des Busche-Verlags anlässlich der Neuerscheinung des Schlemmer-Atlasses. Die Fußballnationalmannschaft der Köche, der wir beide angehören, brachte uns ebenfalls zusammen. Sonst hatten wir wenige Gelegenheiten, uns zu treffen: wahrscheinlich deshalb, weil wir uns intensiv um unseren jeweiligen Betrieb, um unsere Gäste gekümmert haben. Trotzdem verbindet uns eine Seelenverwandtschaft. Beide waren und sind wir ständig auf der Suche nach den besten Produkten für unsere Gäste. Ich beglückwünsche Sie, lieber Kollege Martin Öxle, zu Ihrem Entschluss, zu einem Zeitpunkt in den partiellen Ruhestand zu gehen, der es ihnen ermöglicht, die Früchte Ihrer Arbeit in vollen Zügen zu genießen. Außerdem kann ich mir nicht vorstellen, dass Sie gänzlich von der kulinarischen Bildfläche verschwinden wollen. Ab und zu werden Sie bei passenden Gelegenheiten in Erscheinung treten. Ich freue mich darauf, Sie dabei wieder zu sehen. Für die Zukunft wünsche ich Ihnen von ganzem Herzen alles erdenklich Gute.

Johann Lafer, Stromburg – Le Val d'Or, Stromberg

Über den Tellerrand hinaus

Ein Beruf, der unsere Leidenschaft trägt und in unserer Seele lebt: da gibt man alles, und zwar weit über den Tellerrand hinaus. Seit 15 Jahren kennen wir Dich nun als Verfechter der Spitzenküche, mehr im Hintergrund, dem eigenen Haus verpflichtet, für die eigenen Gäste jederzeit präsent. Deine Rolle auf dieser Bühne war ruhig, leise, bescheiden, jedoch außergewöhnlich und beständig. Der Erfolg war gezeichnet durch Ausdauer, Konsequenz und Willenskraft, der Patron war somit ausgezeichnet als einer unserer besten Meister der Köchezunft. Du, Martin Öxle, hast die Wertigkeit unseres schönen Berufes verteidigt und gelebt. Unsere kulinarische Kultur braucht Akteure wie Dich. Wir werden Dich nicht vergessen.

Bernhard Diers, Küchendirektor Restaurant „Zirbelstube", Hotel am Schlossgarten, Stuttgart

Geniale Küche

„Nur das Beste für den Gast", das zelebrierten Sie, lieber Martin Öxle, mit Herzblut seit mehr als drei Jahrzehnten. Sie haben sich als Vorbild an Genauigkeit und Professionalität weit über die Grenzen Deutschlands mit genialer Küche große Anerkennung erkocht. Mir waren Sie über die Jahre ein hoch geschätzter und sympathischer Kollege.

Dieter Müller, Schlosshotel Lerbach, Bergisch-Gladbach

Hervorragender Koch

Es ist schade, wenn so hervorragende Köche und Gastronomen wie Du die Gourmet-Ebene verlassen. Du warst immer ein umgänglicher und korrekter Kollege, der seinen eigenen Stil hatte und sehr viel zur kulinarischen Szene Deutschlands beigetragen hat. Ich kann verstehen, dass man sich dafür entscheidet, kürzer zu treten, wenn man dazu die Möglichkeit hat. Ich bin mir sicher, dass wir uns nicht aus den Augen verlieren und wünsche Dir und Deiner Familie alles Gute!

Hans Haas, Restaurant Tantris, München-Schwabing

Großer Respekt

Mit Martin Öxle zieht sich ein Klassiker aus dem Geschäft zurück, und ich ziehe meinen Hut vor dem geschätzten Kollegen. Ich habe großen Respekt vor seinem Wissen und seinem Können – ein Profi durch und durch, der sich nie in den Vordergrund gedrängt hat. Besonders gefallen haben mir immer seine Terrinen und Pasteten, die er beherrscht hat wie kaum ein anderer. Lieber Martin Öxle, jetzt hast Du ja Zeit, mich mal in München zu besuchen. Ich koch Dir alles, was Du willst – nur bitte keine Terrine!

Alfons Schuhbeck, Schuhbeck's in den Südtiroler Stuben, München, Am Platzl

„Das Kochen ist für mich wie eine Droge"

Das Leben ist eine einzige Metamorphose – eine Wandlung von einem Zustand in den anderen: von jung zu alt, von schlank zu üppig, von hungrig zu satt. Der einstige Bauernbub Martin Öxle aus dem Weiler Bambergen bei Überlingen am Bodensee hat das Prinzip der Wandlung nicht nur erlebt, wenn er sonntags mit seiner Familie die katholische Messe besuchte und dabei des Sakraments der Eucharistie, des heiligen Abendmahls, teilhaftig wurde. Nein, er lernte es auch daheim bei seiner Mutter in der Küche. Dort erlebte er, wie sich rohe Fleischstücke unter dem Einfluss der Hitze in einen knusprigen Braten verwandelten, wie aus harten Erdbirnen ein sämiger Kartoffelsalat entstand. Das war für ihn jedes Mal ein kleines Wunder.

Weil Martin Öxle schon früh in der Küche daheim war, lernte er nicht nur Zutaten, Gerüche und Geschmacksvarianten zu unterscheiden. Er registrierte bald noch etwas anderes: dass Kochen zwar ein mühevolles, zeitraubendes Geschäft war, aber dass sich Mühe und Schweiß in Lob und Anerkennung verwandelten, wenn das Gericht gelungen war. Diese Transformation interessierte und motivierte ihn – zum Kochen. Damit konnte man etwas bewegen, bewirken. Hatte nicht schon der alttestamentliche Jakob seinem Bruder Esau das Erstgeburtsrecht „abgekocht", mit einem leckeren Linsengericht? Sprach die Welt nicht noch nach zweitausend Jahren von den Gastmählern des Römers Trimalchio?

Ja, die Kochkunst hätte Öxle später fast zum olympischen Helden erhoben, und zwar in einer Boulevardzeitung. Dort hieß es: „Kochen ist keine Disziplin bei den Olympischen Spielen. Schade. Denn Martin Öxle hätte alle Chancen, Weltmeister zu werden. Er ist nämlich schon Deutschlands bester Koch, erkochte sich bereits 18 Goldmedaillen. Und die 19. hätte ich ihm am liebsten selbst verliehen – für sein traumhaftes Menü." Dieser Küchenzauberer Öxle hatte einen Traum: dass Menschen ihren Hunger nicht gedankenlos stillen sollten, sondern dass sie beim Dinieren Harmonie und Glücksgefühle spüren könnten. Das hat ihn zu außergewöhnlichen Leistungen inspiriert. Das hat ihn zum Speisemeister gemacht.

„Wichtig ist, dass man mit Liebe kocht!"

„Ich wollte immer alles perfekt machen."

Was Kochen für mich bedeutet? Das war und ist mein Beruf, richtig. Aber das wäre zu wenig. Kochen ist für mich auch Freude und Spaß, von Kindheit an. Wenn ich sonntags meiner Mutter und meiner Schwester beim Kochen helfen durfte, dann konnte ich mich an Lebensmitteln, den vielfältigen Zutaten freuen: an einem schönen Stück Rindfleisch, an gut gewachsenen Kartoffeln und strammen Gelbe Rüben, an einem herzhaften Salat – Natur pur. Und ich spürte: Daraus kann ich etwas machen, damit kann ich kreativ umgehen. Spätestens vom Beginn meiner Lehre an habe ich gemerkt:

Dieser Beruf ermöglicht mir den Umgang mit schönen, natürlichen Dingen, die ich verwandeln, veredeln kann.

Natürlich ist mir schnell aufgegangen, dass dies Arbeit bedeutet – je anspruchsvoller ich wurde, desto mehr. Aber das Schaffen in der Küche, das Erschaffen von Gerichten ist mir nie zu viel geworden. Ich konnte darin mich und meine Phantasie ausleben, und dabei habe ich mich wohlgefühlt. Ich bin so ein Kerl, der sich an einer gelungenen Sauce, an einem perfekt gebratenen Fleisch, an einem exzellent gegarten Fisch von Herzen freuen kann. Da hat meine Seele Luftsprünge gemacht – wie bei anderen, wenn sie ein Bauwerk errichtet oder ein Auto konstruiert haben.

Ich wollte immer etwas nach vorne bringen, zum Positiven verändern. Ich wollte aus einem Filet, einer Seezunge, einem Hummer einen Mehrwert herausholen, ein harmonisches Gericht daraus machen, das meine Gäste glücklich stimmt. Vielleicht, nein bestimmt war das Kochen für mich manchmal auch eine Art Droge, die mir einen veritablen Glückszustand beschert hat. Das Schöne daran: Diese „Droge" Kochen kann man nicht passiv genießen. Man braucht handwerkliche Kenntnisse dafür, man muss von Grund auf lernen, sich mit den Rohstoffen auseinandersetzen, sich die Zubereitungstechniken aneignen – als ich so weit war, hat sich plötzlich ein freier Raum aufgetan. Jetzt konnte ich eigene Ideen entwickeln, durfte eigene Rezepturen und Kombinationen ausprobieren, einfach schöpferisch tätig sein.

Klar setzen äußere Einflüsse Grenzen: die Art des Restaurants, die Wünsche und Zahlungsbereitschaft der Gäste, der Geschmack des Patrons. Aber im Prinzip gibt es am Herd eine große Freiheit, zu probieren, zu tüfteln, sich Neues einfallen zu lassen, einfach immer perfekter zu werden. Das ist mir entgegengekommen – mir und meinem Ehrgeiz, aus dem ich nie einen Hehl gemacht habe. Manchmal wurde mir dieser Charakterzug auch vorgeworfen: Du bist einfach nie zufrieden, du willst alles immer noch perfekter machen. Ja, in diesem Punkt war ich ziemlich stur – ob es um die Vollendung eines Gerichtes ging oder später um die Kochkarriere. Aber es ist wie in anderen Berufen auch: je höher man auf der Leiter steht, desto selbständiger kann man entscheiden. Wenn es nicht so großartig klänge, könnte man auch sagen: desto größer wird die Freiheit. Das war mein Antrieb, mein Ziel.

Ich habe das spätestens von meinem zweiten Lehrjahr an erfahren. Da durfte ich plötzlich mehr tun, als nur Salat zu putzen und Kartoffeln zu schälen. Da musste ich plötzlich einen Küchenposten einnehmen, Gerichte kochen. Wenn dann der Chef, die Chefin aus dem Restaurant in die Küche kamen und sagten: „Das war prima, die Gäste haben es gelobt", dann war das ein Glücksmoment für einen jungen Kerl wie mich, dann hat das Selbstvertrauen beschert. Und als es dann die ersten Preise und Auszeichnungen gab, da habe ich gemerkt: Super, was du machst, hat einen Wert, es wird geschätzt. Natürlich ist mir auch mal was schiefgegangen, natürlich musste auch ich Kritik einstecken, ob vom Chef oder von Gästen. Ganz ehrlich: Das zu schlucken ist mir nie leicht gefallen. Aber nach einer unruhigen Nacht habe ich mir dann gesagt: „Gut, da hast du einen

Fehler gemacht. Lern daraus und mach es das nächste Mal besser." Damit war die Sache ebenso verarbeitet, wie wenn ich einen Preis gewonnen habe. Doch beides hat dazu beigetragen, dass ich mich noch mehr anstrengte – und wer kocht, bekommt die Resonanz postwendend. Das war zu Hause am Mittagstisch so, wenn mich der Vater oder die Tante lobten. Das war später im Beruf so, wenn es Anerkennung gab oder Sterne.

Kochen, ob familiär oder auf hohem Niveau, hat zwei große Vorteile. Es ist eine in sich geschlossene, kaum entfremdete Arbeit. Natürlich sind wir mit der modernen Küchentechnik weit von der Steinzeit weg, wo noch eine Bärentatze, ein Feuer und ein bisschen Salz ausreichten. Aber noch immer entwirft der Koch ein Menü am Stück, er kocht es in der dampfenden Hitze der Küche, er serviert und präsentiert es – und bekommt die gebührende Quittung von den Gästen.

Allerdings hat die Sache ihren Preis: Wer seine Qualität über lange Zeit durchhalten will, der braucht Stehvermögen, muss topfit sein. Für mich hat das in all den Jahren bedeutet: kein Nikotin, ganz wenig Alkohol. Zweitens ist Kochen eine ganz individuelle Disziplin. Ich habe Kollegen, die mehr auf den geselligen Umgang mit ihrem Publikum Wert legen; ich habe telegene Kollegen mit schauspielerischem Talent; ich habe Kollegen, die ihre Gäste mit rustikalen Gerichten verwöhnen – und ich konnte mich ganz auf die Perfektion in der Küche konzentrieren, frei nach dem Motto: Wo Öxle draufsteht, muss Öxle drin sein – es muss nach Öxle schmecken, unverwechselbar. Aber all diese Varianten sind im Kochberuf möglich. Und das macht glücklich – mich zumindest. Ein wenig von diesem Glück soll sich in diesem Buch widerspiegeln: als Erinnerung an viele gute Jahre, die ich erlebt habe. Und auch als Dank an viele treue Gäste, die mir den Spaß, für sie auf hohem Niveau zu kochen, erst möglich gemacht haben. Und falls Sie meine Rezepte nachkochen wollen, noch ein kleiner Hinweis: Wichtig sind nicht nur gute Produkte.

Die wichtigste Zutat ist, dass man mit Liebe kocht. Dann kann man auch aus schlichten Zutaten eine wundervolle Mahlzeit zubereiten.

Hans-Paul Steiner
Restaurant Hirschen, Sulzburg

Kulinarische Kultur

Lieber Martin Öxle, was macht ein Kreativkoch ohne seine Kreativküche? Vielleicht nur noch die Restaurants der Kollegen besuchen und neidvoll zuschauen, wie diese ihre Kreativität ausleben? Hoffentlich wird das bei Dir nicht der Fall sein. Denn es gibt ja außer Kochen noch andere freudvolle Aktivitäten, um seine kulturellen Bedürfnisse zu befriedigen. Ich wünsche Dir von Herzen, dass Du, lieber Martin, in Zukunft auch ohne Kreativküche ein freudvolles Leben mit Deiner Familie führen kannst und die kulinarische Kultur, die Du vertreten hast, bei Dir weiterhin nicht zu kurz kommt.

„Auf der Suche nach dem Urgeschmack"

Was hat Martin Öxle, der moderne Küchenkünstler, mit Abraham a Sancta Clara zu tun, dem Augustiner-Mönch? Der hieß mit bürgerlichem Namen Johann Ulrich Megerle und wetterte um 1670 als Bußprediger in Wien gegen das „Hui und Pfui der Welt" und gegen den „Abgott Bauch". Zunächst einmal so viel, dass Öxle die Aussagen Abrahams über den Wirtsberuf durchaus unterschreiben könnte: „Es gibt Köch, die mehrer sollten Sudler genennt werden, weil sie oft so säuisch mit den Speisen umgehen, dass man zuweilen einen halben Spüllumpen unter dem Kraut findet und bisweilen so viel Haar in der Suppen, als hätten zwei junge Bären darin gerauft. Pfui!" Davon verstand Megerle etwas, schließlich war er Wirtssohn. Aber damit sind die Gemeinsamkeiten noch nicht zu Ende.

Martin Ludwig Öxle stammt aus einer Bauernfamilie, deren frühe Wurzeln in Bärenthal am Flüsschen Bära auf der Schwäbischen Alb liegen. Doch die Stammheimat der Öchslin, Öxlin, Oexle oder Exle war im 17. Jahrhundert der Ort Kreenheinstetten westlich von Sigmaringen. Kreenheinstetten? Ja, genau dorther kam auch Abraham a Sancta Clara. Mehr noch. Martin Öxles Ururgroßmutter, Maria Magdalena, geboren 1821, stammte höchstpersönlich aus dem Geschlecht der Megerle. Vielleicht kommt die Freude des Ururenkels an klaren Verhältnissen und ehrlicher Arbeit aus diesem Erbe.

Die Öxles zählten jedenfalls zu den wohlhabenden Bauern und Handwerkern ihrer Gegend. Im Familienwappen weisen das Stierhaupt, der Ölzweig und drei goldene Ähren auf die bäuerliche Herkunft hin, Hobelspäne auf handwerkliche Tugenden und eine Lilie auf das Amt des Vogts, Bürgermeisters und Ortsrichters. Diese ehrenvolle Tätigkeit hat der älteste beurkundete Vorfahre, Thomas Öxlin, um 1600 in Bärenthal ausgeübt. Martin Öxle aber wurde am 27. Juli 1949 in Überlingen am Bodensee geboren, als ältester Sohn des Landwirts Ludwig Öxle und seiner Frau Cäzilie, geborene Kohler.

„Tradition verpflichtet"

"Meine Eltern waren mir immer ein Vorbild"

Meiner Mutter verdanke ich viel. Sie war eine Superköchin.

Sie hatte viele alte Kochbücher. Sie wollte Hauswirtschafts-Lehrerin werden, musste das aber abbrechen, weil sie nach dem Zweiten Weltkrieg auf dem Hof ihrer Familie bei Salem gebraucht wurde. Als sie dann meinen Vater geheiratet und Kinder bekommen hatte, war sie ganz für uns und den Haushalt da. Sie hat ihr eigenes Gemüse angebaut, Beeren eingemacht, die Hühner, Enten und Gänse versorgt. Was qualitätvolles Kochen mit frischen Produkten angeht, war mir meine Mutter von Kindesbeinen an ein Vorbild. Mein Vater, der sich um den Hof und das Vieh kümmerte, war ein sensibler, aber grundehrlicher, geradliniger Mann. Das hab ich mir immer zum Vorbild genommen, wenn es um redliche Gastronomie ging. An unserer Sonntagstafel gab es gewisse Rituale. Die Rinderbrühe hatte man schon am Samstag beim Kochen des Ochsenfleischs gewonnen. Die gab es dann als Suppe mit Flädle oder Markklößchen. Dann folgten als Höhepunkt zum Fleisch die handgeschabten Spätzle mit Kartoffelsalat. Und damit dieser Salat auch richtig „schmotzig" war, hat ihn meine Mutter immer mit ein wenig Spätzleswasser angemacht. Oder wenn Schlachttag war auf dem Hof, wurde am Vorabend in der Röhre des alten Kachelofens Brot gebacken. Gleichzeitig hat man Sauerkraut angesetzt – nach der Schlachtung am Samstag gab es zum Vesper Kraut und Kesselfleisch, und nachmittags wurde gewurstet. Die Blut- und Leberwürste haben wir dann in der Nachbarschaft verteilt. Damals habe ich gelernt, mit Fleisch umzugehen, und meine Mutter ließ mich beim Kochen helfen.

Das erste Lob für meine Kochleistungen habe ich von Tante und Onkel bekommen.

Die hatten in Triberg im Schwarzwald ein Café mit Konditorei. Meine Tante Maria hat immer wieder gesagt: „Mensch Martin, das hast du aber toll gemacht." Einmal musste ich auch deftige Kritik einstecken. Als Zwölf- oder Dreizehnjähriger war ich in den Ferien bei Onkel und Tante, weil ich den Beruf des Konditors kennenlernen wollte. „Onkel", habe ich gesagt, „ich will sehen, wie du Kuchen bäckst." Eines Tages sagte meine Tante: „Willst du nicht mal was für unsere Gäste kochen? Du kannst das doch so gut." Also sagte ich: „Klar, ich mach ein schönes ungarisches Gulasch." Doch weil ich es besonders gut machen wollte, habe ich so viel Paprika genommen, dass meine Tante eine Grimasse zog und das Gericht als „nicht essbar" einstufte. Das allzu feurige Gulasch landete im Abfall. Diese Kritik habe ich bis heute nicht vergessen. Jedenfalls hat mir meine Tante Maria das Kochen schmackhaft gemacht. Sie sagte immer:

> *„Wenn du Küchenchef wirst, dann kommst du in der ganzen Welt herum, lernst interessante Leute kennen."*

Die Welt sehen, hinauskommen, Leute treffen? Das hat mich als 14-jährigen Buben gereizt. Doch eigentlich hatte ich zunächst ganz andere Berufswünsche. Inspiriert von einem Freund meines Vaters, der Chefarzt in Überlingen war, wollte ich Mediziner werden. Und als eine Verwandte Architektur studierte, dachte ich: Das könnte dich auch reizen, Häuser bauen, Gebäude planen. Doch mein Vater sagte: „Martin, dazu müsstest du studieren und vorher auf dem Gymnasium das Abitur machen. Aber das können wir uns nicht leisten." Da half es wenig, dass ich mit der Klassenbeste war, dass mein Lehrer, ja sogar der Pfarrer ein gutes Wort für mich einlegten. Die Familie entschied: „Der Bub kommt nicht aufs Gymnasium." So war das in den fünfziger Jahren, leider.

Damit war klar: Als Erstgeborener sollte ich den Hof übernehmen. Um mich handwerklich vorzubereiten, habe ich eine Weile bei einem Zimmermann gearbeitet, eine Weile in einer Schmiede. Aber dann kam mir wieder die Tante in den Sinn und ihr Lob des Kochberufs. Ich lag meinem Vater damit in den Ohren, und schließlich gab er nach: „Also gut, dann suchen wir dir eine Lehrstelle." Dank familiärer Kontakte bekam ich einen Termin beim Chef des Hotels „Ochsen" in Überlingen, Josef Waldschütz. Ich habe meine besten Sonntagssachen angezogen, Anzug, Krawatte, mein Vater hat meine Fingernägel inspiziert und ist mit mir zum Vorstellungsgespräch gegangen. Und siehe da, ich wurde genommen. Plötzlich war ich Kochlehrling, mit fünfzehn Jahren, und musste von zu Hause ausziehen, ins sieben Kilometer entfernte Überlingen. Das war weit weg für einen Buben.

Ja, ich hatte eine strenge Lehrzeit. Das begann mit Salat putzen, Kartoffeln schälen, Pommes frites machen, von früh bis spät. Das Gute daran: Im „Ochsen" wurde frisch gekocht, so gut wie keine Konservendose aufgemacht – außer vielleicht Ananas oder Pfirsiche für Pêche Melba im Winter. Auch die Wurst haben wir zum Teil selbst gemacht, und da habe ich mich ausgekannt. An meinem freien Tag bin ich immer zum Metzger ins Nachbardorf gegangen, der auf unserem Hof für die Hausschlachtungen zuständig war. Da habe ich das Schlachten gelernt, das Auslösen des Fleischs, da durfte ich sehen, wie man Würste macht, was alles reinkommt. Das hat mir in der Lehre sehr geholfen, denn mein Chef war Jäger und hat Hirsche gebracht und Wildschweine, Hasen und Fasane, und wir mussten dann das Fleisch aus der Decke lösen. Geben Sie mal heute einem Koch ein ganzes Wildschwein, damit er es küchenfertig macht! Kann sein, er braucht einen ganzen Tag dazu, kann aber auch sein, er hat keine Ahnung. Diese Erfahrungen haben mir später sehr genützt.

> *Mein Platz war damals zwischen Herden und Töpfen. Kontakt zu Gästen? Um Gottes Willen, nein, das war nicht vorgesehen.*

Wir waren die dienstbaren Geister in der Küche, mussten dort alles machen: vorbereiten, Herd putzen, Küche scheuern, Teller spülen, wenn der Spüler Ausgang hatte. Wir haben morgens um halb acht angefangen. Um acht Uhr kam der Küchenchef, da musste das Frühstück vorbereitet sein, auf dem Herd mussten schon die Töpfe stehen, weil die Köche ihre Saucen ansetzen wollten. Auf dem Tisch mussten die

Starke Bodenhaftung

Martin Öxle sieht aus wie ein Koch, und das soll durchaus als Kompliment verstanden werden. Der Mann hat Gewicht, nicht zu viel und nicht zu wenig, gerade so viel, dass die Bodenhaftung stark und die Verwurzelung im Schwabenland offensichtlich ist. Ein echter Typ ist er also, und es kommt nicht nur von den Genen, sondern von seinem Können und der Ausstrahlung, dass dieser Mann so schnell nicht nervös wird. Wenn man das so definiert, dass Nervosität von Unvermögen kommt, dann weiß man, warum Öxle so selbstsicher, so fundiert kocht. Ein echter (Wahl-)Schwabe ist er, nicht nur einfach in die alemannische Ethnie hineingeboren, sondern er atmet den Geist, der auch aus der sicheren heimatlichen Ecke seine Nase in die ganze Welt hineinsteckt.

Vincent Klink
Restaurant Wielandshöhe, Stuttgart

gehackten Knochen liegen, das geschnittene Gemüse. Wehe, wenn das nicht vorbereitet war, dann hast du kein Frühstück bekommen. Danach wurde gekocht, bis mittags um zwei war Service. Dann sind die Köche in ihre Pause gegangen und wir Lehrlinge mussten die Küche sauber machen. Um vier Uhr ging alles wieder von vorne los, so bis abends um elf, und das sechs Tage die Woche, für 40 Mark pro Monat im ersten Lehrjahr, für 50 im zweiten und für 100 im dritten. Jugendschutz? Arbeitszeitverordnungen? Pausenregelungen? Ach du lieber Himmel, das gab es damals noch nicht. Gearbeitet wurde, solange Arbeit da war, sechs Tage die Woche. Und du wusstest nie, wann du einen freien Tag bekommst. Hatte einem der Patron für Mittwoch freigegeben, kam garantiert der Küchenchef am Dienstagabend und sagte: „Nix da, morgen brauche ich dich hier." Also wieder nichts.

Es gibt ja manche Geschichten über deftige, ja brutale Umgangsformen in Restaurantküchen.

In einem Punkt kann ich mich nicht beklagen: ein Opfer von Handgreiflichkeiten wurde ich nicht, von einem Wischer mit einem Putzlumpen mal abgesehen, oder von einem Rempler eines nervösen Souschefs, der dazu geführt hat, dass ich mir beim Roulladenschneiden die Hand aufgerissen habe. Nein, keine Prügel, keine Ohrfeigen, keine fliegenden Pfannen, aber der Ton war knallhart, der schlichte Befehlston: „Mach dies, mach das, ruckzuck, dallidalli." Da durfte man als Lehrling nicht fragen, warum und wieso. Das Kommando war klar, die Antwort lautete: „Ja." Fertig. Dabei hat unser Küchenchef auf anständigen Umgang geachtet. Bei seinem Stellvertreter war das anders. Der hat sich mit seinen Sprüchen weit unter der Gürtellinie bewegt. Ich habe diese Zoten auch später in manchen großen Küchen gehört – aber es war mir von Anfang an zuwider. Deshalb habe ich damals geschworen: Egal, wo mich der Weg in meinem Beruf hinführt – so will ich es in meiner Küche nicht haben, nicht für mich und nicht für meine Kollegen.

Nach drei Jahren Lehre, nach dem Berufsschulunterricht in Villingen-Schwenningen, folgten die theoretische und die praktische Prüfung. Wir mussten, bestimmt von einem Los, zu dritt ein Menü kochen – und diese Prüfung habe ich mit Auszeichnung durch die Industrie- und Handelskammer bestanden. Dabei habe ich auch von meinem Küchenchef profitiert, der lange in Frankreich gearbeitet hatte und uns die Prinzipien der klassischen französischen Küche vermittelt hat – vom Chateaubriand bis zum Hummer. Er hat Wert auf frische Produkte gelegt. Wenn dann Fasching war und die Hänsele-Gruppen mit ihren

Karbatschen durch die Stadt tobten – ich voller Stolz und voller Striemen im Gesicht mitten drin –, dann waren im Restaurant des „Ochsen" für das Narrenessen Schnecken angesagt. Aber nicht aus der Dose, sondern frische Weinbergschnecken. Ich weiß noch: Die Schneckenbutter meines Küchenchefs war berühmt. Leider hat er das Rezept immer sorgfältig versteckt. Ich habe lange gewartet, bis er einmal die Schublade aus Versehen offen gelassen hat. Dann habe ich mir das Rezept abgeschrieben – und diese Schneckenbutter ist bis heute genial.

Kochen war schon damals meine Welt, vom Sport, vom Laufen, vom Schwimmen und vom Reiten im Überlinger Reitverein einmal abgesehen. Da sind wir oft morgens um vier aufgestanden, sind vom Reitstall aus eine Stunde ausgeritten, danach haben wir den Stall sauber gemacht, die Pferde gestriegelt, wie ich es von zu Hause kannte. Und die billige Reitgebühr konnte ich sogar bezahlen – von dem Geld, das ich an meinem freien Tag beim Metzger verdiente: zehn Mark, einmal die Woche. Dieses Zusatzeinkommen war so hoch wie mein Lehrlingsgehalt. Für ein Stadtkind wäre eine solche Kochlehre vielleicht schwieriger gewesen sein, weil ihm vieles fremd gewesen wäre. Aber ich war ja mit dem Landleben vertraut: mit frischem Obst vom Baum, mit dem Schweinefüttern, mit dem Melken der Kühe. Wenn ich später sagte: „Ich suche bei meinen Speisen nach dem Urgeschmack", dann meinte ich den Geschmack, den die Produkte damals hatten.

Ich weiß noch, wie die Milch frisch vom Kuheuter schmeckt und die Karotte, die man gerade aus dem Boden zieht.

An diesem Geschmack habe ich mich orientiert, ob als Kochgehilfe – oder später, als die Michelin-Sterne an meinem Gastro-Firmament aufzogen. Wenn mich die Leute nach meinen Visionen fragten, habe ich an diese paradiesischen Ureindrücke gedacht.

Wanderjahre von Berlin über München zum Schloss Solitude

Bei den Köchen gibt es, zumindest am Anfang ihrer Laufbahn, keinerlei Stubenhockerei. Es wird von den jungen Talenten erwartet, dass sie in andere Häuser gehen, dass sie Erfahrungen bei anderen Küchenmeistern und Kollegen sammeln, dass sie später mit positiven Zeugnissen und Beurteilungen renommierter Küchenchefs aufwarten können. Meist bleibt der Junior dann an einer Station, also in einem möglichst guten Restaurant, maximal ein Jahr. Das ist ein ungeschriebenes Gesetz. Dann hat er den Küchenbetrieb während aller vier Jahreszeiten erlebt, mit der entsprechenden Abwechslung bei den Produkten. Danach geht es weiter, wenn möglich auch ins Ausland.

Zwischen 1949, dem Jahr seiner Geburt, und 1967, dem Datum seiner erfolgreichen Kochgehilfenprüfung, ist Martin Öxle noch nicht allzu weit in der Welt herumgekommen. Die Lehre in Überlingen, Besuche im Café der Tante Maria im Schwarzwald, Urlaub mit den Eltern, mehr war es nicht. Und trotzdem attestiert er sich selbst, so etwas wie „Zigeunerblut" im Körper zu haben. Er meint das ganz positiv: die Lust, über den Gartenzaun hinauszuschauen, sich den Wind um die Nase wehen zu lassen, andere Menschen kennenzulernen. Jetzt, nach dem Abschluss der Lehre, hatte er endlich die Gelegenheit dazu.

Wie auch bei den Zimmergesellen üblich, begann er zu wandern, auf der Suche nach neuen Herausforderungen und Erfahrungen. In einer Bewerbung aus dieser Zeit schrieb er: „Was ich anstrebe ist, über ein breites gastronomisches Wissen zu verfügen und darauf realistisch aufzubauen. Ich will mich weiterentwickeln, verbessern, nach Vollendung streben und immer so gut kochen wie eben nur möglich." Ein erstaunlich klares Programm für einen noch nicht einmal Zwanzigjährigen.

„Der harte Weg zum Lebenstraum"

„Meine erste Station war das ‚Hilton' in Berlin."

Meine erste Station war Berlin. Ich hatte mich umgehört, welche Hotels, welche Restaurants besondere Qualitäten aufwiesen, und dann habe ich Bewerbungen geschrieben, auch nach London und nach Stockholm. Aber daraus wurde nichts, weil ich mich, junger Kerl, der ich war, total verliebt hatte und nicht davonlaufen wollte. In Berlin hatte ich mich im Hilton-Hotel beworben (heute Intercontinental), das war das erste Hilton in Deutschland überhaupt, und ich wurde akzeptiert – allerdings erst nach einer vierteljährigen Pause. Die habe ich genützt, um im Stuttgarter Flughafen-Restaurant Praxis zu sammeln, und um den Führerschein zu machen. Dem Fahrlehrer habe ich gesagt: „In einem Monat bin ich in Berlin, da brauche ich das Auto, also muss ich in vier Wochen den Führerschein haben." Der sagte nur: „Na gut, das schaffen wir." Damals hat so etwas noch geklappt. Ganz nebenbei hat mir mein Schwager noch einen Tipp gegeben: „Wenn du nach Berlin gehst und dort deinen Erstwohnsitz hast, brauchst du nicht zur Bundeswehr zu gehen." Eigentlich wollte ich mich ja nicht drücken, sondern mich eher für die Luftwaffe bewerben. Aber zur Pilotenausbildung hätte man wieder Abitur gebraucht, und das war jetzt abgehakt. Andererseits dachte ich: „Wenn du jetzt, gerade fertig mit der Lehre, zum Bund gehst, verlierst du eineinhalb Jahre, die du für deine Karriere brauchst." Insofern hatte Berlin viele Vorteile.

Vom Hilton aus habe ich dann auch das Jahr 1968 erlebt, die Studentenrevolution. Die berühmte Berliner Schnauze hat mich konservativen jungen Mann vom Bodensee zwar manchmal geschockt, aber ich war fasziniert davon, den politischen und gesellschaftlichen Wandel so hautnah zu erleben.

Mit manchen der rund 80 Hilton-Köche bin ich nach der Arbeit ausgeschwärmt, so um Mitternacht, denn niemand ging damals gleich ins Bett.

Da saß man in Kneipen, diskutierte mit Studenten, mit Kommunarden, mit Mädchen und lernte das kennen, was viele an dieser Zeit besonders schätzten: die sogenannte freie Liebe. Ja, Berlin war auch in dieser Hinsicht eine Lehrzeit für mich. Da war schon was los, nicht nur auf dem Ku-Damm bei den Demonstrationen, wenn die Polizei mit den Wasserwerfern anrückte. Das werde ich nie vergessen. Mein damaliger Küchenchef war auch mal Küchenchef im Suvretta House in St. Moritz in der Schweiz gewesen. Er meinte: „Da musst du unbedingt hin", stellte den Kontakt her, und ordnete mich ab – für die drei Monate Wintersaison. Ich habe es dort gehalten wie später immer:

Ich war nur in der Küche, habe meinen Mund gehalten, habe mir alles genau angesehen, möglichst vieles abgeguckt.

Danach bin ich wieder nach Berlin zurückgekehrt – und eines Tages sagte mir der Personalchef des neuen Palace-Hotels: „Komm zu uns, bei uns kannst du Chef de Grill werden. Und du kriegst netto, was du bisher brutto hast." Ich war damals nicht mehr kleiner Commis, sondern Demi-Chef, aber eben noch immer auf der zweituntersten Hierarchiestufe in der Küche. Ich dachte: „Mensch, Chef de Grill – damit bist du Chef de Partie, hast einen eigenen Posten und verdienst mehr Geld, das wäre super."

Und Geld hatte ich ja nie, schon deshalb, weil ich damals nur 380 Mark netto verdiente – im Monat, bei freiem Essen. Allein das Zimmer hat 150 Mark gekostet. Außerdem: Als Chef de Grill konnte ich mit Fleisch arbeiten, was ich gerne tat. Ich kam aus der Küche heraus und konnte Enten auf dem Holzkohlengrill braten, ganze Lammkeulen am Tisch vor den Gästen tranchieren. Da bin ich zum ersten Mal mit dem Publikum in Kontakt gekommen, habe flambiert, Scampi oder das klassische Pariser Pfeffersteak am Tisch zubereitet. Und plötzlich haben die Leute schon bei der Platzreservierung gefragt: „Kann uns nicht Herr Öxle bedienen, das Fleisch am Tisch tranchieren?" Oder: „Herr Öxle, machen Sie uns heute die Crêpe Suzette?" Das tat gut, und plötzlich spürte ich die Anerkennung, die Wertschätzung, die man in der Küche nur indirekt bekommen hat. Das hat mein Selbstwertgefühl gesteigert und mich beflügelt, für ein Vierteljahr im Baur au Lac in Zürich zu gastieren. Wobei ich sagen muss: In dieser Zeit sahen manche Grandhotels von außen wie Schlösser aus, aber die Küchen waren oft dunkle Löcher ohne Tageslicht. Es gab keine Klimaanlage und du musstest oft 14 Stunden im Stehen bei 50 bis 60 Grad schuften. Das war kein Zuckerschlecken.

Dann folgte das Humplmayr in München. Ein Kollege im Baur au Lac sagte mir: „Mensch, Martin, da musst du mal hin, nach München, ins Humplmayr." Ich will nicht übertreiben, aber das war damals das „Maxim" von Deutschland. Der Inhaber hatte gute Kontakte nach Paris. Und alles, was Rang und Namen hatte und nach München kam, kam ins Humplmayr. Ich habe mich beim Küchenchef als Chef Gardemanger beworben. Der, ein erfahrener, penibler Maître de Cuisine und ein klasse Typ, meinte nur:

„Öxle, glauben sie nicht, dass Sie das überfordert, 160 bis 180 Essen am Abend zu kochen?

Glauben Sie nicht, dass Sie mit knapp 20 Jahren zu jung für diesen Job sind?" Meine Antwort: „Wissen Sie was, Sie stellen mich ein, ich fange an, und nach einem Monat sagen Sie mir Bescheid – so oder so."

Gesagt, getan. Ich stürzte mich in die Arbeit, und in diesem Laden ging wirklich was ab. Allein für das Restaurant waren wir rund 30 Köche, und wenn in München Modewochen waren, haben wir bis zu 200 Essen herausgebracht. Wenn jemand in Hamburg um 12 Uhr Lust hatte, im Münchener Humplmayr zu essen, rief er an und sagte: „Wir kommen mit dem Flieger, sind um drei Uhr da" – und niemand sagte nein. Die Küche stand parat, von morgens bis nachts, und wir haben unter uns Köchen gesagt: „Wir sind pausenlos im Schwindel." Nein, es war ein anderes Wort, das auch mit Sch... beginnt. Es war jedenfalls ein Mordsstress. Wenn ich morgens um halb neun in die Küche kam, standen da schon zehn Hummerkisten. Bis Mittag mussten 50 bis 70 Hummer abgekocht sein. Und wenn zehn vor zwölf der erste Essensbon hereinwehte, musstest du spuren. Man kann ja keinem Prominenten sagen: „Sorry, mein Herr, aber Sie sind zu früh dran." Abends um 18 Uhr ging es schon wieder los. Da hat man sich schnell ein Brot geschmiert, um nicht zu verhungern, aber um 22 Uhr lag das noch immer unangebissen herum. Denn sofort kam wieder der erste Bon, dann hast du geackert, gekocht wie ein Verrückter. Und wenn man glaubte, es werde ruhiger, dann kamen die Besucher der nahen Oper und der umliegenden Theater.

Wir haben dort gearbeitet von morgens halb neun bis nachts um eins, jeden Tag, den der Herrgott schickte. Danach flog alles raus aus der Küche, was nicht verkauft war: Fleisch, Gemüse, Desserts, alles. Denn am nächsten Morgen wurde mit frischem Material begonnen. Damals habe ich gelernt, was Arbeiten unter Stress bedeutet. Immerhin: Nach den ersten drei Wochen lief mein Chef an mir vorbei und sagte, so en passant: „Öxle, alles klar, du bist Chef Gardemanger." Ich hatte es geschafft. Es gibt ja viele Leute in unserer Branche, die mit den Arbeitszeiten Probleme haben, die über den Verzicht auf Privatleben klagen, die sich bald ruhigere Posten suchen. Ich war es gewohnt, von morgens bis abends zu schaffen, und das hat mich nicht gestört – unter einer Voraussetzung: dass mir die Arbeit Spaß machte, dass ich vorankam. Das war der Preis dafür, dass ich Erfolg haben, Karriere machen wollte.

Ach ja, im Humplmayr habe ich auch meine Frau Iris, geborene Pappermann, kennengelernt.

Sie war dort als Hausdame engagiert und musste, als eine Kollegin erkrankt war, auch das machen, was wir „die Annonce" nennen. Das heißt, sie musste in der Küche die Gerichte abrufen, zum Beispiel: „Einmal Taube mit Spinat und glasiertem Mais", und auf die Reihenfolge der Bons achten. Bei 200 Essen verlangt das viel Überblick. So bin ich ihr begegnet, dort habe ich mich in sie verliebt. Geheiratet haben wir aber nicht in München, und auch nicht in Bambergen bei Überlingen, weil das eine riesige Dorfhochzeit gegeben hätte. Diesen Rummel wollten wir nicht,

außerdem fehlte uns das Geld. So kamen wir auf die Idee: Lass uns doch in der Nähe der Schwiegereltern Hochzeit halten. Die Eltern von Iris wohnten in Mörlenbach im Odenwald, ein paar Kilometer von Weinheim an der Bergstraße entfernt.

In Weinheim haben wir am 7. Juli 1972 geheiratet.

Von dem, was unsere Eltern für die Hochzeit zurückgelegt hatten, haben wir hinterher eine sechswöchige Hochzeitsreise gemacht – nach Spanien, Portugal, zurück über die Pyrenäen nach Frankreich, Richtung Marseille und quer durch die Schweiz an den Bodensee, zu meinen Eltern. Alles im Zelt, mit Gaskocher. Das war einfach schön. Und die Einheimischen haben uns gezeigt, wie man dort Hummer, Langusten und Fische von der heißen Steinplatte isst, einfach nur in Meerwasser gekocht. Da war er wieder – der Urgeschmack, der mich so fasziniert.

Danach habe ich, im Herbst und Winter 1972/1973, meine Meisterprüfung an der Hotelfachschule in Heidelberg gemacht. Mit meinen knapp 24 Jahren war ich mit Abstand der Jüngste, bin mit der Straßenbahn immer zu meinen Schwiegereltern gefahren, habe gelernt, gebüffelt. Im Kurs habe ich mir bei einem der Lehrer den Mund verbrannt. Ich sollte ein Roastbeef kalkulieren – und er wies mich zurecht: „Die Knochen werden nicht berechnet. Die kann man für die Suppe verwerten." Darauf ich: „Wissen Sie, auf dem Markt kosten die Knochen ihren Preis, und wenn Sie ein Restaurant haben mit so und so viel Gästen, brauchen Sie so und so viel Knochen." Dann habe ich ihm an der Tafel eine Deckungslücke von der Summe x vorgerechnet. Das hat er in den falschen Hals gekriegt – und mich in der mündlichen Prüfung auseinandergenommen, nach dem Motto „Junger Mann, dir zeig ich's mal". Ich hatte Fragen zum Thema Hummer, Langusten, Steinbutt und anderen Exklusivitäten erwartet, aber er schockte mich mit der Aufforderung: „Erklären Sie mir die Zubereitungsarten einer Rinderzunge." Oha, da war ich baff. Aber ich hab's doch noch zusammenbekommen.

Nach der Prüfung bekam ich eine Stelle bei der Bundesverwaltung in Bonn. Der Chef des Parkhotels Bad Godesberg hat auch die Gastronomie des Bundeshauses organisiert. Der hat mich engagiert; doch als ich die damalige Bundestagspräsidentin Annemarie Renger, SPD, kennenlernte, habe ich überwiegend für sie und ihre Gäste Staatsessen zubereitet. Nein, direkten Kontakt mit Staatsgästen hatten wir Köche nicht, vielleicht gab es mal ein freundlich übermitteltes Lob, aber das war's. Alles richtete sich streng nach dem Protokoll. Der Service stand schon in Habacht-Stellung, wenn es hieß: Die Gäste kommen um 13 Uhr und müssen um 14.30 Uhr wieder weg sein. Aber dann kamen die um 13.30 Uhr und mussten trotzdem pünktlich aufbrechen. Da hieß es dann nur noch „zack, zack, zack!", und der Kreativität waren Grenzen gesetzt. Das Protokoll schrieb exakt vor, was welchem Staatsgast serviert werden musste oder nicht serviert werden durfte, dafür gab es acht- von zehnmal im Winter Rehrücken. Irgendwann wird das für einen Koch langweilig. Zur Abwechslung haben wir Candlelight-Dinner im „Langen Eugen", dem Abgeordnetenhaus am Rhein, eingeführt. Und ich hatte das Angebot, deutsche Staatsrepräsentanten bei Auslandsreisen zu begleiten, mit den ausländischen Kollegen die Menüs zu besprechen, die Gegeneinladungen in den deutschen Botschaften kulinarisch zu organisieren. Warum ich dieses Angebot nicht angenommen habe? Weil ich jung verheiratet war, weil ich meine Ehe nicht riskieren wollte. Wäre ich Junggeselle gewesen, dann hätte mich nichts gehalten. Aber so sagte ich „Danke nein". Doch das hatte auch seinen Vorteil.

Hermann Bareiss und Claus-Peter Lumpp
Hotel Bareiss – Restaurant Bareiss, Baiersbronn-Mitteltal

Martin Öxle zeichnet aus, was jeden einer Zunft und Branche zu einem der Großen macht: Er denkt, in seinem verdienstvollen Fall ganz buchstäblich, über den Tellerrand hinaus. Das hat auch unser Haus in positivem Sinn zu spüren bekommen, was nämlich seine hochgeschätzte Kollegialität und sein Engagement für den Berufsnachwuchs angeht. Für das langjährige Trendforum der deutschen Spitzengastronomie, die „Mitteltaler Tafelrunde" im Hotel Bareiss, hat er großzügig als Gastkoch der Küchen-Party zur Verfügung gestanden. Mit seiner „Speisemeisterei" war er dem Nachwuchsförderverein FHG als ausgezeichneter Ausbildungsbetrieb verbunden. Wer in der „Speisemeisterei" sein Handwerk von der Pike auf erlernte, konnte den Grundstein für einen erfolgreichen Karriereweg im Koch- und Serviceberuf legen. Es verdient als Martin Öxles berufliches Lebenswerk gewürdigt zu werden, dass die „Speisemeisterei" während vieler Jahre ein Aushängeschild und ein Muster an Gastlichkeit und Tafelkultur in der baden-württembergischen Landeshauptstadt war. Nicht zu reden von der menschlichen Größe seiner Zurückhaltung und Bescheidenheit, die dazu berechtigt, von Martin Öxle als einem der ganz Großen unseres Berufs zu denken.

Denn eines Tages kam Hermann Bareiss aus Baiersbronn-Mitteltal auf mich zu, sagte, er wolle ein Gourmet-Restaurant machen, und bot mir eine führende Stellung an.

Das hat mich gereizt, denn inzwischen hatte ich andere Erfahrungen gemacht. Der Zentraleinkäufer für Gastronomie beim Hertie-Konzern, immerhin Herr über damals 240 Millionen Umsatz, bereitete sich auf den Ruhestand vor und hatte mich, damals 25 Jahre alt, gefragt, ob ich nicht sein Nachfolger werden wolle. Ich sagte: „Anschauen kann ich mir das ja mal." Der Reiz an der Sache: Meine Frau und ich hatten vor, uns irgendwann selbständig zu machen. Aber da gab es das alte Risiko der Gastronomie: nämlich gut kochen, aber weniger gut rechnen zu können. Deshalb sagte ich mir: „Das bringt dir was, wenn du die kaufmännische Seite des Berufs lernst. Entweder kriegst du den Job als Zentraleinkäufer – oder du gehst wieder hinter den Herd, aber dann ausgestattet mit kaufmännischem Wissen." Ich war danach viel unterwegs: von Bad Godesberg zur Filiale nach Frankfurt am Main, von dort in eine neue Filiale im Norden, dann wieder in den Süden, immer auf Achse. Ich hatte nichts mehr im Kopf als Unterlagen und Zahlen, ich habe ganze Filialen rechnerisch auseinandergenommen, meine Entscheidungen der Konzernführung mitgeteilt. Alles sehr interessant bis hin zu dezenten Versuchen der – na, sagen wir mal „Beeinflussung". Aber da habe ich mich meines geradlinigen Vaters erinnert und mir gesagt: „Irgendwann hast du den Job im Griff, bekommst die Losungen auf den Tisch, lieferst deine Zahlen – aber das kann es doch nicht sein für die nächsten 30 Jahre."

Da kam das Angebot von Bareiss gerade recht, und ich ging aufatmend in meinen angestammten Beruf zurück. Bei Bareiss im Kurhotel Mitteltal blieb ich ein Jahr, das mir viel gebracht hat. Aber ich wusste, dass mir noch etwas fehlt: das Diät-Diplom, das mir wichtig war. Ich bekam Kontakt mit Karl und Elisabeth Espenlaub vom „Kurhotel Sonne" in Freudenstadt. Er sagte mir: „Sie können bei uns Küchenchef werden – und gleichzeitig das Diät-Diplom machen." Weil ich in der Wintersaison ein bisschen Luft hatte, habe ich mich an Wettbewerben beteiligt, Auszeichnungen und Goldmedaillen gewonnen. Und dann gelang es mir und meinen Kollegen auch noch, den ersten Michelin-Stern für die „Sonne" zu holen.

Das und die anderen Preise brachten mir erstmals eine gewisse Publizität, der Name wurde bekannter, und einer hörte genau hin: Bertold Siber vom St.-Stefans-Keller in Konstanz. Er rief an, nachdem ich 1979 den von Deinhard gesponserten Preis „Cercle Epicurien" gewonnen hatte, und sagte: „Ich muss weg aus Konstanz, ich soll in Dubai ein Gourmetrestaurant für einen Scheich eröffnen – willst du nicht als Küchenchef in den Stefans-Keller kommen?" Das Lokal war damals hochangesehen, ich habe zugesagt, und der Erfolg ließ nicht auf sich warten: die dritte Kochmütze im Varta-Führer, mein zweiter Stern im Guide Michelin. Doch dann habe ich mich dumm angestellt. Die Michelin-Leute fragten, wie lange ich im Stefans-Keller bleiben würde – und ich gab eine ausweichende Antwort. Hätte ich den Mund gehalten, dann hätte das Lokal, wie ich danach erfuhr, den zweiten Stern bekommen. Immerhin haben wir, gemeinsam mit dem bisherigen Küchenchef des Mainz Hilton, Pierre Pfister, in der Konstanzer Fußgängerzone das „Coin des Gourmets" eröffnet, eine Feinschmeckerecke.

Damals, um das Jahr 1980, wurde der Wunsch bei mir und meiner Frau nach einer selbständigen Existenz und nach einem Ende der Wanderjahre stärker. Schließlich war 1979 unser Sohn Marius Martin in Freudenstadt geboren worden, wir wollten häuslicher werden. Das Ergebnis aller Überlegungen lautete: Wir wollen uns, auch von unserer Herkunft und unserer Mentalität her, ein Restaurant südlich einer gedachten Linie Stuttgart-München aufbauen. Doch im Umfeld musste eine Stadt mit rund 600 000 Einwohnern liegen, damit man von den drei, vier Prozent der anspruchsvollen Gäste leben kann, die eine hohe Qualität zu honorieren vermögen, vom Gaumen und vom Geldbeutel her. So kamen wir, nach einem kurzen Gastspiel am Frankfurter Mainufer, auf Stuttgart und auf das Schlosshotel Solitude. Dort hatte sich gerade mein Vorgänger, Hans-Paul Steiner, in Richtung Sulzburg verabschiedet, wo er seither das Zwei-Sterne-Restaurant „Zum Hirschen" betreibt.

Ich bekam den Posten als Küchenchef und mit meiner Familie eine Wohnung in einem der Kavaliershäuschen.

Es war nicht weit vom ehemaligen Lustschloss des Herzogs Karl Eugen entfernt. Die Pächterin, Margarethe Behrendt, war eine liebenswürdige ältere Dame, die mir im Rahmen ihrer Möglichkeiten große Freiheiten ließ. Als sie einmal vom Aufhören sprach, bot ich ihr die Teilhaberschaft oder eine spätere Übernahme an. Aber davon wollte sie damals nichts wissen. Ich habe sie nie im Unklaren darüber gelassen, dass ich mich selbständig machen wollte – hier oder anderswo. Aber klar war: die Solitude reizte mich. Im Schloss-Restaurant Solitude kam ich auch mit Politikern in Kontakt, zum Beispiel mit dem damaligen Ministerpräsident Lothar Späth. Er eröffnete mir bei einem seiner Besuche im Restaurant seine Pläne, auf der Solitude eine Akademie einzurichten, die Gastronomie aufzuwerten. Sein Zitat von damals, ich hab's noch in den Ohren: „Öxle, Sie sind mein Mann, Sie müssen das machen." Darauf vertraute ich und beschloss: „Okay, unter diesen Umständen bleibe ich in Stuttgart, baue mir, bis es so weit ist, irgendwo in der Stadt einen eigenen Gästekreis auf, sammle das notwendige Eigenkapital an – und übernehme dann, in vier, fünf Jahren das Solitude-Restaurant." Das war ein schöner Plan, schon weil ich inzwischen für die Solitude den obligatorischen Michelin-Stern erkocht, zweimal den Titel „Koch des Jahres" der Brillat-Savarin-Stiftung gewonnen und viele begeisterte, auch prominente Gäste gefunden hatte. Aber wie so oft im Leben kam alles anders.

Das Beste vom Besten – im eigenen Restaurant

Während seines zweijährigen Gastspiels im Restaurant des Schlosshotels Solitude hat sich Martin Öxle in der Landeshauptstadt und weit darüber hinaus einen guten Namen gemacht. Ein Stern im roten Guide Michelin, zwei Kochmützen im Varta-Führer, zweimal Koch des Jahres, eine wachsende Gemeinde von Feinschmeckern – und das im Alter von 33 Jahren. Doch so schön das alles war, der Sinn stand ihm nicht nur nach Auszeichnungen und Goldmedaillen: er wollte endlich ein eigenes Restaurant haben, ausgestattet mit der Marke „Öxle" als unverwechselbarem Erkennungszeichen.

Auf der Solitude, einem eigentlich idyllischen Platz in den Wäldern westlich von Stuttgart, hatte Martin Öxle die Möglichkeit, sich an die Wirkung medialer Aufmerksamkeit zu gewöhnen. Denn jetzt arbeitete er nicht mehr im Windschatten der Gastrokritik, jetzt war er in ihrem Fokus. Die Tester der Lokalzeitungen kamen zum Essen, die überregionalen Blätter und die Fachmagazine folgten schnell, um dem „Neuen" auf die Finger zu sehen. Ein Blatt schrieb: „Die Gäste sind so erstklassig wie die Speisen, die Zutaten absolut frisch, knackig und vitaminreich." Die Süddeutsche Zeitung formulierte ihr Lob so: „Wenn Öxle so weitermacht – nichts spricht dagegen – dann braucht man sich um seinen Erfolg keine Sorgen zu machen. Er ist phantasievoll, kreativ und dabei bescheiden. Die Linie seiner Küche trifft genau den Geist der Zeit." Ist es da ein Wunder, dass sich Martin Öxle nach Selbständigkeit, nach einem eigenen Restaurant sehnte? Den „Stuttgarter Nachrichten" verriet er 1982: „Ich will ein kleines, feines Lokal, in dem ich nur das Beste vom Besten servieren werde." Die Zeitung jubelte: „Welch erfreuliche Aussicht: Dann hat auch Stuttgart endlich seinen Witzigmann."

„Ich wollte mit Qualität groß werden"

*"Mein erstes Restaurant:
klein, aber fein
und sehr gemütlich."*

Mein erstes eigenes Feinschmeckerlokal habe ich über eine Zeitungsannonce gefunden:

ein rosa verputztes Haus in der Karl-Schurz-Straße 15 in Stuttgart-Berg, in dem sich früher eine Weinstube befunden hatte. Nicht groß, rund 30 Plätze in zwei Räumen, aber schön und gemütlich, mit Eckbänken, Butzenscheiben, kleinen Lämpchen, Kachelofen. Meine Frau und ich haben uns darangemacht, das aufzumöbeln, von der Einrichtung, den Gläsern, den Bestecken her und, wie damals üblich, mit altrosa Tischdecken und Servietten. Die Besatzung von „Öxles Restaurant" war klein: meine Frau und zwei Mitarbeiterinnen im Restaurant, ich mit drei, später mit vier Leuten in der Küche.

Ich war damals noch stark von der französischen Küche beeinflusst, bot aber keine ausgeprägte Nouvelle Cuisine, also kein „Ikebana auf dem Teller". Auf der Karte stand neben bürgerlichen Speisen auch Anspruchsvolles aus durchweg frischen Edelprodukten, zum Beispiel Seezungenstreifen im Champagnersud; wir haben versucht, leichter zu kochen, viele Kräuter zu verwenden, die Butter durch gesundes Öl zu ersetzen, das Fleisch nicht mehr in einem Saucensee zu versenken. Mein damaliges Motto: „Ich möchte hier mit Qualität groß werden und Luxus nicht in den Räumlichkeiten, sondern auf dem Teller bieten." Auch die Getränke hatte ich sorgfältig ausgewählt. Die Zeitschrift Vif stellte fest: „Die Weinkarte ist überraschend gut." Auf einem Foto von damals stehen neben mir auf einem Tischchen eine Flasche Château Margaux und eine Flasche Château d'Yquem. Natürlich konnte ich nicht nur teure Bordeaux-Flaschen verkaufen. Aber im Gegensatz zu manchen Kollegen, die ihre heiße Küchenarbeit lieber mit einem kühlen Bier ablöschen, habe ich mich schon früh für Wein interessiert – kein Wunder bei einem, der aus der Bodenseeregion kommt. Außerdem hat mein Großvater väterlicherseits meinen Gaumen sensibilisiert. Der Zweite Weltkrieg hatte den Opa nach Frankreich geführt, und er hat dort freundschaftliche Kontakte geschlossen. Als der Krieg lange vorbei war, ist er immer im Frühjahr zu seinen Winzerfreunden gefahren, hat verkostet –

und gute Flaschen mitgebracht. Er hat mir viel von dieser Leidenschaft erzählt, auch abends, wenn er sein halbes Fläschchen Rotwein getrunken hat. Irgendwann durfte ich einen Schluck probieren.

Als ich dann in meinem Beruf vorankam, habe ich gemerkt, wie wunderbar ein gutes Glas Wein zu einem schönen Essen passt. Und mein Interesse ist gewachsen, ich habe viel gelesen, viele Winzer kennengelernt, Weinproben gemacht, mich reingekniet. Das hat Freude bereitet, und das hat mir dabei geholfen, meinen Wein selbst einzukaufen und nicht von Ratschlägen der Vertreter abhängig zu sein. Natürlich war Weingenuss während der stressigen Arbeit tabu, aber heute schätze ich ganz besonders einen guten Riesling oder einen feinen Weißburgunder – vorwiegend aus Deutschland. Und bei den Rotweinen habe ich eine Vorliebe für Italiener und Spanier. Eine gute Flasche Wein war für mich immer wie ein Kuss auf die Seele, selbst in Situationen, in denen ich geschäftliche Sorgen hatte. Davon war 1982 nicht die Rede. Mein guter Ruf hatte sich inzwischen auch beim Guide Michelin verfestigt.

Ich habe „Öxles Restaurant" im August aufgemacht, und schon im November bekam ich einen Stern.

In den Gastro-Zeitschriften wurde meine Küche so hoch eingestuft wie die des Lokalmatadors Adolf Niefer im „Graf Zeppelin". Danach war das Haus immer 14 Tage im Voraus ausgebucht. Alle spielten mit, die Bank, die Kredit gab, die Brauerei, die mir Geld vorstreckte, eine Weinfirma, die mir den Keller zu freundlichen Bedingungen ausstattete, vor allem die Gäste, die mir von der Solitude herunter folgten. Hurra, nach zwei Jahren hatte ich meine Schulden abgetragen. Ich war gerade so weit, das Haus kaufen zu wollen, als mir meine Frau eröffnete: „Du Martin, entschuldige, aber ich will hier im Stuttgarter Osten nicht wohnen. Du kannst, wenn es sein muss, hier bleiben, aber ich zieh dann mit dem Bub aus." Damit war die Sache besprochen.

Zu meinem Glück kam damals Friedrich Nagel auf mich zu, der Chef des renommierten Gasthauses „Löwen" im Stuttgarter Stadtteil Mühlhausen. Er hatte die Küchendirektion bei der Stuttgarter Allianz-Niederlassung übernommen und wollte sein Lokal verkaufen, das eine lange Geschichte hatte und viele Jahre lang im Familienbesitz gewesen war. Er machte mir ein äußerst faires Angebot.

So kam es, dass meine kleine Familie nach Mühlhausen ins Neckartal zog – und dass wir „Öxles Löwen" Mitte Januar 1985 eröffnen konnten.

Und wieder kommt der renommierteste Gastro-Führer, der „Michelin", ins Spiel. Im Herbst 1984, als ich den Kauf des „Löwen" perfekt gemacht hatte, habe ich die Michelin-Redaktion angeschrieben und ihr mitgeteilt, dass ich Ende des Jahres in Stuttgart-Berg aufhören und im Januar 1985 mein neues Lokal in Mühlhausen übernehmen würde. Meine Anregung: Sie sollten mich vorübergehend aus dem Führer herausnehmen, weil ich nicht wisse, wie erfolgreich die Sache laufen werde. Und was passierte, als der Führer im November herauskam? Mein neuer „Löwen" stand schon drin – mit meinem Namen und einem Stern, ehe ich nur den Rührlöffel dort angefasst hatte. Das war ein Vertrauensvorschuss, wie es ihn noch nie gegeben hatte. Aber das hat mich unter Erfolgsdruck gesetzt.

Jedenfalls haben wir „Öxles Löwen" von Grund auf modernisiert, ohne den Gasthof-Charakter zu beseitigen, und sind dort auch mit der Familie eingezogen. Der Stadtteil Mühlhausen hatte für uns ein Doppelgesicht: Einerseits ist er der am tiefsten gelegene, aber nicht der glänzendste Stuttgarter Bezirk, etwas abseits gelegen, mit einem riesigen Klärwerk. Abends, wenn die Leute uns besuchen wollten, standen sie oft vom Wilhelma-Tiergarten in Bad Cannstatt an im Stau. Das haben wir schon gespürt. Andererseits waren Ludwigsburg und Waiblingen nicht fern, was uns neue Fans für den „Loup de Mer mit Hummerschaum" oder für die „Gefüllte Schulter von

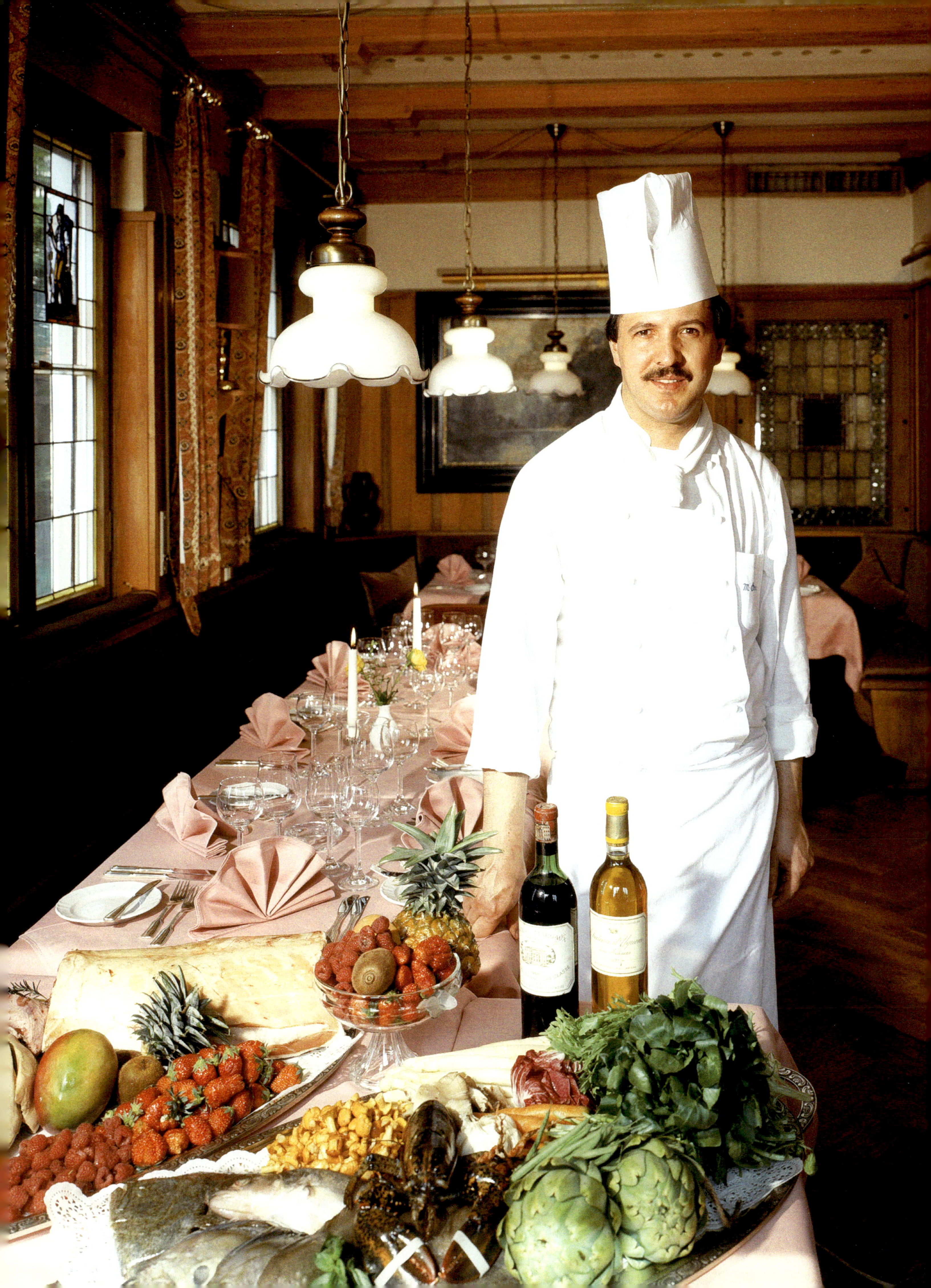

der jungen Ziege" brachte. Gastro-Kritiker schrieben, die Menüs im „Löwen" gälten „im Moment als das Aufregendste, was Feinschmecker am Neckar erleben können".

Neben dem normalen Küchengeschäft habe ich mir ein zweites Standbein aufgebaut: die Feinkostproduktion mit „Öxles Pasteten und Terrinen".

Der deutsche Ableger des französischen Feinkost-Zulieferers Rungis-Express war auf mich zugekommen mit der Idee, für ihn Pasteten und Terrinen zu produzieren. Einfach deshalb, weil ich für die Qualität meiner Produkte bekannt war. Na prima, dachte ich, dann beziehst du die Produkte vom Rungis-Express, veredelst sie, verkaufst sie wieder und verdienst genügend, um deine Investitionen bezahlen, die Schulden tilgen zu können. Gesagt, getan. Aber ich habe ja nicht geahnt, welche Formen das annehmen würde! Wir haben diese Delikatessen sozusagen von Hand zubereitet, ohne die raffinierte Küchentechnik, die einem heute das Leben erleichtert. Am Mittwoch kam die Bestellung: „Am Montag brauchen wir 200 Terrinen." Doch plötzlich riefen die am Samstag an und sagten: „Nö, keine zweihundert, sondern tausend." Da blieb nur eines. Ins Reservierungsbuch schauen: Okay, heute sind 15 Leute gebucht – Stopp an das Restaurant, niemand mehr annehmen, sonst schaffen wir das nicht. Und am Samstag saßen 15 Gäste im Lokal mit 70 Plätzen und sagten: „Wie? Was? Samstagabend im Sternelokal – und nicht mal die Hütte voll?"

Wir haben jedenfalls Tag und Nacht gearbeitet, bis am Montagnachmittag der Kühlwagen kam und die Ware abgeholt hat. Und dann waren Fonds gewünscht und süße Terrinen. Ich musste für die Produktion noch Leute engagieren, wir haben eine ausgediente Metzgerei gemietet und dort gearbeitet – und der Umsatz aus diesem Feld war so groß wie der aus der Gastronomie. Natürlich habe ich mir auch überlegt, ganz in die Feinkostproduktion zu wechseln, aber so weit ist es nicht gekommen. Meinen Kochstil habe ich damals weiterentwickelt – mal hin zu neuen, edlen Produkten, mal hin zu Rezepten aus alten Kochbüchern. Ich hab nie Ruhe gegeben, mich nie auf den Lorbeeren ausgeruht. Es musste immer etwas Neues dazukommen. Gut, im Vergleich zum Katalanen Ferran Adrià und seiner Molekularküche samt flüssigem Stickstoff und gefriergetrockneten Orangenscheiben sind wir inzwischen alle „Klassiker", egal ob Harald Wohlfahrt oder Dieter Müller. Aber ich wollte meine Leistungen perfektionieren.

Alfred Klink

COLOMBI HOTEL, FREIBURG

Auf höchstem Niveau

Der Name Martin Öxle steht für unverwechselbare, hohe Kochkunst, einen Reichtum an Kreativität und Qualität auf höchstem Niveau. Er ist nicht nur ein hervorragender Koch, sondern auch ein großartiger Mensch, mit dem ich mich immer gerne und gut unterhalten habe.

Der Zuspruch der Kunden war groß. Es kamen die Vorstände großer Firmen und die Industrie-Chefs, das Landeskabinett speiste hier, es gab, da ich ja 70, 80 Plätze hatte, auch viele Veranstaltungen. Die Doppelbelastung drohte zum höllischen Stress zu werden. 1986 wurde ich zum dritten Mal deutscher „Koch des Jahres" und, was viel wichtiger ist:

Meine Tochter Manon Mariana ist in diesem Jahr auf die Welt gekommen. Jetzt waren wir zu Viert.

Das Geschäft in Mühlhausen lief gut, aber es war eine harte Zeit. Irgendwann, es war 1990, kam meine Frau und sagte: „Du, Martin, ich fühl mich unwohl, was unsere Kinder angeht. Marius geht aufs Gymnasium, Manon in den Kindergarten – und wir arbeiten beide im Restaurant. Das tut den Kindern nicht gut, dem Lokal auch nicht. Bitte, lass mich raus aus der Gastronomie." Außerdem hatte sie, auch wenn sie sich das nie anmerken ließ, Probleme mit manchen Gästen am Tisch. Was ihr nicht behagte, war die Pflicht zur freundlichen Show, die auch dann bestand, wenn die Leute flapsig oder pampig waren. Das hat sie genervt, überfordert. Das wollte sie nicht mehr. Mir war klar: Allein würde ich das Geschäft im „Löwen" und mit der Feinkost-Produktion nicht packen. Da habe ich nach einer Bedenkzeit zu ihr gesagt: „Gut, jetzt haben wir zehn Jahre gearbeitet, ohne Urlaub zu machen. Dann hören wir auf, dann verkauf ich alles."

Ende Februar 1991 war Schluss, und innerhalb eines Vierteljahres war alles weg – zu einem guten Preis zwar, aber eben weg. Die Schulden nebenbei auch. Das Terrinengeschäft habe ich an meinen Kollegen Alfons Schuhbeck abgegeben, der damals noch in Waging am See kochte und eine eigene Metzgerei hatte. Wir sind dann umgezogen, von Mühlhausen in unser Haus in Fellbach-Oeffingen. Und um wieder zu uns zu finden, sind wir ein halbes Jahr lang mal hierhin, mal dorthin gereist – nach Norwegen hoch bis zum Nordpol, hinunter nach Spanien, in die Provence, an die Côte d'Azur, nach Tunesien, auch zu Kollegen in den Top-Restaurants. Wir haben vieles nachgeholt, was uns in all den Arbeitsjahren vorher entgangen war.

Und ich wollte einfach mal den Kopf freikriegen und darüber nachdenken, was ich eigentlich will.

Damals habe ich mir wieder mal den Mund verbrannt. In einem Doppel-Interview, das ich im Frühjahr 1991 gemeinsam mit Vincent Klink der Stuttgarter Zeitung gab, habe ich aus meinem Herzen und meinem Frust keine Mördergrube gemacht. Erstens war ich enttäuscht gewesen, denn ich hatte – trotz der ursprünglichen Aussage von Lothar Späth – das Schlossrestaurant Solitude nicht bekommen. Das war immer noch mein Traum gewesen, doch eine ministerielle Kommission hatte anders entschieden. Die Herren konnten sich angeblich nicht vorstellen, dass der Sternekoch Martin Öxle auf der Solitude auch für die Sonntagswanderer kochen würde. Das soll angeblich den Ausschlag gegeben haben. Vielleicht habe ich damals versäumt, ein Netzwerk aufzubauen, an den richtigen Strippen zu ziehen, aber das war und ist nicht meine Art. Damit bin ich aus dem Rennen gewesen, mein Solitude-Traum war ausgeträumt. Das hat mich schon sehr geärgert.

Außerdem hat mich ein bestimmtes Verhalten bei manchen, vor allem bei betuchten Gästen gewurmt. Unternehmerfrauen haben mir gesagt: „Wenn ich mir ein teures Modellkleid kaufe, kaufe ich das lieber in München als in Stuttgart, so wird nicht getuschelt." Und manche Herren fanden unsere Menüpreise zu hoch, doch von Kollegen wusste ich, dass ihnen die weit höheren Preise in Firstclass-Etablissements in München, in St. Moritz oder in Arosa kein Kopfweh bereiteten. „Verdammt noch mal", habe ich gesagt, „hier in und um Stuttgart bietet die Industrie Topleistungen zu entsprechenden Preisen, ein Mercedes gehört zur Grundausstattung, doch wenn es um das Essen geht, lassen die Herrschaften die Jalousien runter, meckern über fünf Mark hin oder her – und geben das große Geld hehlingen anderswo aus. Wer hier gut arbeitet und Geld verdient, darf doch auch hier schön feiern und muss sich dessen nicht schämen – oder?" Solange diese Entenklemmer-Mentalität herrsche, sagte ich, sei es für ein Top-Restaurant schwer, in Stuttgart Erfolg zu haben. Das ist damals aus mir herausgebrochen, und ich gebe zu, ich hätte mich diplomatischer ausdrücken können. Aber es musste einfach raus. Danach war mir leichter.

Meine Frau, meine Kinder und ich haben das halbe Erholungsjahr 1991 genossen. Wir haben wieder zu uns gefunden, ich bin ruhiger geworden, habe die Hektik, in der ich manchmal meine Leute in der Küche „rundgemacht" habe, verloren, habe meine Rezepte in Ruhe aktualisiert – irgendwie bin ich damals ein anderer Mensch geworden. Aber irgendwann habe ich gemerkt:

Das allein kann es auch nicht sein. Martin Öxle, du brauchst wieder eine Aufgabe, eine Herausforderung.

Ich habe damals mit verschiedenen Leuten Gespräche geführt, auch mit Direktor Alfred H. Götz von der Brauerei Hofbräu – und der hat mich mit Claus Wöllhaf zusammengebracht, dem Stuttgarter Gastronomie-Unternehmer, der damals dabei war, seine ehrgeizigen Pläne für das Gourmetrestaurant „top air" auf dem Stuttgarter Flughafen zu verwirklichen – und dazu seine Ideen für andere Restaurants in der Republik, in Hamburg, Berlin und anderswo voranzutreiben. Ich stand auf dem Stadtpunkt: Gut, wenn du Schloss Solitude nicht kriegst, hilfst du Claus Wöllhaf, ein feines Restaurant auf den Fildern zu etablieren, bringst deine Weinbestände mit, holst ihm einen Michelin-Stern und engagierst dich dann im Management des Unternehmens. So haben wir Ende August 1991 partnerschaftlich angefangen. Das ist gut gelaufen.

Und wir haben im Herbst 1992 den Michelin-Stern bekommen, als erstes Flughafen-Restaurant in Europa.

Das Magazin „Stern" schrieb damals einen Verriss der Flughafenlokale allgemein, lobte nur das „top air" und forderte zum Schluss: „Dringende Bitte genusssüchtiger Fluggäste: Baut Stuttgart zum zentralen Airport der Republik aus."

Soweit war alles klar – bis ich Ende 1992 von Schloss Hohenheim hörte, von den millionenschweren Renovierungsbemühungen des Landes, von der geplanten Aufwertung des Restaurants „Speisemeisterei" im nördlichen Schlossflügel. Und da war sie plötzlich wieder, die Schloss-Idee. Zwar nicht auf der Solitude, aber einige Kilometer weiter südlich, in Hohenheim. Auch hier hatte der Schwabenherzog Karl Eugen im achtzehnten Jahrhundert ein Schloss gebaut, im Kavaliersflügel mit Franziska von Hohenheim gewohnt. Ich kannte die Situation nicht und bin einfach mal hingefahren, bin an den Stukkateuren vorbei reingelaufen in die fast fertige „Speisemeisterei" – und habe im Stillen zu mir gesagt: „Das ist es." Das war es dann auch im „top air". Ich habe Claus Wöllhaf mitgeteilt: „Zum 31. Dezember ist unsere Partnerschaft zu Ende. Leider." Verständlicherweise war Wöllhaf zunächst sauer.

Aber ich habe noch ein Problem bekommen – mit dem Guide Michelin. Die hatten mich im September angerufen und gefragt, ob ich weiterhin im „top air" bleiben würde, und ich habe mit bestem Gewissen Ja gesagt. Damals wusste ich ja noch nichts von der „Speisemeisterei". Als der Michelin Ende November herauskam, hatten wir für das ‚top air' einen Stern bekommen – aber inzwischen hatte ich mich neu orientiert. Ich musste also bei Michelin anrufen und sagen: „Schön, das mit dem Stern, aber Ende des Jahres gehe ich weg vom ‚top air'." Da hat mich der dortige Chef fertiggemacht: „Sie haben mich angelogen, Sie haben das schon vorher gewusst – ich habe Ihren Stern bei den Franzosen durchgesetzt. Wie stehe ich jetzt da?" Ich habe mich verteidigt, aber er hat es mir nicht geglaubt. Und er hat mich bestraft, indem er mir in der „Speisemeisterei" zunächst den Stern verwehrte. So schnell können Kritiker beleidigt sein.

Aber das war eine Kleinigkeit verglichen mit den Turbulenzen, die mich in Hohenheim erwarteten.

Eine Uracher Brauerei hatte das neue Lokal vom Land gepachtet, es an eine Gesellschaft namens „Bel Flair" unterverpachtet, und ich war als Wirtschaftsdirektor verpflichtet worden. Die Pläne gingen ja auf eine weitere Expansion aus, auf den Bau eines Hotels und Ähnliches.

Also habe ich im Januar 1993 angefangen, das Restaurant zu planen, für teures Geld das Mobiliar zu bestellen, das Personal einzustellen, mit den Lieferanten zu verhandeln. Nur eines hatte ich so wenig wie die Brauerei: verlässliche Informationen über den „Bel Flair"-Chef, einen Immobilienmakler aus Sindelfingen. Es gab zwar ein paar Gerüchte, aber wir hatten so viele Vorbestellungen, der öffentliche Erwartungsdruck war so groß, dass ich im März sagte: „Jetzt müssen wir aufmachen."

Nur merkte ich rasch, dass es mit den Finanzen hinten und vorne nicht stimmte. Genauer: dass kein Geld da war. Meine Anwälte gaben mir daraufhin nur einen Rat: „Provozieren Sie Ihre Kündigung, damit Sie halbwegs heil rauskommen." Ich sagte dem Immobilienmann vor versammelter Gesellschafterrunde: „So positiv, wie Sie die Lage der Gesellschaft darstellen, ist sie nicht. Das ist alles gelogen." Da rief der Mann aufgebracht: „Herr Öxle, hiermit kündige ich Ihnen und stelle Sie frei, geben Sie Ihren Schlüssel ab und verlassen Sie das Haus." Nach außen hieß es: „Martin Öxle geht auf eigenen Wunsch und aus privaten Gründen." Auch das war gelogen. Den Medien gegenüber musste ich aber den Mund halten, wollte ich keine Klage riskieren.

Na gut, der Betrieb ging noch kurze Zeit weiter, doch dann musste der Geschäftsführer Konkurs anmelden, der mangels Masse abgewiesen wurde. An der Tür hing ein Schild „Wir haben Betriebsferien", der Pächter fühlte sich von dem Immobilienmakler schändlich hintergangen – und die schöne, neue „Speisemeisterei" hatte einen deftigen Kratzer abbekommen. Ich auch, materiell gesehen. Ich habe in diesen Monaten nie Geld bekommen, aber meine Weine eingebracht. Alles in allem gingen 60 000 Mark durch den Kamin.

Natürlich erregte der Zusammenbruch dieses Prestigeprojekts öffentliches Aufsehen, und das Land als Eigentümer wünschte nur eines: Ruhe und einen raschen, seriösen Neuanfang. Weil ich immer noch in das Schloss und in das Restaurant vernarrt war, habe ich nochmal mit dem Land und der Brauerei verhandelt.

Am 6. August 1993 habe ich den Pachtvertrag für die „Speisemeisterei" unterschrieben.

Am 20. August haben wir das Lokal wieder eröffnet. Vorher musste ich mit all den Lieferanten noch mal verhandeln, Arrangements treffen. Insgesamt musste ich in den ersten Jahren rund 1,1 Millionen Mark in die „Speisemeisterei" investieren, bis alles rund lief. Immerhin, als ich am 20. August das Lokal eröffnete, hatte ich schon 4000 Reservierungen im Buch. Also gab es nur eines, um meinen Schlosstraum zu verwirklichen: Die bitteren Erfahrungen der vergangenen Monate runterschlucken. Glücklicherweise sollte es bleiben, als was es das Blatt der „Meistervereinigung Gastronom" bezeichnete: nur „ein Etappenverlust auf dem harten Weg zum Lebenstraum".

SPEISEMEISTEREI

Der „Speisemeisterei" verschrieben – mit Haut und Haar

Die „Speisemeisterei" liegt nicht zentral im Hauptgebäude des Schlosses Hohenheim südlich von Stuttgart. Sie hat ihren Platz im nördlichen, von Herzog Karl Eugen seit 1776 als Sommerresidenz genutzten und gemeinsam mit seiner Geliebten und späteren Frau Franziska bewohnten Kavaliersflügel. Dort, im ersten Stock, haben die beiden residiert, dort haben sie, wie Reichsgräfin Franziska höchst eigenwillig in ihr Tagebuch schrieb, auch „gegesen" oder „frie gestiegdt". Und dort ist der Herzog im Herbst 1793 an den Folgen seiner Gichtkrankheit gestorben. Im Erdgeschoss aber war die Speisemeisterei angesiedelt – ursprünglich die Küche des Schlosses, das heute Zentrum der Universität Hohenheim ist. Ein geschichtsträchtiger Ort, dessen Atmosphäre Martin Öxle fasziniert hat.

Drei große Räume weist die „Speisemeisterei" in Hohenheim auf – das diskrete, stuck- und goldverzierte Franziska-Zimmer mit einem Porträt Herzog Karl Eugens, die Galerie mit ihren Säulen und Spiegeln, und den Saal, der das eigentliche Restaurant bildet. Diese Räume waren in den Nach-Herzogszeiten für unterschiedliche Zwecke genutzt worden, unter anderem als populäres Ausflugslokal und als Mensa für Professoren und Studenten. Nach 1980 hatte das Land unter Ministerpräsident Lothar Späth beschlossen, auch dieses Gebäude zu renovieren und es zu einem repräsentativen Restaurant umzugestalten; mit Kronleuchtern und Kerzenschein, mit Spiegeln und zwölf Medaillons, die die Sternzeichen darstellen.

Über jeden Handgriff, sogar über die Farbe für den Wandanstrich, wachte streng das Denkmalamt. Nach den Turbulenzen des ersten Halbjahres 1993 stand fest: Martin Öxle, der Starkoch, sollte dem neuen, vornehmen Etablissement auch den inneren Glanz verleihen. Doch da es im Land bekanntermaßen sparsam zugeht, musste der neue Patron eine Menge investieren: Begeisterung, Zeit – und viel Geld.

„Ein Lebenstraum geht in Erfüllung"

„Jetzt war ich angekommen, und zwar genau dort, wo ich immer hinwollte."

Als ich die „Speisemeisterei" übernehmen und eröffnen konnte, hatte ich das Gefühl: „Jetzt bist du angekommen, und zwar dort, wo du hinwolltest." Ich konnte meinen Gästen endlich eine Einheit bieten von Ambiente, Küche und Service. Und das Stichwort „Schloss" hatte mich ja immer gereizt und fasziniert, schon als Bub. Das bedeutete eine besondere Umgebung, eine exquisite Atmosphäre, eine eigene Geschichte, etwas Gewachsenes. Für mich, der ich im Sternzeichen des Löwen geboren bin, ist eine solche Tradition, auch ein gewisser luxuriöser Hauch, schon wichtig gewesen. Und für meine Gäste offenbar auch, denn wenn die von zu Hause zu uns kamen, sind sie in eine andere Welt eingetaucht. Das inspirierte, das half, sich von den Mitbewerbern abzusetzen.

Nicht dass ich ein besonders barocker Mensch wäre – aber ich wollte meinen Gästen in der „Speisemeisterei" etwas Rundes, Komplettes, ein Gesamtkunstwerk anbieten. In den anderen Lokalen hat mal hier etwas gefehlt, hat es mal da gehakt, aber hier war alles perfekt, wie ich mir das erträumt hatte. Gut, wir konnten das Restaurant nur abends öffnen, weil tagsüber alle Parkplätze von den Studenten der Universität Hohenheim belegt waren. Ein Gast, der mittags zehn Minuten einen Parkplatz suchen, dann noch zehn Minuten Fußmarsch zurücklegen muss, kommt nicht entspannt zum Essen. Dafür war es abends, mit dem Kerzenlicht und der Schloss-Silhouette, ein festliches Erlebnis. Und genügend Parkraum gab es auch. Um es schlicht zu sagen:

Diesem Restaurant habe ich mich mit Haut und Haar verschrieben.

Hier konnte ich nun meine lang gehegten Vorstellungen realisieren. Zwei Dinge habe ich mir immer vorgenommen: ich wollte nie so ganz erwachsen werden – und ich wollte nie aufhören zu lernen. Da ich schon als Vierzehnjähriger arbeiten, schon sehr früh Verantwortung übernehmen musste, war ich ein ziemlich ernster Typ, der das Leben nicht immer von der spaßigen Seite nehmen konnte. Aber ich habe mir gesagt: Wenn du das weiter so machst, verkrampfst du. Also schau, dass du locker bleibst, nicht verknöcherst. Ich habe mich auch immer wieder zur Ordnung gerufen. Wenn ich Erfolgserlebnisse hatte, sagte ich mir: „Okay, das war schön, aber jetzt dreh dich um, schau nach vorn und heb nicht ab." Natürlich war das Kochen für mich konsequenter Professionalismus – aber ich habe mich immer um eine innere Lockerheit bemüht, weil nur das die Kreativität fördert. Deshalb haben wir alle Abläufe in der Küche der „Speisemeisterei" sehr straff organisiert, mit hoher Schlagzahl eingeübt, damit die Mannschaft Routine bekam. Nur so entsteht der Freiraum, den man braucht, um Neues wagen zu können. Wer in meiner Branche nur malocht, arbeitet ab – sein Pensum und sich selbst.

Meine besten Ideen sind mir bei zwei Gelegenheiten gekommen. Während der Arbeit in der Küche, wenn ich ein Produkt vor mir hatte, eine Zutat daneben sah. Dann kam mir der Einfall: „Probier mal, ob das passt, ob man das kombinieren kann." Oder morgens, nach dem Aufwachen. Dann springe ich üblicherweise nicht aus dem Bett, sondern plane mit freiem Kopf den Tag, lasse meine Gedanken laufen, und plötzlich ist da eine Idee.

Als Bauchmensch spüre ich es in der Magengrube, ob etwas passt.

Diesen Einfall habe ich dann in dem Block notiert, der immer auf meinem Nachttisch liegt. Und viele Kreationen haben wir auch im Team mit der Küchenmannschaft entwickelt. Meine Kollegen in der Küche hatten oft pfiffige Ideen: „Könnten wir nicht mal das oder jenes probieren?" Gut, mancher innovative junge Kerl schoss über das Ziel hinaus, aber anderes haben wir weiterentwickelt. Dann lagen sechs, sieben Sachen auf dem Teller, und wir haben uns gefragt: „So, und was können wir weglassen?" Da blieb zum Schluss ein Stück Fleisch übrig, eine Sauce, eine kleine Beilage, die sich harmonisch ergänzten, aber nicht übertrumpften – systematisch aufgebaut. Am liebsten hätte ich pro Gang nur wenige Dinge präsentiert, zum Beispiel ein wunderschönes Stück Fisch, daneben grünen Spargel, gebraten, vielleicht noch einen Tupfer Öl oder Emulsion. Und so fort, mehrere Gänge. Nicht um zu sparen, sondern um Geschmacks-Wirrwarr zu vermeiden. Aber das konnte ich den meisten meiner Gäste dann doch nicht zumuten. „Jetzt spinnt er", hätten sie gesagt. Manche Köche versuchen ja, wie Diktatoren aufzutreten und zu bestimmen, was dem Gast zu schmecken hat.

Ich habe immer versucht, in Kontakt mit den Menschen zu bleiben, die zu uns kamen.

Und da gibt es Unterschiede. Einige hatten hoch entwickelte Geschmacksknospen, die jede Nuance herausschmeckten. Das sind fünf bis zehn Prozent der Gäste, die können dem Koch folgen, ihm notfalls sogar noch etwas erzählen. Das sind die Esstalente, so wie es auch geborene Weinnasen gibt. Und noch mal fünfzehn Prozent der Gäste haben Ahnung, dank ihrer Essroutine. Die anderen lassen sich das Mahl munden und sind einfach glücklich.

Bei manchen Kreationen im Grenzbereich, ob es nun um das Verhältnis süß-sauer ging oder um Saucen auf Kräuterbasis, habe ich gedacht: „Eigentlich müssten wir den Gästen sagen, wie sie es essen sollen." Da hat dann unser Service dezente Anregungen gegeben. Aber Gäste sind souveräne Wesen, die man mitnehmen muss, und ein Restaurant ist nebenbei auch ein Wirtschaftsbetrieb. Also habe ich nicht versucht, mit extremen Kombinationen zu schockieren. Ich habe nicht versucht, 100 Prozent Öxle durchzudrücken, aber ich konnte hinter allem stehen, was ich angeboten habe.

Natürlich haben wir versucht, die „Speisemeisterei" und ihr Angebot Schritt für Schritt weiterzuentwickeln, von der klassischen Küche hin zu leichteren Zubereitungsarten, zu Emulsionen, Reduktionen, Fonds. Ich kannte das jeweilige Leistungsniveau meiner Köche, und wenn sie sich ihrer Sache sicher waren, haben wir die Latte höher gelegt. So hat sich der Schwierigkeitsgrad von Menükarte zu Menükarte gesteigert, ohne dass das in der Küche groß aufgefallen wäre.

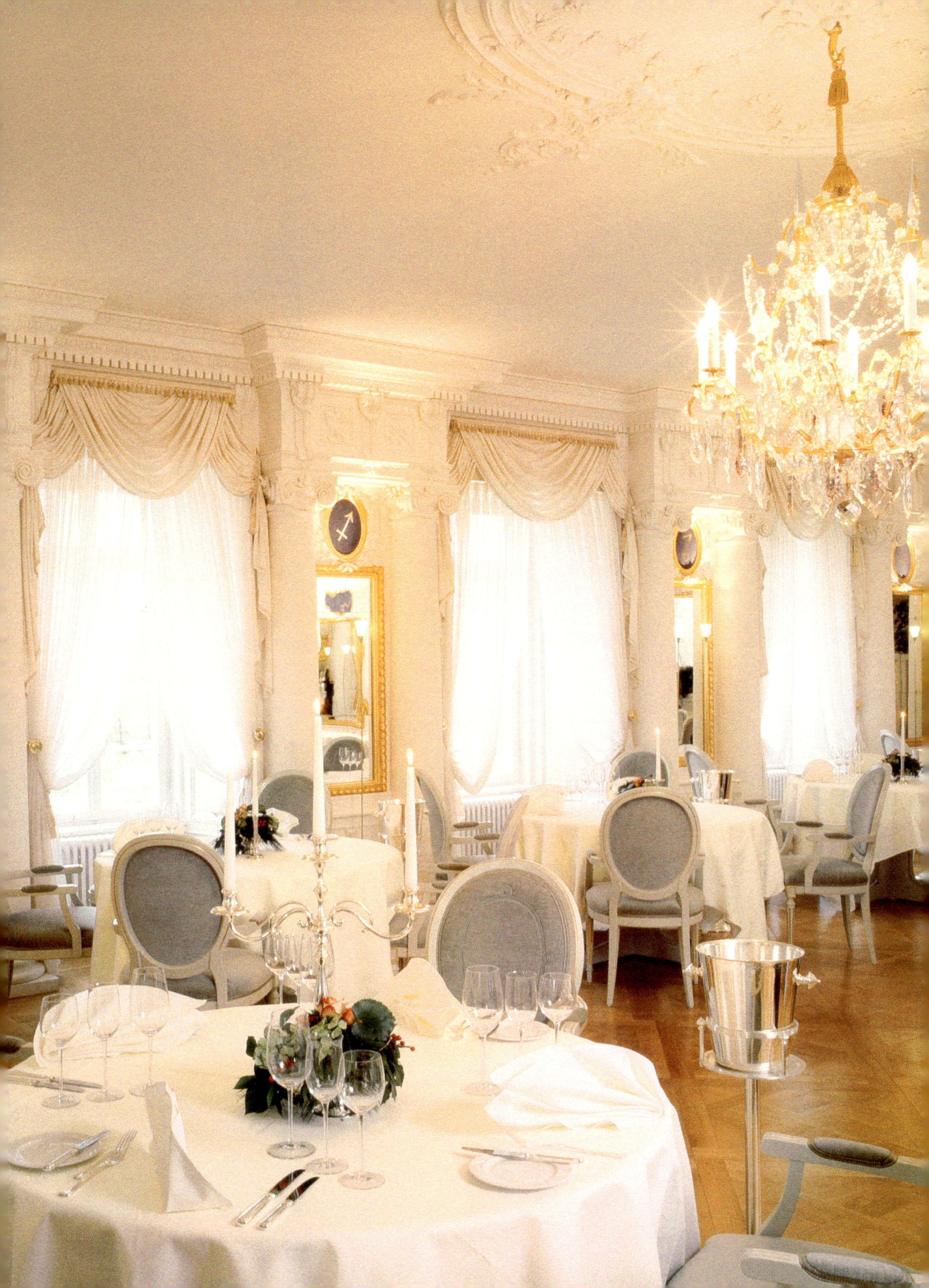

So ähnlich war es mit den Gästen. Wenn ich das Gefühl hatte: „Das wird jetzt akzeptiert", war der nächste Schritt fällig. Als wir zum Abschied noch einmal die Höhepunkte der Menüauswahl präsentiert haben, hat man diese Entwicklungslinie verfolgen können. Da steckte System dahinter. Aber Spitzengastronomie ist für mich sowieso ein Stück weit Systemgastronomie, in übertragenem Sinn. Es muss ein klares, diszipliniertes System dahinterstecken. Die großen französischen Küchenchefs haben uns das vorgemacht. Da sind die Rezepte, die Zubereitungen, die Abläufe glasklar systematisiert – das gibt Sicherheit und garantiert höchste Qualität. Mag sein, dass es für einen Koch uninteressant ist, Tag für Tag Trüffeln über ein Gericht zu hobeln, aber für den Gast ist es perfekt. Wenn wir es eine Woche später weggelassen hätten, hätte er gefragt: „Und wo, bitte, sind die Trüffeln?"

Vorbilder? Ohne überheblich sein zu wollen: Ich hatte keine.

Ich habe meine Kollegen stets respektiert, auch gern in anderen Sterne-Restaurants gegessen, aber jeder Küchenchef hat seinen Stil und ich meinen. Hätte ich jemanden nachkochen sollen? Nein, man lernt bestimmte Techniken auch bei Kollegen, aber jeder Spitzenkoch hat sein eigenes Profil, mit dem er steht oder fällt.

Das sahen wohl auch meine Gäste so, denn im Restaurant hatten wir in all den Jahren eine Belegung von über 90 Prozent. Wer aber glaubt, mit diesem Zuspruch könnte man in der Spitzengastronomie reich werden, der irrt sich. Warum? Weil wir, auch in der „Speisemeisterei", nicht die Preise erzielen konnten, die wir gebraucht hätten. Wenn ich solche Preise verlangt hätte, wenn ich also um 20 Prozent nach oben gegangen wäre, hätte ich ein leeres Restaurant gehabt. Der Markt dafür fehlt bei uns. Also müssen irgendwoher zusätzliche Einnahmen kommen, egal ob von einem Sponsor oder aus einem Hotel. Ohne unsere Veranstaltungen im Franziska-Zimmer und in der Galerie hätten wir es nicht geschafft. Das geht in Deutschland nicht. Die hohen Kosten kommen einfach daher, dass wir nur beste frische Ware verarbeitet haben. Man braucht ausgewählte, hoch qualifizierte Mitarbeiter und dazu eine wesentlich höhere

Jan Bimboes und Klaus Buderrath
Landgasthof Adler, Rammingen

Danke, Martin Öxle!

Martin Öxle – ein Name mit großer kulinarischer Bedeutung, besonders für uns beide. Wir haben uns im Jahr 2000 in Öxles „Speisemeisterei" in Stuttgart-Hohenheim kennengelernt. Ich, Jan Bimboes, war Sommelier und Restaurantleiter – und ich, Klaus Buderrath, wirkte als Küchenchef. Wir beide haben Martin Öxle viel zu verdanken, konnten wir doch in einem der besten Restaurants Deutschlands mit erlesenen Produkten arbeiten und aus einem reichen Weinfundus die feinsten Tropfen kredenzen. Und neben der besten Arbeitswelt haben wir auch aus betriebswirtschaftlicher Sicht sehr profitiert!

Tischkultur, vom mundgeblasenen Riedel-Glas bis zum Christofle-Silberbesteck. Komisch: In Frankreich werden von den Gästen Preise akzeptiert, die wesentlich über unseren liegen. Auch von deutschen Gästen. Aber so ist das eben. Kurz und gut:

Unser Programm in der „Speisemeisterei" war anspruchsvoll, die Gäste strömten, und 1994 kam der erste Michelin-Stern.

Den hatten wir bei unserem Niveau erwartet. Nun wuchs der Ehrgeiz noch mehr, doch dass schon drei Jahre später, 1997, der zweite Stern folgte, war überraschend. Klar, wir haben noch kompromissloser gearbeitet, versucht, in allen Bereichen noch perfekter zu werden. Und als wir den zweiten Stern hatten, war Qualitätssicherung angesagt, denn niemand will dieses Attribut verlieren. Also: noch mehr Leute in der Küche, noch besseren Service, noch reibungslosere Abläufe. Das kann man mit höheren Preisen gar nicht hereinholen – vor allem, wenn man so viele Stammgäste hatte wie ich. Die sollten ja nicht sagen: „Schau, jetzt haben wir dem Öxle mit unserer Treue den zweiten Stern ermöglicht, und jetzt müssen wir den über höhere Menüpreise bezahlen." Im Klartext: Weil ich den zweiten Stern halten wollte, musste ich auf 100 000 Euro Betriebsergebnis verzichten. So einfach, und doch so kompliziert ist das. Natürlich kann man den anderen Weg gehen: alles beim Alten lassen, den oder die Sterne verlieren, an Ansehen einbüßen. Aber das war nicht mein Weg.

Als der zweite Stern eintraf, Ende November 1997, war das Restaurant geschlossen und ich war ausnahmsweise einmal weg: bei einer Fernsehaufzeichnung in Köln, wo ich mit meinen Kollegen Eberhard Aspacher und Hans-Stefan Steinheuer in einer Jury saß. Und plötzlich kommt Steinheuer herein und sagt zu mir: „Ganz herzlichen Glückwunsch zum zweiten Stern."

Als die Presse am späten Nachmittag zu Hause anrief, war der Patron ausnahmsweise nicht da. Deshalb musste mein damaliger Küchenchef Andreas Goldbach die Gratulationen entgegennehmen und die Interviews geben. Aber das war in Ordnung, weil wir die Auszeichnung ja im Team errungen hatten. Gefeiert haben wir übrigens bei meinem Kollegen Bernhard Diers in Haigerloch, heute „Zirbelstube" im Schlossgarten-Hotel Stuttgart, der damals für sein Lokal „Historisches Gasthaus Schwanen" ebenfalls den zweiten Stern erhalten hatte. Es war ein schönes Fest mit all denen, die das Lokal und seinen Ruf mit aufgebaut hatten: mit Andreas Goldbach, heute Chef des Sterne-Restaurants „Landgasthaus zur Linde" in Pliezhausen-Dörnach, mit der Sommelière und Goldbach-Ehefrau Irene geb. Kunert, mit dem Restaurantleiter Florian Gartner und seinem späteren Nachfolger Jure Rübel, heute Chef im Stuttgarter „Gui". Eine tolle Mannschaft, wie auch die späteren Teams.

Natürlich lockte der zusätzliche Stern auch neue Gäste an, die einfach mal in einem Zwei-Sterne-Restaurant essen wollten. Es kamen immer mehr Besucher aus dem Ausland, die etwas über uns gelesen hatten. Und viel Prominenz tafelte bei uns – vom früheren US-Außenminister Henry Kissinger über die Prinzessin von Thailand, bis zu Sportlern wie Boris Becker, zu Ministerpräsidenten, Musikern, Showleuten, Industrieführern, Nato-Militärs. Manche kamen im Privatflugzeug, aßen bei uns diskret und unerkannt im Franziska-Zimmer und fuhren erst dann ins Hotel. Manche Konzernlenker trafen sich in der Galerie zum Mahl und flogen hinterher in alle Welt. Was diese Prominenten schätzten: Bei uns lief alles diskret ab, nichts drang an die Öffentlichkeit, und ihre Sicherheit war gewährleistet.

Manchmal waren wir von Sicherheitsleuten so gut beschützt wie die Bank von England.

Dieser Zirkus war manchmal anstrengend, aber die normalen Gäste sollten ja nichts merken. Ich hatte anfangs ein wunderschönes Gästebuch, das prall mit prominenten Namen gefüllt war. Aber ich habe das abgeschafft. Ich fand es einfach aufdringlich, solche Leute um Einträge zu bitten, womöglich noch Fotos machen zu lassen. Eine meiner Devisen war immer:

Andreas Goldbach
Patron des „Landgasthauses zur Linde", Pliezhausen-Dörnach

Ergebnis auf dem Teller

Ich habe es sechs Jahre lang in der „Speisemeisterei" miterlebt: Martin Öxle hat lange über neue Gerichte nachgedacht, sie förmlich ausgebrütet. Wenn er dann soweit war, ist er förmlich explodiert. Dann war klar: „Wir machen das so – und so machen wir es." Dabei hat er immer Recht gehabt, das Ergebnis war klasse. Außerdem war er ein fairer Chef, er hat uns viele Freiheiten gelassen. Er war nie der Mann, der in der Küche herumschrie – er wollte gute Ergebnisse auf dem Teller sehen, und er hat uns, seine Mitarbeiter, so motiviert, dass diese Ergebnisse auch erreicht wurden. Sein einziger Maßstab war die Zufriedenheit der Gäste – und es war schön, dass wir an diesem Ziel mitarbeiten durften.

„Mein Restaurant soll eine Seele haben." Ich wollte weder ein Schickimicki-Restaurant haben, noch ein kühles Business-Lokal. Ich wollte ein offenes Lokal, besonders für Familien. So gab es Gäste, die haben bei uns alles gefeiert: Verlobung, Hochzeit, Taufe, Konfirmation, Kommunion, Geburtstage, Beförderungen. Es gab Firmen, die haben all ihre Betriebsfeiern hierher verlegt. So kamen wir auf zwei Drittel Umsatz aus dem Restaurant, ein Drittel stammte aus dem Bankett-Bereich, aber bei 60, maximal 70 Gästen war Schluss. Das haben wir mit zehn Leuten in der Küche und acht Mitarbeitern im Service inklusive eines Stamms an hochkarätigen Aushilfen geschafft. Mehr ging nicht, sonst hätte die Qualität gelitten. Und wir wollten ja jeden Gast betreuen, verwöhnen – von der Garderobe am Eingang über den Gang zum Restaurant und durch den festlichen Abend im Saal bis zum persönlichen Abschied an der Tür.

Eines gebe ich zu: ich war nie der Typ des Unterhalters in meinem Restaurant. Das hatte seinen Grund nicht nur in meiner angeblich so zurückhaltenden Mentalität. Ich dachte immer: Die Gäste kommen hierher wegen der Speisen, die sie erwarten dürfen und bezahlen müssen. Und ich war immer in erster Linie Koch. Ich habe entweder mitgekocht, neue Postenchefs aufgebaut oder den Betrieb von meinem kleinen Büro aus überwacht. Klar, die Mannschaft war gut, ich musste nicht mehr die Karotten selbst schnitzen, aber ich war immer ansprechbar, habe alles kontrolliert, mit abgeschmeckt, darauf geachtet, dass alles tipptopp war. Für mich gab es ja eine eiserne Devise: Wenn das Restaurant geöffnet ist, habe ich da zu sein, von ein paar Krankheitstagen einmal abgesehen. Fernseh-Auftritte waren schon deshalb ausgeschlossen. Ich habe mich also immer voll auf die Küchenleistung konzentriert, war eine Viertelstunde vor dem Servicebeginn schwer anzusprechen, weil der Abend wie ein Film vor meinen Augen ablief. Wäre ich in solchen Momenten zu den Gästen gegangen, wäre ich zwar mit dem Körper am Tisch gewesen, aber mit dem Kopf in der Küche. Wenn dann die Desserts rausgingen, war ich gestresst und verschwitzt, ein Teil der Gäste wollte bald aufbrechen. Gut, ich habe möglichst oft meine Gäste an der Tür verabschiedet, aber ich habe mich immer dagegen gewehrt, ein „Table-Hopser" zu sein: „So, war's recht? Hat's geschmeckt?" Oder was willst du sonst sagen? Ich weiß, dass das wichtig gewesen wäre. Ich weiß, dass manche Gäste das erwartet haben. Da habe ich sie manches Mal im Stich gelassen. Manchmal musste mich sogar mein Restaurantchef hinaustreiben: „Es muss jetzt sein, Chef!" Vielleicht war meine Zurückhaltung ein Fehler. Tut mir leid, aber es war nicht bös gemeint und auch kein mangelnder Respekt.

Vielleicht war es auch ein Fehler, dass ich keine Fäden zu den Medien gesponnen habe, auch keine Netze zu Gastrotestern und Restaurantführern aufgebaut habe. Einen Medienberater konnte ich mir nicht leisten, gegen Selbstbeweihräucherung hatte ich eine Abneigung – und so habe ich meine Botschaften sparsam ausgesandt, wann und wie ich eben Zeit hatte. Mir ging es nicht darum, meinen Kopf möglichst oft in der Presse zu haben, aber ich wollte schon ein paar Signale aussenden. Einfach, damit die Gäste wissen: „Au ja, wir gehen ins richtige Restaurant." Oder dass ihnen einfiel: „Da waren wir schon lange nicht mehr, da sollten wir mal wieder hin."

Meine Medienarbeit war nie so professionell wie die anderer Kollegen. Mir war das Vertrauen meiner Gäste immer wichtiger als die Show. Und je mehr „Auch-Dabeis" ich angezogen hätte, Schauleute, umso weniger wohl hätten sich meine Stammgäste gefühlt. Das wollte ich vermeiden.

Mit den Testern der Gastro-Führer hatte ich keine Probleme.

Als ich mit dem Kochen begonnen habe, wusste ich ja gar nicht, dass es so etwas überhaupt gibt. Natürlich kann man vor den Bewertungen die Augen nicht verschließen, aber groß gekümmert habe ich mich nicht darum. Ich kannte die Testesser ja nicht. Die Michelin-Leute haben sich nach dem Bezahlen und vor dem Abschied kurz ausgewiesen, ein paar Fragen gestellt, aber da war schon alles gelaufen. Natürlich kam manchmal ein Service-Mitarbeiter in die Küche und sagte: „Chef, an Tisch vier sitzt einer, der isst so auffällig, das muss ein Tester sein." Aber hätte ich jetzt allen verkündet: „Vorsicht, da und dort sitzt ein möglicher Testesser", dann wären die nur nervös geworden. Ich habe dann gesagt: „Wir haben heute Abend dreißig Gäste, das sind dreißig Tester. Wir kochen für alle und jeden gleich gut. Fertig." Wer sich von solchen Situationen beeinflussen lässt, verkrampft und liefert eine schlechtere Leistung. Das schmeckt man. Außerdem: die Tester sind Menschen, die persönliche Wertungen abgeben. Oft habe ich mich gefragt: „Hat der Mann überhaupt begriffen, was er da serviert bekam?" Dann kamen wieder Autoren wie Jürgen Dollase von der Frankfurter Allgemeinen Zeitung und schrieben: „Auch wenn der Meister wie die Verkörperung eines zupackenden Kochs aussieht, sollte man sich dadurch nicht täuschen lassen: Er geht sehr raffiniert zu Werke..." Da war ich dann wieder versöhnt.

Ich habe meinen Mitarbeitern auch gesagt: „Mit gutem Kochen kommt man bei den Testern und Gastro-Führern nur auf ein bestimmtes Level. Alles, was darüber hinausgeht, hängt von anderen Dingen ab: von Sympathien, von Verbindungen, von Vorleistungen und bestimmten Formen der Bauchpinselei." Vielleicht nicht beim Michelin, aber bei manch anderen Führern schon. Ich habe meinen Leuten gesagt: „Wir leisten, was wir können. Aber ganz an die Spitze werden wir es womöglich nicht schaffen, weil wir bestimmte Dinge nicht praktizieren – Gratis-Einladungen, finanzierte Hotelwochenenden, andere Formen der ‚Kontaktpflege'." Aber genau das wollte ich nicht, das entsprach nicht meinem Stil.

Ja, ich bin auch angeeckt. Ich erinnere mich an jenen traurigen Tag, an dem ich nachmittags meinen Vater beerdigen musste. Abends war das Lokal ausgebucht, also musste ich ran. Und da kam ein Restauranttester mit seiner Tochter, der den großen Zampano spielen wollte. Ich bin rausgegangen und habe ihm am Tisch gesagt: „Sie sind hier als Gast willkommen wie die anderen auch, Sie werden ebenso freundlich behandelt wie alle anderen, aber eine

Extrawurst gibt es nicht. Auch nicht für Sie." Hinterher stürzte meine Punktebewertung steil ab. Doch irgendwann ging es auch wieder nach oben.

Und in einem Führer bekam ich eine extrem hohe Bewertung, ohne dass der Chefredakteur je bei uns gegessen hätte.

Das sind Dinge, die man nicht verstehen muss, die man aber auch nicht beeinflussen kann.

Meine Beteiligung am Bistro „Ecco" in der Stuttgarter Spielbank war übrigens nicht meine Idee. Ich wurde vom Land und vom Pächter angesprochen – und dann haben wir uns als Partner beworben. Meine Beteiligung in dieser Gesellschaft war ein zweites Standbein, das half, die „Speisemeisterei" abzusichern – eine Art indirekten Sponsorings. Außerdem gibt es Stammgäste, die auch ins „Ecco" kommen, wenn es ihnen mal nach einer guten Bistro-Küche zu günstigen Preisen zumute ist. So ergänzte sich beides.

Bis zum Schluss im Dezember 2007 hat mir die Arbeit in der „Speisemeisterei" Freude gemacht, hat das Feuer in mir gebrannt, auch wenn der Umgang mit dem Verpächter, also dem Land, und dem Denkmalschutz nicht immer unkompliziert war. Aber vor der Arbeit hatte ich nie Angst, auch nicht wenn sie von morgens halb acht bis nachts um zwölf dauerte. Mein Bedarf an Freizeit war traditionsgemäß gering, und ich wusste: Meine ehrgeizigen Pläne haben ihren Preis. Das war für mich selbstverständlich. Und ich habe auf meine Gesundheit geachtet. Ich rauche nicht, ich trinke tagsüber nur Wasser oder eine Tasse Kaffee. Das hat mich fit gehalten. Leider hatte ich kaum Zeit für Sport. So kam es, dass ich pro Jahr rund zwei Kilo zugelegt habe – nicht viel für ein Jahr, aber über einen längeren Zeitraum kommt doch einiges zusammen. Aber bis zuletzt hat meine Gesundheit mitgemacht. Dafür bin ich sehr dankbar.

Das letzte halbe Jahr in der Hohenheimer „Speisemeisterei" war schiere Lust und Nostalgie – für die Gäste. Und purer Stress für die Küche. Denn als der Abschied nahte, legte Martin Öxle ein „Highlight"-Programm auf. Das Finale in der „Speisemeisterei", der offizielle Abschluss der Öxle-Nostalgiewochen, fand am Samstag, den 15. Dezember 2007, statt. Einen Tag später folgte die Finissage, eine große Abschieds-Küchenparty. Eingeladen waren rund 100 der treuesten Stammgäste, dazu Kollegen, frühere Mitarbeiter, ein paar journalistische Wegbegleiter. Noch einmal gab es, dieses Mal an runden Stehtischen und in der Küche, feinste Häppchen aus Öxles Küchenparadies.

Und am Schluss folgte ein Feuerwerk von Dankes- und Abschiedsworten. Der bisherige Restaurantchef Oliver Kraft fasste zusammen: „Es war uns eine Ehre, bei einem der größten Küchenchefs gearbeitet zu haben." Tränen flossen, und bis lange nach Mitternacht schwelgten die Gäste bei einem Gläschen Champagner in ihren Erinnerungen. Denn noch ehe, wie von Martin Öxle angekündigt, „der Schlüssel für das Lokal zum letzten Mal rumgedreht" wurde, wussten alle: Das gibt's nur einmal, das kommt so nicht wieder in Stuttgart.

„Er hat uns neue Genuss welten erschlossen"

Die „Speisemeisterei" wirtschaftlich und mit diesem Erfolg so konstant auf Kurs gehalten zu haben, zeigt, dass Sie nicht nur ein großes Vorbild als Koch, sondern auch als Unternehmer sind. Dabei sind Sie stets der bodenständige, menschliche Martin Öxle geblieben, den das Team und die Mitarbeiter sehr schätzten. Es war mir eine Ehre, mit Ihnen bis zum Schluss zusammenarbeiten zu dürfen. Es hat mir sehr viel Spaß gemacht und mich persönlich sehr geprägt.
Oliver Kraft, Restaurantleiter „Speisemeisterei"

Die eineinhalb Jahre, die ich bei Martin Öxle gearbeitet habe, waren für mich der Einstieg in die Sterneküche. Bei ihm habe ich das filigrane Arbeiten, die Perfektion gelernt. Das hat mich dahin gebracht, wo ich heute bin. Erfolg gibt es nicht ohne ein gewisses Maß an Strenge. Und Öxle hat sowohl Zuckerbrot als auch Peitsche wohl dosiert eingesetzt. Gute Mitarbeiter hat er immer gefördert. Das war toll − und wir sind ihm zu Dank verpflichtet.
Claudio Urru, Küchenchef „top air", Stuttgart-Flughafen

30 Jahre Sterne-Niveau

Wer so lange auf Sterne-Niveau kocht, hat sich allein schon deshalb Respekt verdient, denn das schaffen nicht viele. Wer die Arbeit von Martin Öxle verfolgt hat, hat erkannt, dass neben Können Kreativität und Leidenschaft die Grundlagen seines Erfolgs waren. Mit seiner Kochkunst und seinem Ideenreichtum zählt er seit Jahren zu den Besten in Deutschland.
Ernst Fischer, Restaurant Rosenau, Tübingen, Präsident des Hotel und Gaststättenverbandes Deutschland

Seinen Gaumen schulen – das war in den achtziger Jahren in Stuttgart nicht so einfach. Wir hatten Griechen, Jugoslawen, und den Italiener ums Eck. Schon das neue Mövenpick am Kleinen Schlossplatz war die große, weite Welt mit seinen „Röschti". Ein Bekannter empfahl uns „Öxles Restaurant" in Berg – und wir entdeckten eine völlig neue Welt des Geschmacks. Nicht nur der junge Kellner war hilfreich, als wir nicht wussten, was wir mit dem eingekerbten Löffel anfangen sollten. Nein, Martin Öxle hat uns ganz neue Genusswelten erschlossen. Dafür sind wir ihm ewig dankbar.
Thomas Astfalk, Mathematiker, Stuttgart

Hilfe für die Damen

Herr Öxle war schon deshalb ein Ausnahmegastronom, weil er bei der Einrichtung seiner „Speisemeisterei" auch an die Bedürfnisse der weiblichen Gäste dachte. Normalerweise wissen wir im Restaurant nämlich nicht wohin mit unserer Handtasche: auf den Tisch? Unter den Stuhl oder unter die Tafel, wo alle darauf herumtreten? Martin Öxle aber stellte zu jedem Tisch ganz diskret einen kleinen, passend bezogenen Hocker, auf dem die Damen ihr Täschchen abstellen konnten und immer griffbereit neben sich hatten. So etwas habe ich nur noch im „Erbprinz" in Ettlingen erlebt. Ein Sonderlob, nachträglich.
Helga Pleil, Plochingen

Kochen für Öxle

Wir sind Mitglieder der Chaîne des Rôtisseurs. Eines Tages haben wir mit Öxles eine Reise nach Südfrankreich gemacht, in unsere zweite Heimat. An einem schönen Abend habe ich auf unsere Terrasse mit Blick auf St. Tropez eingeladen – und habe den großen Meister Martin Öxle und seine Frau bekocht. Ich hatte bis dahin geglaubt, dass für mich die Zubereitung eines Côte de Bœuf kein Problem darstelle. Aber

die Aufregung und der Schweißverlust an diesem Nachmittag waren immens, und das, obwohl Öxle immer wieder versicherte, er liebe die einfachen Genüsse, wenn er nicht gerade in seiner Zwei-Sterne-Küche stehe. Ich war heilfroh, als die Fleischstücke, fünf Zentimeter dick, auf dem Teller lagen und einigermaßen geschmeckt haben. Öxle war dann liebenswürdig genug, mir zu sagen: „Wenn ich mal ein Personalproblem in der ‚Speisemeisterei' habe, können Sie bei mir als Fleischkoch anfangen." Ich hab's als nettes Kompliment aufgefasst und war erleichtert.
Frank Berner, Architekt, Fellbach

Abtauchen bei Öxle

Die Leute haben ja ganz unterschiedliche Bedürfnisse. Die einen machen einen teuren Urlaub. Die anderen gehen zum Psychiater – und die dritten sind in die Speisemeisterei zu Martin Öxle gegangen und haben sich dort verwöhnen lassen. Das war für uns der Zustand der Glückseligkeit – hier hat alles gestimmt. Wir sind in eine andere Welt abgetaucht und wurden aufgenommen wie Freunde. Der Umgang mit Herrn Öxle war auch menschlich ein Gewinn. Heute sind alle, auch die Starköche, oft nur auf Karriere, auf Kommerz, aufs Geldverdienen aus. Aber Martin Öxle sagte: „Ich bleibe meiner Küche treu, ich brauche keine Fernsehkameras und niemanden, der den Weihrauchkessel schwingt." Das wird uns allen fehlen in Stuttgart. Schade, das Land wirbt mit den zahlreichen Gastronomiesternen in Baden-Württemberg. Aber wenn ein Gastronom, der beim Land Pächter ist, Vorbildliches leistet, gar wie Martin Öxle zu den zehn Besten der Republik gehört, dann wird er vom gleichen Land nicht entsprechend unterstützt. Das ist beschämend.
Dr. Thomas Engels, Rechtsanwalt, Stuttgart

Abi-Ausflug

Im Frühjahr 2007 war ich in der „Speisemeisterei" – aber nicht allein, sondern mit meinen Abiturienten. Die hatte ich in Besigheim in Französisch unterrichtet und ihnen klargemacht: Zur französischen Lebensart gehört auch gutes Essen – und das wird bei Martin Öxle serviert. Für die meisten war das Lokal und sein Angebot absolutes Neuland, aber alle waren so begeistert, dass sie sofort beschlossen haben: das erste Ehemaligen-Treffen machen wir wieder hier. Leider kommt das nicht mehr zustande. Aber die schönen Erinnerungen haben ihren Platz in der Abi-Zeitung erhalten.
Gudrun Boucher, Pädagogin, Besigheim

Ketchup à la Öxle

Früher sind wir gern sonntags mit den Kindern durch den Solitude-Wald gewandert – und als Belohnung gab es dann ein Mittagessen im Schlosshotel Solitude, in dem Martin Öxle seinen ersten Michelin-Stern in Stuttgart erkocht hat. Einmal fragte Öxle unsere kleine Tochter, welche von den vielen Köstlichkeiten der Speisekarte sie denn gerne essen würde. Ihre Antwort kam prompt: „Pommes mit Ketchup." Das hat Martin Öxle nicht aus der Ruhe gebracht. Er sagte nur: „Ketchup haben wir leider nicht, aber ich bring dir was, das genauso aussieht und viel besser schmeckt." Er servierte die feinsten Kartoffelchips mit einer frischen Tomatensauce, und meine Tochter war hell begeistert von diesem Teller. Heute lebt sie mit ihrem Mann in den USA – und ist eine ausgebuffte Feinschmeckerin. Das hat auch Martin Öxle bewirkt.
Roberto Zwirn, Diplom-Architekt, Stuttgart

Essen mit Handicap

Wir kamen einmal, vor vielen Jahren, in „Öxles Löwen" nach Mühlhausen. Unser damals zehnjähriger Sohn hatte sich so auf das Essen gefreut, aber er konnte nicht richtig sitzen, weil er einen Unfall gehabt hatte und an Krücken gehen musste. Ein anderer Gastronom hätte wohl Schwierigkeiten gemacht. Aber in Öxles Etablissement wurde eine leere Weinkiste herbeigeschafft, damit der Junge sein Bein drauflegen und die ganze Speisenfolge bequem genießen konnte. Das war typisch für Öxle und seinen damaligen Restaurantchef Naujok. Mein Sohn hat das nie vergessen – und wir als Eltern auch nicht.
Frank Herbeck, Rechtsanwalt, Stuttgart

Ein Jahrhundert-Koch

Martin Öxle ist für mich ein Jahrhundert-Koch. Warum? Nicht nur, weil er so gut ist. Sondern weil er sein Lokal, die „Speisemeisterei", aus eigener Kraft, ganz ohne Sponsoren, finanziert hat. Er konnte nie mehr ausgeben, als er verdient hat. Das hat ihn so kreativ gemacht. Die „Speisemeisterei" ist ja kein einfaches Objekt. Öxle war einer der wenigen, vielleicht sogar der Einzige, der das Lokal erfolgreich managen konnte. Allein dafür gebührt ihm ein großes Lob.
Eberhard Aspacher, Gastro-Unternehmer

Den siebten Siebten des Jahres Nullsieben werde ich nie vergessen. An diesem Samstag haben meine Frau und ich in der „Speisemeisterei" Hochzeit gefeiert. Alles war perfekt, das Essen, die Getränke, der Service. Als wir noch feierten, musste sich Öxle verabschieden, und das aus gutem Grund. Er hat nämlich an diesem Tag mit seiner Frau auch Hochzeitstag gefeiert. Was er uns hinterlassen hat, war eine wunderschöne Hochzeitstorte in Herzform mit der Aufschrift „Mr. und Mrs. Big". Weil ich als Stelzenläufer unter dem Künstlernamen Mr. Big bekannt bin.
Florian Gauder, Unternehmer, Stuttgart

Ich bin Chinesin und studiere in Stuttgart. Vor einiger Zeit hatte mein damaliger Freund Geburtstag. Ich wollte ihm eine Überraschung bereiten und zu einem guten Essen in einem exzellenten Restaurant einladen – und bin dann auf Martin Öxles „Speisemeisterei" gestoßen. Ich habe geahnt: Für eine Studentin wird das zu teuer. Aber ich habe angerufen, ob sie ein Spezialprogramm für Geburtstagskinder haben, so für einen Preis um die 35 Euro pro Kopf. Zu meiner Überraschung habe ich eine Zusage bekommen. Es war ein phantastisches Essen, sogar mit fünf Gängen. Zum Schluss gab es noch einen Nachtisch auf Kosten des Hauses.
Ning Sun, Studentin, Stuttgart/Shenyang

Prüfungsmahl

Zum allerersten Mal kamen wir 2002 in die Speisemeisterei – aus besonderem Anlass: mein Mann hatte gerade sein juristisches Staatsexamen gemacht. Ich weiß noch, es gab Ente nach Sezuan-Art. Ich war total beeindruckt vom Lokal, fand alles ganz großartig. Bloß mein Mann war plötzlich merkwürdig still. Der Grund: Am Nebentisch saß der Experte, der ihn vor ein, zwei Wochen geprüft hatte, war guter Dinge und rauchte Kette. Und mein Mann war froh, dass ihn der Prüfer nicht wahrnahm – der hätte das vielleicht als „Revierverletzung" empfunden. Aber wir wussten nach dem Mahl in der „Speisemeisterei": „Jetzt gehören wir dazu!"
Vera Schlabs, Waldenbuch

Der Kochberuf fordert den ganzen Mann – oder die ganze Frau. Vor allem in der sternenbeschienenen Spitzengastronomie, in der Martin Öxle drei Jahrzehnte lang gearbeitet hat. Da bleibt wenig Zeit für private Vergnügungen, für geselliges Zusammensein mit Bekannten. „Große Freundschaften", sagt Öxle, „habe ich leider kaum schließen können – ich hätte ja keine Zeit gehabt, sie zu pflegen." Was als Rückzugsraum blieb, war die Familie. Und die Ehefrau als Beratungsinstanz.

Das Kapitel „Martin Öxle und die Speisemeisterei" ist beendet. Die Stammgäste haben sich am 16. Dezember 2007 mit bewegenden Worten von „ihrem" Kochkünstler Öxle verabschiedet, ihm viele Komplimente mit auf den Weg gegeben. Das Geschirr und die Weine sind längst versteigert, das Restaurant wurde korrekt an den Eigentümer Land zurückgegeben. Und Öxles blicken zurück auf bewegte Karrieren – als Gastronomieunternehmer und als Haushaltschefin und Familienmanagerin.

„Rückblick und Zukunftspläne"

"Endlich leben und nicht mehr nur arbeiten."

Herr Öxle, wenn Sie nochmals auf die Welt kämen – wollten Sie wieder Koch werden?

Martin Ö.: Ganz spontan: ja, ich würde es wieder machen. Weil es ein toller Beruf ist, eine schöne Arbeit. Aber ich würde mich nicht mehr so früh selbständig machen. Ich würde versuchen, länger ausschließlich zu kochen, meinen Beruf mehr auszuleben, mich küchentechnisch auszutoben. In meinen Lehrjahren würde ich mir auch im Ausland die Küchendüfte um die Nase wehen lassen, würde mir mehr die Welt anschauen. Und wenn ich mich dann mit 40 selbständig machen würde, dann wieder irgendwo in der Gegend zwischen Stuttgart und München. Am Neckar kann man viele interessante Menschen kennenlernen – nicht nur Schwaben.

Was würden Sie einem jungen Menschen raten, der in die Gastrobranche gehen will?

Martin Ö.: Ich würde ihm weder abraten noch ihn in den Beruf drängen. Ich würde ihm sagen: Wenn du Koch werden willst, musst du einiges mitbringen – einen hohen Grad an Leistungsbereitschaft, viel Disziplin und eine gute Portion Ehrgeiz. Und du musst bereit sein, auf manches zu verzichten: auf Freizeit, auf gemeinsames Feiern mit anderen, auf eine geregelte Stundenzahl. Wer Erfolg haben will, kann das nicht mit einer 40-Stunden-Woche schaffen und mit dem Anspruch, gemeinsam mit den Freunden abends feiern zu können. Aber du kannst mit tollen Produkten arbeiten, du kannst kreativ sein, in spannenden Teams arbeiten, du kannst in der Welt herumkommen, du kannst, wenn du gut bist, ziemlich schnell Karriere machen, dir was Eigenes aufbauen, in eine Führungsposition kommen.

Frau Öxle, würden Sie noch mal einen Koch heiraten?

Iris Ö.: Also, ich habe mir meinen Mann nicht unbedingt nach seiner Berufsgruppe ausgesucht. Wenn man den anderen gern hat, ist es nicht so wichtig, wann er seine Freizeit hat und wie viel. Außerdem habe ich, nachdem ich mit meinen Eltern 1957 aus der DDR in den Westen gekommen bin, den Beruf der Hotel-Fachfrau gelernt – früher hieß das Hotel-

und Gaststättengehilfin. Das war damals im Europäischen Hof in Heidelberg, und schon an meinem ersten richtigen Arbeitsplatz, im Humplmayr in München, habe ich meinen Mann kennengelernt. Ich kannte die Bedingungen unserer Branche, ich wusste, was mich erwartet. Aber das war egal – wir waren verliebt. Und das hat bis heute gehalten.

Und wie haben Sie sich die Pflichten geteilt?

Iris Ö.: Bei uns hat sich irgendwann herauskristallisiert, dass mein Mann für das Geschäft zuständig war und ich für den privaten Teil der Familie. Am Anfang habe ich ja mitgearbeitet, mich um den Service gekümmert, in „Öxles Restaurant" und im „Löwen". Aber da war ich oft unglücklich, weil ich nichts hundertprozentig machen konnte. Die berufliche Arbeit litt, und meine Kinder konnte ich auch nicht so richtig erziehen. Die liefen zunächst ein wenig nebenher. Wenn mein Sohn Marius aus der Schule kam, hatte ich Mittagsservice. Wenn er eine Frage hatte, musste ich sagen: „Warte mal, jetzt nicht, später." Das können Sie einem Kind eigentlich nicht antun. Weil mein Mann sich gar keine Zeit für die Kinder nehmen konnte, haben wir damals beschlossen: du machst das eine, ich das andere, aber das dann jeweils richtig. Es hat schon gereicht, dass wir zeitweise alle zwei Jahre umziehen mussten.

Hat Ihnen der Rückzug aus der Gastrowelt wehgetan?

Iris Ö.: Nicht so sehr. Erstens habe ich mich ja gern um die Kinder gekümmert. Und zweitens bin ich kein extrovertierter, sondern eher ein ruhiger, zurückhaltender Mensch. Die Gabe, mit Menschen, mit Gästen umzugehen, kriegt man vom Schicksal geliefert, mehr oder weniger. Bei mir war es weniger. Ich habe mich bemüht, es zu lernen, aber es ist mir schwergefallen.

Herr Öxle, wären Sie auch gern Fernsehkoch geworden, wie Lafer, Lichter & Co.?

Martin Ö.: Ach, es ist ja nur eine Handvoll Kollegen, die diesen Zirkus machen. Dazu braucht man eine bestimmte Begabung und man muss den Anforderungsprofilen der Fernsehanstalten entsprechen. Damit kann man erfolgreich sein, aber es steckt auch ein Risiko drin: nicht nur, dass man – wie geschehen – seine guten Bewertungen in den Gastro-Führern verliert. Sondern dass man, im Erfolgsfall, so in die Fernsehwelt und ihre Verträge eingebunden wird, dass man seinen eigenen Laden kaum mehr von innen kennt. Mir war das ein zu großes Risiko für den Betrieb, den ich aufgebaut habe. Deshalb habe ich auch nie Catering gemacht, obwohl es viele Gäste gewünscht haben. Aber dann hätte ich abends bei denen auftreten müssen – und wäre nicht in meinem Lokal gewesen. Irgendwann habe ich mir gesagt: Es muss nicht jeder Koch seine eigene Sendung haben. Und: Wenn mein Restaurant öffnet, bin ich in der „Speisemeisterei." Meine Gäste erwarten das, und ich erfülle diesen Wunsch gern.

Haben die TV-Küchen die Koch- und Esskultur in Deutschland gefördert?

Martin Ö.: Am Anfang schon. Da hat die Wertschätzung für gute Küche zugenommen, die Leute haben Lust bekommen, am eigenen Herd etwas auszuprobieren. Aber jetzt geht die Sache den Weg aller TV-Dinge: sie wird zur bloßen Show, manchmal zur Kasperei, nach dem Motto „Du brauchst bloß eine große Klappe und eine große Pfanne – und fertig ist der Küchenspaß". Das geht in die falsche Richtung.

Ist Ihnen denn neben dem Kochen und Organisieren noch Zeit für Ihre Hobbys geblieben?

Martin Ö.: O je, spätestens als ich mich selbständig gemacht habe, war es damit vorbei. Ich hatte keine Zeit mehr für den Sport, für Fußball, Schwimmen, Reiten. Ich habe mich bei der Fußball-Nationalmannschaft der Köche engagiert, aber das war's. Gut, ich habe auch privat guten Wein gesammelt – und Bilder von modernen Künstlern. Darum will ich mich jetzt wieder mehr kümmern, Galerien besuchen, die Staatsgalerie in Stuttgart, Museen. Dazu sind meine Frau und ich ja gar nicht mehr gekommen.

Wer kocht bei Ihnen zu Hause?

Martin Ö.: Das ist ganz offen. Manchmal habe ich Dinge vom Betrieb mitgebracht, Fisch oder Gemüse, die zu schade waren zum Wegwerfen. Dann habe ich das rasch zubereitet. Oft hat auch meine Frau beim Frühstück gesagt: Heute mach' ich ein Schnitzel oder ein Gulasch, oder meine Tochter Marion hat eine Pizza gebacken. So läuft das ganz locker.

Iris Ö.: So wahnsinnig vernarrt in das Kochen bin ich auch gar nicht. Nicht etwa, weil ich die Konkurrenz meines Mannes fürchten würde. Nein, das war nie ein Problem. Aber wir haben es uns eben aufgeteilt. Wenn er Edelprodukte aus der „Speisemeisterei" brachte, dann habe ich gesagt: „Mach lieber du das, ehe ich was falsch mache." Und wenn ich Rouladen gekocht habe, hat er erst den Deckel vom Topf genommen, wenn ich ihm gesagt habe: „Sei so lieb und schmeck's noch mal ab." Kritik gab es nicht, wir haben uns auch in der Küche gut vertragen. Nur die Kinder haben manchmal gemeckert, wenn er Gerichte verändert hat. Dann sagten sie: „Papa, koch es lieber so wie Mama. Das hat uns besser geschmeckt." Sie waren eben meine Handschrift gewöhnt.

Was ist im privaten Leben Ihre Lieblingsspeise?

Martin Ö.: Privat brauche ich keine große Küche. Da esse ich am liebsten ein kräftiges Gulasch, von meiner Frau gekocht. Oder einen Salat mit gebratenen Garnelen. Und wenn ich mit meiner Frau in eine Besenwirtschaft gehe, esse ich auch ein garniertes Sauerkraut oder Maultaschen. Alles ganz normal.

Iris Ö.: Ich mag zum Beispiel gern einen deftigen Schweinebraten oder Couscous oder Fisch. Ganz viele einfache, schmackhafte Dinge. Es wäre leichter für mich zu sagen, was ich nicht mag. Zum Beispiel Kutteln. Und an Gänseleber und ähnliche Edelprodukte gehe ich auch nicht so gern ran.

Ihre beiden Kinder haben einen Bogen um die Gastronomie gemacht? Macht Sie das unglücklich?

Martin Ö.: Meine Tochter studiert Psychologie, mein Sohn ist Diplom-Biologe. Also keine Gastronomen. Aber wir haben zu unseren Kindern gesagt: Ihr könnt den Beruf wählen, den ihr wollt, wir werden euch die Ausbildung finanzieren. Unsere Bedingung: Macht eure Sache ordentlich. Die Ausbildung bekommt ihr, Luxus müsst ihr euch selber verdienen.

Iris Ö.: Aber ich finde es trotzdem ein bisschen schade, dass mein Mann die Kinder nicht doch mehr beeinflusst hat. Ich bedauere es, dass er sein immenses Fachwissen nicht an die eigenen Kinder weitergeben konnte. Vielleicht wäre der Funke übergesprungen. Denn wenn unsere Kinder jetzt zu Hause sind, reden sie nur über eines – über das Essen. Und beide kochen mit Lust, holen sich Tipps beim Papa. Offenbar sind da doch ein paar Gene rübergerutscht.

Mit welchen Gefühlen haben Sie von der „Speisemeisterei" Abschied genommen?

Iris Ö.: Bei mir hielt sich die Trauer in Grenzen. Einfach deshalb, weil das Restaurant das „Kind" meines Mannes war. Ich habe ja nur manchmal am Büffet ausgeholfen, wenn Not am Mann oder an der Frau war. Mir war es aber sehr wichtig, dass wir dieses Kapitel zu einem guten, erfolgreichen Ende bringen, was in der Spitzengastronomie ja nicht selbstverständlich ist. Das haben wir geschafft, und das stimmt mich froh.

Martin Ö.: Bei mir ging das schon tiefer. Das letzte halbe Jahr, in dem wir unseren Gästen noch einmal unsere Spezialitäten angeboten haben, und der Abschiedsabend mit den Stammgästen, die haben mir gezeigt: Wir haben es geschafft, ganz seriös und ohne Zirkus etwas aufzubauen. Wir haben Menschen Freude gemacht, ihr Leben bereichert. Dass mein Team so engagiert mitgemacht hat, dass uns so viele Menschen die Treue gehalten haben, das hat mich schon sehr bewegt.

Kann es sein, dass Sie sich demnächst langweilen?

Martin Ö.: Keine Angst, das Bistro „Ecco" in der Spielbank Stuttgart will gepflegt sein. Dann plane ich ein Buch mit dem Arbeitstitel „Erfolgreich selbständig", einen Leitfaden für junge, manchmal arg- und ahnungslose Gastronomen. Außerdem gibt es genügend Anfragen für Seminare, für gastronomische Beratungen. Aber eins nach dem anderen. Zweierlei will ich nicht: nur die Füße hochlegen – oder mich erneut total verplanen zu lassen.

Iris Ö.: Außerdem freue ich mich darauf, dass mein Mann – vielleicht? – öfters zu Hause sein kann, dass wir private Pläne schmieden können. Jetzt wollen wir ja auch noch leben und nicht nur arbeiten. Und dann ist da noch unser Hund, der ausgeführt werden will, und der Garten, in dem Beschäftigung wartet. Darauf freue ich mich sehr.

Was wird Ihnen fehlen?

Martin Ö.: Das Kochen, so wie ich es in der „Speisemeisterei" gemacht habe. Das ist jetzt vorbei. Dem werde ich nachtrauern. Spätestens dann, wenn ich bei einem Kollegen gegessen habe, wenn mir dabei eine Idee gekommen ist – und ich kann sie nicht mehr umsetzen. Aber vielleicht kann ich es in Bücher packen. Oder in eine Kochschule samt Seminaren. Mir fällt da bestimmt noch etwas Sinnvolles ein.

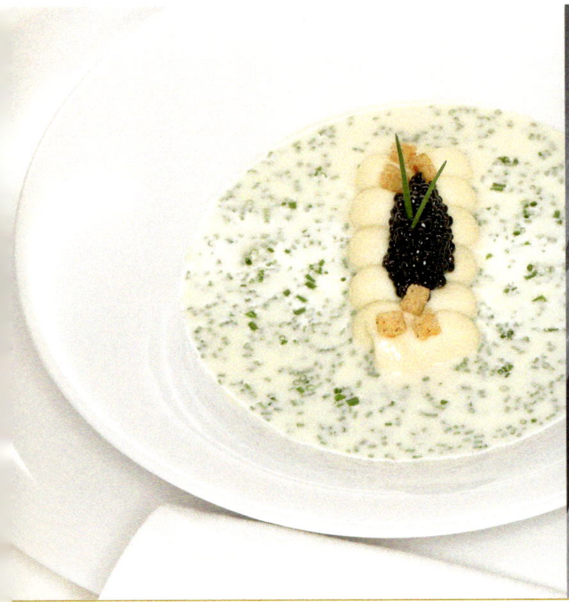
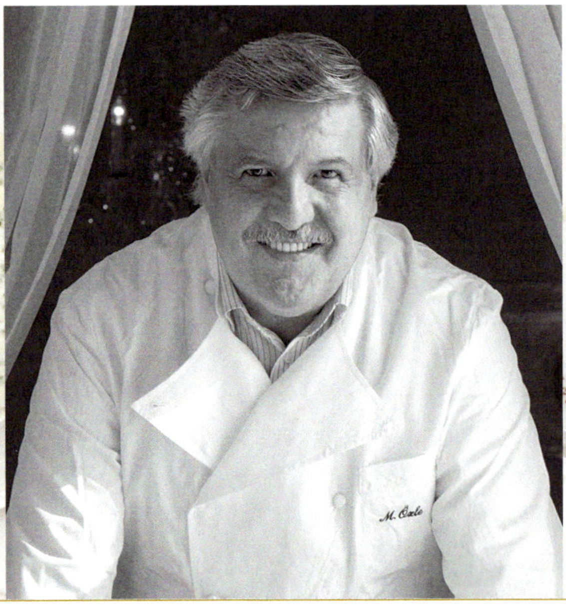
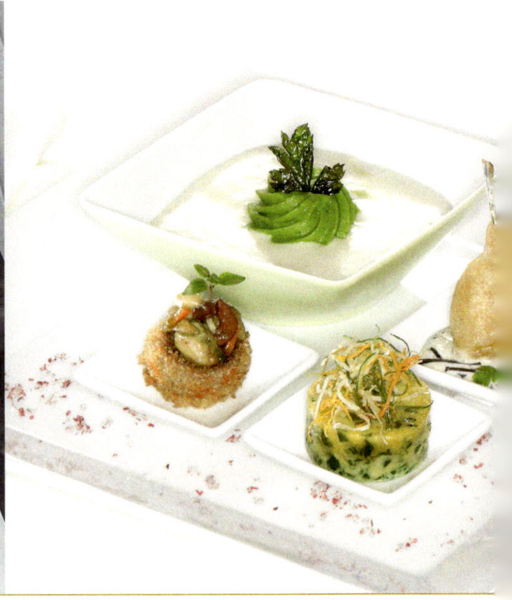

Vorspeisen & Suppen

70 | KALTE VORSPEISEN

Mille-Feuille
von Gänseleber und Perigord-Trüffel in Ochsenschwanz-Gelee

VORBEREITUNG

4 Förmchen (ca. 6 cm Ø) kalt stellen. Ochsenschwanz-Consommé mit Trüffeljus und Madeira erhitzen, kräftig abschmecken, eingeweichte Gelatine zugeben und auflösen. In die vorbereiteten Förmchen jeweils ca. 2 mm Gelee eingießen und stocken lassen. Das Gelee mit je 1 Scheibe Trüffel belegen. Darauf abwechselnd Gänseleber- und Trüffelscheiben legen, sodass außen, um das Übereinandergeschichtete herum, noch Platz für das Gelee ist. Gefüllte Förmchen wiederum kalt stellen, damit die Gänseleber nochmals fest werden kann. Dann vorsichtig das nur noch handwarme Gelee eingießen, bis alles komplett bedeckt ist. Um ein Verrutschen der Gänseleber-Trüffel-Timbale zu vermeiden, kann das Förmchen auch in mehreren Arbeitsgängen aufgefüllt werden, d. h. eine Schicht Gelee einfüllen, diese anziehen lassen, dann die nächste Schicht usw., bis die Form ganz gefüllt ist. Bei dieser Vorgehensweise muss das Gelee etwas wärmer sein, damit sich die einzelnen Gelee-Schichten besser verbinden. Danach kalt stellen.

ANRICHTEN

Zum Anrichten die Förmchen kurz in heißes Wasser tauchen und jeweils ein Mille-Feuille in die Mitte eines kalten Tellers stürzen. Die Selleriescheiben und die Bohnenstücke mit der Trüffelmarinade vermischen. Um jedes Gänseleber-Mille-Feuille 8 Selleriescheiben legen und auf jede zweite Selleriescheibe 4 Bohnenstücke setzen. Auf die noch freien Selleriescheiben je einen Tupfer Sauce Gribiche geben. Darauf je eine Ochsenschwanzraute legen (die Rauten zuvor mit Ei und Mie de Pain panieren). 100 ml Portwein auf 25 ml reduzieren, mit 5 g Butter binden und mild salzen. Die Vorspeise mit Portweinreduktion und Kerbelspitzen garnieren. Sofort servieren!

> Da Trüffel sehr teuer sind, können Sie die Vorspeise auch mit Pilzen der Saison zubereiten, d. h. eine gut gewürzte Pilz-Duxelles herstellen und zwischen die Gänseleberscheiben geben. Sehr gut passen zu den Mille-Feuilles Feldsalat oder Artischocke in Nussdressing.

Zutaten
FÜR 4 PERSONEN

Für das Mille-Feuille
120 ml Ochsenschwanz-Consommé
(siehe Grundrezept Seite 205)
25 ml Trüffeljus
20 ml Madeira
1,5 Blatt Gelatine
50–60 g Perigord-Wintertrüffel,
in dünne Scheiben geschnitten
16 Scheiben Gänseleberterrine
(ca. 4 mm dick, ca. 4,5 cm Ø)

Sonstiges
32 blanchierte Scheiben Knollensellerie
(3 mm dick, ca. 3 cm Ø)
64 blanchierte Stifte von grünen Bohnen
(je 1 cm lang)
2 EL Trüffelmarinade
2 EL Sauce Gribiche
(siehe Grundrezept Seite 208)
16 Rauten (ca. 2 cm lang)
vom geschmorten Ochsenschwanz
(siehe Grundrezept Seite 210)
1 Eigelb
2 EL Mie de Pain
100 ml Portwein
5 g Butter
1 kleines Bund Kerbel

Terrine von Entenleber

mit Teerosinen und gelackten Brustscheiben

Zutaten
FÜR 4 PERSONEN

2 kleine Entenbrüste
250 g Entenstopfleber

Marinade für die Teerosinen
30 ml Orangensaft
2 g Orangentee-Blätter
25 g Rosinen, ungeschwefelt
20 ml weißer Portwein

Marinade für die Entenbrust
1 Nelke
¼ Lorbeerblatt
⅕ Sternanis
1 Wacholderbeere
3 Pimentkörner
1 g Sezuan-Pfeffer
2–3 Thymianblätter
15 g Wildblütenhonig

Marinade für die Entenleber
4 g eingelegte grüne Pfefferkörner
und 1 ml der Lake
10 ml Grand Manier
10 ml Armagnac
2,5 g Meersalz
1 Prise Zucker
0,3 g Sternanispulver
0,3 g Pulver vom grünen Koriander

VORBEREITUNG

Für die Teerosinen den Orangensaft aufkochen, die Teeblätter darin ca. 6 Minuten ziehen lassen, durch ein Teesieb passieren. Rosinen im Orangentee aufkochen und ca. 3 Minuten köcheln lassen, den Portwein zugeben, in ein kleines Glas umfüllen und kalt stellen. Die Rosinen sollten vor dem Gebrauch 1–2 Tage durchziehen können.

Für die Entenbrüste die Marinaden-Gewürze im Mörser grob zerkleinern und mit dem Honig verrühren. Entenbrust enthäuten (Haut für späteren Gebrauch kalt stellen), alle Sehnen entfernen. Die Brüste in der Marinade wenden, mit Folie bedecken und kalt stellen. 1–2 Tage marinieren, dabei mehrmals wenden.

Die Entenleber enthäuten, von allen Adern befreien, in Entenleber- und Teerosinenmarinade marinieren. Anschließend in eine mit Klarsichtfolie ausgelegte Form einstreichen, sodass später 4 Stücke (1 cm hoch, 3 cm breit, 8 cm lang) geschnitten werden können. Abdecken und kalt stellen.

Gewürz-Zutaten für den Lack fein mahlen, durch ein Sieb streichen und mit dem Honig verrühren. Bis zum Gebrauch kalt stellen.

Für das Orangengelee den Orangensaft auf 100 ml einkochen, dann Agar-Agar zugeben und weitere 2 Minuten kochen lassen, eingeweichte Gelatine zugeben und auflösen. Zum Schluss den Armagnac und abgeriebene Schale von ¼ Orange hinzugeben. Orangengelee kurz vor dem Stocken auf die Entenleber gießen und erkalten lassen.

Muscovado-Zucker mit Mineralwasser kochen, bis der Zucker aufgelöst ist, dann die eingeweichte Gelatine dazugeben. Zum Schluss den Balsamico-Essig einrühren und in eine Form gießen, die so berechnet ist, dass 8 runde Teile (ca. 2 cm Ø) ausgestochen werden können.

KALTE VORSPEISEN | 73

ZUBEREITUNG

Entenbrust unter kaltem Wasser abwaschen, trocken tupfen und leicht salzen. Bei kleiner Hitze beidseitig goldbraun anbraten, dann bei ca. 170 °C im Ofen rosé braten. Dabei immer wieder wenden und mit dem Lack einpinseln. Wenn die Entenbrust eine Kerntemperatur von ca. 52–54 °C hat, herausnehmen und warm halten. Entenhaut in feine Streifen schneiden und in einer Teflonpfanne zu goldbraunen, knusprigen Krusteln braten, leicht salzen.

ANRICHTEN

Ententerrine mit erwärmter Messerklinge in die vorgegebenen Rechtecke schneiden und jeweils auf einer ovalen Platte anrichten. Die Entenbrust in feine Scheiben schneiden und die Terrine damit gefällig belegen. Den restlichen warmen Lack nach Wunsch darüberträufeln. Danach die Brustscheiben mit den Hautkrusteln bestreuen. Ausgestochenes Muscovadogelee mit je 1 Nuss belegen und je eines rechts und links an die Terrine setzen. Gewaschene Daikon-Kresse locker vor der Terrine verteilen und mit dem Himbeer-Sahne-Dressing marinieren. Sofort servieren.

> Wenn Sie dieses Gericht in den Wintermonaten servieren, können Sie dem Gewürzlack 1 g Lebkuchengewürz zugeben und erhalten so eine besonders jahreszeitliche Geschmacksnote. Sollten Sie kein Freund von Entenstopfleber sein, können Sie die Entenbrust auch als eigenständige Vorspeise servieren, z. B. mit mariniertem Spargel, Morcheln, sonstigen Pilzen, Artischocken oder asiatischem Gemüsesalat.

Gewürzlack für die Entenbrust
1 TL Sojasauce
1 TL Sherry (Tio Pepe)
3 g Sezuan-Pfeffer
2 g Korianderkörner
1 g Kreuzkümmel
½ grüne Kardamomschote
⅛ Sternanis
30 g Wildblütenhonig

Für das Orangengelee
150 ml Orangensaft
2 g Agar-Agar
1 Blatt Gelatine
25 ml Armagnac-Orange
Schale von ¼ Orange

Für das Muscovado-Balsamico-Gelee
25 g Muscovado-Zucker
30 ml Mineralwasser
1 Blatt Gelatine
20 ml sehr guter Balsamico-Essig

Sonstiges
8 Macadamianüsse, leicht gesalzen
2 kleine Schalen Daikon-Kresse, rot u. grün
4 TL Himbeer-Sahne-Dressing
(siehe Grundrezept Seite 209)

Warmer Kalbskopf
mit Gemüsevinaigrette und Bries-Taschenkrebs-Krokette

Zutaten
FÜR 4 PERSONEN

32 Scheiben (ca. 300 g) mild
gepökelter Kalbskopf, ca. 6,5 cm Ø
(siehe Grundrezept Seite 211)

Für die Kroketten
120 g Taschenkrebsfleisch
40 g Krustentierfarce
(siehe Grundrezept Seite 210)
20 g blanchierte Lauchwürfel
30 g gedämpfte Würfel von Baumpilzen
oder Kräuterseitlingen
1 TL gehackter Kerbel
12 Scheiben Kalbsbriesroulade
(ca. 4 cm Ø, 0,5 cm hoch;
siehe Grundrezept Seite 210)
1 Ei, 2–3 EL feine Panko-Brotbrösel

Für die Gemüsevinaigrette
40 ml konzentrierter Kalbsfond naturel
(siehe Grundrezept Seite 204)
30 ml bestes umbrisches Olivenöl
15 ml Traubenkernöl
8 ml weißer Balsamessig
Meersalz, Pfeffer
30 g blanchierte grüne Bohnen
(1 cm lange Stücke)
30 g blanchierte Karottenperlen
30 g blanchierte Gurkenperlen
1 Nizza-Artischockenboden (in kleinen
Ecken), 30 g Tomatenwürfel

Sonstiges
60–70 g Krustentier-Mayonnaise
(siehe Grundrezept Seite 208)
feine Gartenkräuter
(Brunnenkresse, Kerbel, Basilikum etc.)
32 kleine Kapern oder 4 Kapernäpfel
evtl. gemahlenes Krustentier-Corail

ZUBEREITUNG

Je 8 Kalbskopfscheiben als Rosette auf einem flachen Teller anrichten. Bis zum Gebrauch abgedeckt kalt stellen.

Für die Kroketten Taschenkrebsfleisch, Krustentierfarce, Lauchwürfel, Pilze und gehackten Kerbel vermengen und abschmecken. 4 Ringe (ca. 4 cm Ø) auf ein flaches, kleines Tablett legen. In jeden Ring eine Scheibe Kalbsbriesroulade legen und darauf die Hälfte der Taschenkrebsfüllung verteilen. Wiederum mit einer Briesscheibe belegen. Die restliche Füllung verteilen. Mit je einer Scheibe Briesroulade abschließen. Das ganze ca. 15 Minuten leicht beschweren, damit eine gute Verbindung entsteht. Dann die Ringe vorsichtig entfernen.

Jede Krokette vorsichtig durch das aufgeschlagene Ei ziehen und in den Bröseln panieren. Krokette nachformen und auf Pergamentpapier bis zum Ausbacken kalt stellen.

Für die Vinaigrette den Kalbsfond, das Olivenöl, das Traubenkernöl sowie den Balsamessig und die Gewürze mit einem Mixstab leicht cremig aufschlagen, mit dem Gemüse vermengen und abschmecken.

Die Kalbskopfscheiben unter dem Salamander oder in der Ofenröhre erwärmen und mit der Gemüsevinaigrette gleichmäßig nappieren.

In der Zwischenzeit die Kroketten in 170 °C heißem Fett goldbraun ausbacken, sodass sie auch innen heiß (ca. 60 °C) sind. Dann längs halbieren.

ANRICHTEN

In die Mitte des Tellers je 1 EL Krustentier-Mayonnaise setzen, darauf die zwei Hälften der Krokette, sodass das Schnittbild zum Gast zeigt. Mit frischen Kräutern, Kapern und dem Krustentier-Corail garnieren. Sofort servieren!

KALTE VORSPEISEN

Gefüllte Bordüre
von Mittelmeersardinen

Zutaten
FÜR 4 PERSONEN

Für das Sardinen-Tatar
6 Mittelmeersardinen à 50 g
1 eingelegtes Sardellenfilet, mild gesalzen
4 Kapern
Meersalz, Limonenpfeffer
1 TL Olivenöl
Limonensaft

Für die Füllung
60 g kleine Tintenfische
1 TL Olivenöl
50 g gekochte Bohnenkerne mit Kochfond
(Perl- oder Cannellini-Bohnen)
40 g blanchierte grüne Bohnen
(1 cm lange Stücke)
40 g gewürfeltes Tomatenfleisch
je 40 g Venus- und Herzmuschelfleisch
(mit Muschelfond)
2–3 EL Bottarga-Mayonnaise
(siehe Grundrezept Seite 208)
1 EL gehackte Kräuter
(Kerbel, Petersilie, wenig Thymian)
Salz, Pfeffer, Limonensaft

Für die Artischocken
40 g gegarter Bulgur
15 g fein gewürfelte Kalamata-Oliven
4 kleine, junge Artischocken, gekocht
1 Eigelb, 2 EL Mie de Pain

ZUBEREITUNG

Für das Tatar die Sardinen schuppen, ausnehmen und filetieren, Gräten mit einer Pinzette entfernen. Fischfleisch in feine Würfel schneiden. Sardellenfilet und Kapern fein hacken und zugeben. Mit Salz, Pfeffer, Limonensaft, Olivenöl und ein paar Tropfen Wasser ein cremiges, leicht festes Tatar herstellen. 4 Metallringe (ca. 5 cm Ø, 2,5–3 cm hoch) innen mit Olivenöl einpinseln und mit einem Pergamentpapierstreifen auslegen. Das Tatar so hineinstreichen, dass je eine Bordüre mit 5–6 mm Wandstärke entsteht. Die Bordüren in Dampf ca. 5 Minuten durchgaren (oder gut abgedeckt bei 150 °C in der Ofenröhre). Bordüre bis zum Anrichten im Ring erkalten lassen.

Für die Füllung die Tintenfisch-Taschen in 2 mm breite Ringe schneiden, in einer Teflonpfanne mit wenig Olivenöl ein paar Sekunden anschwenken, sodass die Ringe nur leicht gegart und zart sind. Mit Bohnen, Tomatenwürfeln und Muschelfleisch vermengen.

Bohnen- und Muschelfond sirupartig einkochen, erkalten lassen, dann unter die Bottarga-Mayonnaise rühren. Mit dieser Mayonnaise und den gehackten Kräutern die Füllung anmachen, mit Salz, Pfeffer und Limonensaft abschmecken. Die Füllung einige Minuten durchziehen lassen, sodass sich der Gesamtgeschmack entwickeln kann.

Den gegarten Bulgur (2 Teile kräftig abgeschmeckte Geflügelbrühe aufkochen, 1 Teil Bulgur einrühren, nochmals aufkochen, dann abgedeckt ca. 5 Minuten ziehen lassen) mit den Olivenwürfeln vermengen, fertig abschmecken und kuppelartig in die vorbereiteten Artischocken einfüllen. Dabei leicht einpressen, damit eine Verbindung zur Artischocke entsteht. Die gefüllten Artischocken mit Eigelb und geriebenem Weißbrot panieren und bis zum weiteren Gebrauch beiseitestellen.

ANRICHTEN

Für die Garnitur die Tomatenviertel in die Schinkenstreifen einwickeln, in Olivenöl goldbraun anbraten, herausnehmen und warm stellen. Im selben Bratfett die Tintenfischköpfe kurz anbraten, würzen und ebenfalls warm stellen.

Zum Anrichten die Sardinenbordüren aus den Ringen nehmen und auf je einen ovalen Teller in die Mitte setzen. Die Bordüren mit dem Meeresfrüchtesalat füllen. Auf die eine Seite der Bordüre je 1 in heißem Öl ausgebackene Artischocke stellen. Auf die andere Seite den angemachten Rucola setzen (z. B. in einem frittierten Kartoffelring). Zum Abschluss die gefüllten Bordüren mit der gebratenen Schinken-Tomate, dem Tintenfischkopf und ein paar Spänen Bottarga (z. B. mit einem Trüffelhobel gehobelt) garnieren.

Dieses Gericht können Sie auch mit einer anderen Fischsorte wie z. B. Meerbrasse oder Barbe zubereiten. Die Bordüre kann auch aus reinem Fischfilet hergestellt werden, das rosé gegart wird. Hierfür die Bordüre vor dem Füllen mit einem blanchierten Lauch- oder Schnittlauchband umwickeln, damit sie sich nicht öffnet. Die obige Tatar-Variante sollten Sie wählen, wenn Sie einen Fisch verwenden, bei dem die Gräten schwer zu entfernen sind.

Für die Garnitur
4 Tomatenviertel (getrocknete, eingelegte oder selbst hergestellte Ofentomate)
(siehe Grundrezept Seite 212)
4 Streifen Bergschinken
(6 cm lang, 2 cm breit)
4 kleine Tintenfischköpfe
1 kleines Bund Rucola
1 EL Olivenöl-Dressing
(siehe Grundrezept Seite 209)
gehobelte Bottarga

KALTE VORSPEISEN

Langusten-Medaillons
mit Osietra-Kaviar und Parfait von Erbsenschoten

ZUBEREITUNG

Die Court-Bouillon zum Kochen bringen, die Langusten einlegen, aufkochen, den Topf vom Herd nehmen. Die Langusten ca. 4,5–5 Minuten ziehen lassen, herausnehmen und in Eiswasser schnell abkühlen. Langustenschwanz vom Körper trennen. Die Schale jeweils am Innenseitenrand mit einer Fischschere aufschneiden und das Fleisch vorsichtig herauslösen. Den Darm entfernen und die Langusten bis zum Anrichten beiseitestellen. Karkassen für den Vinaigrette-Sud weiterverwenden.

Für das Parfait die Geflügelconsommé aufkochen, die eingeweichte Gelatine und das Vanillemark darin auflösen. 4 Förmchen mit dem Vanille-Gelee ausgießen, sodass ein gleichmäßiger Geleespiegel entsteht, kalt stellen.

Geflügelfond und Sahne mit etwas Salz und Zucker aufkochen, Erbsen und Erbsenschoten zugeben, gar kochen, zusammen mit der Zitronenmelisse mixen und passieren. Die eingeweichte und aufgelöste Gelatine in die warme Masse einrühren, fertig abschmecken. Auf Eiswasser kalt rühren, vor dem Stocken in die Förmchen gießen und gut durchkühlen lassen.

Für die Vinaigrette die Langustenkarkassen fein zerstoßen, mit Geflügelfond auffüllen, ca. 20 Minuten köcheln lassen, passieren und auf 40 ml einkochen. Lavendelblüten in die heiße Reduktion geben und so lange darin lassen, bis die Vinaigrette fertig zubereitet wird. Dann den Sud passieren, mit den Ölen aufschlagen, mit Essig, Limonensaft, Salz und Limonenblatt-Pfeffer abschmecken.

ANRICHTEN

Zum Anrichten die Förmchen kurz in heißes Wasser tauchen, das Parfait auf einen kühlen Teller stürzen. Langustenschwanz in gleichmäßige Medaillons schneiden, an das Parfait anlegen und mit der Vinaigrette bepinseln bzw. leicht nappieren. Mit Kaviar und auf Wunsch mit kleinen Koriander- oder Melisseblättchen garnieren. Eine weitere Garnier-Möglichkeit sind z. B. Tupfer von warmer Krustentierreduktion und gemahlenem Corail. Wichtig ist, dass die Garnituren ausschließlich dem Geschmack des Gerichts dienen und nicht der Optik.

Zutaten
FÜR 4 PERSONEN

3 l Court-Bouillon
(siehe Grundrezept Seite 205)
4 kleine Langusten à 350 g
(alternativ Garnelen)

Für das Parfait
80 ml kräftige Geflügelconsommé
(siehe Grundrezept Seite 205)
1 Blatt Gelatine
1 Msp. Vanillemark
100 ml kräftiger Geflügelfond
(siehe Grundrezept Seite 204)
80 ml Sahne
Salz, Zucker
60 g grüne Erbsen (frisch oder TK)
120 g Erbsenschoten
2 Blätter Zitronenmelisse
2 Blatt Gelatine

Für die Vinaigrette
120 ml Geflügelfond
(siehe Grundrezept Seite 204)
1 g Lavendelblüten, getrocknet
3 EL Limonenöl
1 EL Palm-Rapsöl
Aceto di Moscato und Limonensaft nach Geschmack
Salz, Limonenpfeffer

Für die Garnitur
50 g Osietra-Kaviar
evtl. Koriander- oder Melisseblättchen

Gebeizte Goldbrasse

auf Safran-Escabèche-Creme mit Herzmuschel-Gelee und frittierter Zucchiniblüte

Zutaten
FÜR 4 PERSONEN

Für die Goldbrasse
1 Goldbrasse (ca. 900 g)
100 ml Escabèche-Sud
(siehe Grundrezept Seite 205)
1 TL Salz
½ TL Zucker
1 Msp. Ingwerpulver
3 Korianderblätter
Abrieb von ½ Limone
etwas Sezuanpfeffer

Für das Muschelgelee
800 g kleine Herzmuscheln
100 g Wurzelgemüse
1 Schalotte
20 ml Olivenöl
je 40 ml Noilly Prat und Weißwein
je 100 ml Geflügel- und Fischfond
(siehe Grundrezept Seite 204)
1 kleiner Zweig Thymian
3 g Agar-Agar, 1 Blatt Gelatine
1 cl Pernod

ZUBEREITUNG

Die Goldbrasse schuppen, filetieren, Bauchgräten und unteren Teil des Bauchlappens entfernen. Filet exakt, der Fischform entsprechend, zurechtschneiden. Mittelgräten mit einer Pinzette entfernen. Salz, Zucker, Ingwerpulver, gehackte Korianderblätter, Limonenabrieb und gemahlenen Pfeffer gut mischen. Damit die Fischfilets auf beiden Seiten gleichmäßig bestreuen und mit der Hand vorsichtig einreiben. Filets abdecken und möglichst 24 Stunden kalt stellen.

Herzmuscheln gut waschen. Wurzelgemüse und die geschälte Schalotte in haselnussgroße Würfel schneiden. In Olivenöl anschwitzen, Muscheln, Flüssigkeiten und Thymian zugeben. Das Ganze nur einmal kurz aufkochen, dabei mehrmals mit einem Holzlöffel durchrühren. Muscheln auf ein Sieb schütten (Muscheln sollten nur leicht angegart sein), leicht abkühlen, dann mit einem spitzen Messer ganz öffnen. Muscheln herauslösen, in einem Sieb nochmals kurz abwaschen, kalt stellen. Muschelfond auf 120 ml einkochen, Agar-Agar zugeben, nochmals 2 Minuten kochen, fertig abschmecken, eingeweichte Gelatine und Pernod zugeben. Fond handwarm abkühlen, in eine flache, mit Klarsichtfolie ausgelegte Form (ca. 3–4 mm hoch) eingießen. Kalt stellen.

Goldbrasse kurz unter fließendem Wasser abspülen, trocken tupfen. Jedes Filet in 2 Tranchen schneiden. Filetstücke in einer Teflonpfanne, mit wenig Olivenöl, auf der Hautseite goldbraun anbraten, wenden und auf der Fleischseite nur die Poren schließen lassen. Den Escabèche-Sud leicht salzen und auf 60 °C erhitzen. Filetstück mit der Fleischseite hineinlegen und unter mehrmaligem Übergießen garen (Kerntemperatur sollte 40 °C sein).

Herausnehmen, mit dem Muschelgelee (auf die Größe der Fischstücke geschnitten) belegen. Darauf die leicht erwärmten und nachgewürzten Herzmuscheln legen, mit rosa Pfeffer aus der Mühle bestreuen (je eine halbe Umdrehung pro Fischstück), warm stellen.

KALTE VORSPEISEN

Für die Escabèche-Creme

100 ml Escabèche-Sud
(siehe Rezept Seite 205)
1 Eigelb
0,2 g gemahlener Safran
50 ml Öl von sehr reifen Oliven
Salz, Pfeffer, Limonensaft
rosa Pfeffer aus der Mühle

Sonstiges

4 Zucchiniblüten
1 EL Tempuramehl
1 Msp. Safranpulver
Mineralwasser
1 Prise Salz
200 g Ratatouille
(siehe Grundrezept Seite 212)
20 schwarze Olivenecken

Für die Creme den Sud auf 50 ml einkochen, mit Eigelb und Safran über Wasserdampf cremig aufschlagen, das Olivenöl einrühren, mit Salz, Pfeffer und Limonensaft abschmecken, warm stellen.

Von jeder Zucchiniblüte 5 gleiche Spitzen zurechtschneiden. Aus Tempuramehl, Safranpulver, Mineralwasser und einer Prise Salz einen Backteig herstellen. Blütenblätter durch den Teig ziehen, in 170 °C heißem Fett ausbacken, auf einem Krepptuch abtropfen lassen.

ANRICHTEN

Auf einem warmen Teller je einen Stern aus Blütenblättern legen. Zwischen die Blätter je eine kleine Nocke leicht temperiertes Ratatouille setzen. Jede Nocke mit einer Olivenecke garnieren. In die Mitte der Teller die Escabèche-Creme verteilen, darauf je ein Filetstück legen. Goldbrasse z. B. mit gebackenen Salbeiblättern und ein paar Safranfäden garnieren. Sofort servieren.

Variation vom Kaninchen

KALTE VORSPEISEN | 83

Zutaten

FÜR 4 PERSONEN

1 ganzes Hauskaninchen (1,4–1,6 kg)

Für die Sülze

100 g Bouquet garni (Karotte, Lauch, Sellerie, Petersilienstiele)
½ Lorbeerblatt
1 Nelke
je 3 Körner Piment und Pfeffer
40 g Gemüsebrunoise
(Karotte, Lauch, Sellerie)
120 g schieres Keulenfleisch
(3 mm große Würfel)
75 ml Chablis (Premier Cru)
1,5 Eiweiß
Salz, Pfeffer
2 Blatt Gelatine
1 EL gehackte Kräuter
(Kerbel, Petersilie, Brunnenkresse)
4 Radieschen

Für die Terrine

80 g Kaninchenfleisch (Schulter und Keule)
1 Eigelb
60 ml Sahne
1 cl weißer Portwein
2 cl trockener Sherry
Salz, Pfeffer, 1 Prise Pastetengewürz
1 Kaninchenleber
15 ml Trüffelsaft
1 Karotte
blanchierte Spinatblätter
15 g Pistazien, geachtelt
15 g Pökelzunge (Rind oder Kalb), fein gewürfelt
15 g Trüffelwürfel

VORBEREITUNG

Das Kaninchen zerlegen und das Fleisch von den Knochen lösen. Die Kaninchenknochen kurz blanchieren, abwaschen, dann mit 750 ml kaltem Wasser auffüllen, 2 Stunden langsam kochen lassen, dabei immer wieder abschäumen. Ca. ½ Stunde vor dem Passieren das Bouquet garni und die zerdrückten Gewürze zugeben. Nach Ablauf der Kochzeit den Fond durch ein Tuch passieren und auf 250 ml einkochen, kräftig abschmecken.

In diesem Fond zuerst die Gemüsewürfel garen, dann die Fleischwürfel darin rosé pochieren. Gemüse- und Fleischwürfel kalt stellen.

In den Kaninchenfond den Chablis und das Eiweiß geben. Unter ständigem, aber vorsichtigem Rühren aufkochen und ca. 2–3 Minuten bei wenig Hitze köcheln lassen. Dann durch eine Zellstoffserviette passieren. Den klaren Kanichenfond nochmals erhitzen, fertig abschmecken. Eingeweichte Gelatine im Fond auflösen und auf Zimmertemperatur abkühlen lassen.

ZUBEREITUNG

Für die Sülze ⅓ des Gelees mit den Kräutern verrühren und in 4 vorgekühlte Timbale-Formen verteilen, kalt stellen. Fleisch und Gemüsewürfel mischen und auf dem gestockten Kräutergelee verteilen. Form mit Gelee aufgießen und kalt stellen. Restliches Gelee zum Chemisieren der Terrinenscheiben aufbewahren. Die Radieschen halbieren, in dünne Scheiben schneiden, leicht salzen und pfeffern und beiseitestellen.

Für die Terrine aus Kaninchenfleisch, Eigelb, Sahne, Portwein, Sherry, Salz, Pfeffer und Pastetengewürz im Mixer eine feine Farce herstellen, durch ein Sieb streichen, kalt stellen.

Die Leber in die einzelnen Lappen trennen und alle Sehnen und Kanäle entfernen. Mit etwas Salz, Pfeffer und 15 ml Trüffelsaft marinieren.

Karotte schälen, in dünne, längliche Scheiben schneiden, blanchieren und damit die Terrinenform so auslegen, dass die Karottenscheiben an beiden Terrinenrändern ca. 1 cm überlappen. Bis zum Füllen kalt stellen. Blanchierte Spinatblätter zu einem schmalen Rechteck (16 x 8 cm) auslegen. Leber aus der Marinade nehmen, diese zur Farce schütten. Farce nochmals aufmixen, fertig abschmecken. 1 TL Farce mit den Leberstücken mischen und der Länge nach auf der Spinatmatte verteilen. Das Ganze straff einrollen. Restliche Farce mit den Pistazien, den Zungen- und Trüffelwürfeln vermischen. Mit der Hälfte der Farce die Terrinenform füllen, Leberrolle in die Mitte platzieren, mit der restlichen Farce auffüllen und verstreichen. Die überlappenden Karottenscheiben einklappen und fest andrücken. Terrinenform mit Klar- und Alufolie abschließen. Terrine in 85 °C heißem Wasser oder in Dampf pochieren, bis die Terrine eine Kerntemperatur von 48–50 °C hat. Dann ist die Leber beim späteren Anschnitt noch rosa. Nach dem Pochieren die Terrine leicht gepresst abkühlen lassen.

1 Rückenfilet in dünne Scheiben schneiden, leicht plattieren, salzen, pfeffern und beidseitig mit Pesto bestreichen. Das zweite Filet salzen, pfeffern und durch das Eiweiß ziehen. Mit Sesam panieren. Bis zum Braten auf Pergamentpapier kühl legen.

Die Nieren halbieren, mit Parmaschinken umwickeln und mit einem kleinen Rosmarinspieß fixieren. Die grünen Bohnen auf eine Länge von 5 cm kürzen, blanchieren und abkühlen. Dann mit je 7 Bohnen eine Matte legen, abgedeckt kalt stellen. Apfel schälen und entkernen, dann in 3 mm große Würfel schneiden. Nüsse in grobe Stücke schneiden und mit Apfelwürfeln mischen. Mit Salz, Pfeffer, Honig und Crème fraîche anmachen, durchziehen lassen. Feldsalatsprösslinge waschen und trocken schleudern, bis zum Anrichten kühl stellen.

ANRICHTEN

Zum Anrichten eine längliche Platte verwenden. Sülze kurz in heißes Wasser tauchen, vorsichtig stürzen, die Radieschenscheiben fächerartig anlegen und auf der Platte platzieren. Terrine in gleichmäßige Dreiecke schneiden, mit warmem Gelee chemisieren, nochmals kurz durchkühlen lassen, dann auf die Platte setzen. In die Mitte der Platte je 1 mit Himbeeressig bestrichene Bohnenmatte setzen. Darauf mit einem Ring (4 cm Ø) einen Apfelsalatsockel legen. Sprösslinge als Bouquet daraufsetzen.

Kaninchenrückenfilet in schäumender Butter goldbraun und glasig braten, die Nieren-Spieße rosa braten, dann erst salzen und pfeffern. Je 1 Spieß und 1 Stück Rücken auf die Platte legen. Aus dem Kaninchencarpaccio kleine Rosetten formen und ebenfalls auflegen. Diese mit den Pinienkernen und Basilikumspitzen garnieren. Zum Schluss die Feldsalatsprösslinge mit Himbeerdressing beträufeln, dann das Gericht sofort servieren.

Für die Filet-Variationen
1 Rückenfilet ohne Sehnen
1 EL Pesto
(siehe Grundrezept Seite 208)
1 Rückenfilet, schier
½ Eiweiß
1 EL weißer und schwarzer Sesam

Für den Nieren-Spieß
2 Kaninchennieren
4 Streifen Parmaschinken
4 kleine Zweige Rosmarin

Für den Salat
28 feine, grüne Bohnen
1 gelber Apfel (Boskop)
20 g enthäutete Walnusskerne
1 TL Honig
1 EL Crème fraîche
50 g Feldsalatsprösslinge
etwas Himbeeressig
1 EL Himbeer-Sahne-Dressing
(siehe Grundrezept Seite 209)

Für die Garnitur
4 Basilikumspitzen
12 geröstete Pinienkerne

Galantine vom Lammfilet

mit Bries-Tortellini und Salat von geschmorter Paprika

Zutaten
FÜR 4 PERSONEN

Für die Galantine
30 g Spitzmorcheln
(oder andere Pilze der Saison)
Olivenöl, Salz, Pfeffer
25 g eingelegte Tomaten
1 kleiner Artischockenboden
120 g Lammfarce
(siehe Grundrezept Seite 209)
1 EL gehackte Kräuter
(Kerbel, Blattpetersilie, Brunnenkresse, ganz wenig Rosmarin und Thymian)
4 Lammfilets
60 ml Geflügelconsommé
(siehe Grundrezept Seite 205)
2 Blatt Gelatine, 120 ml Sherry,
20 ml weißer Portwein

Für den Paprika-Salat
3–4 rote Paprikaschoten
3 Frühlingszwiebeln
je 1 Zweig Thymian und Rosmarin,
1 Knoblauchzehe, Meersalz, Pfeffer, Olivenöl
1 Fleischtomate, Sherryessig

Für die Tortellini
60 g pochiertes, enthäutetes Lammbries
30 g Lammfarce
1 EL blanchierter, gehackter Blattspinat
100 g Nudelteig
(siehe Grundrezept Seite 213)
1 Eigelb, 1 EL fruchtiges Olivenöl
1 EL fein gehacktes Olivenfleisch

Für die Garnitur
4 Zweige Thymian
40 Scheiben von Kapernäpfeln
4 TL Pesto
(siehe Grundrezept Seite 208)

ZUBEREITUNG

Morcheln kurz waschen, trocken tupfen, in kleine Würfel schneiden, in einer Teflonpfanne mit wenig Olivenöl garen, würzen und kalt stellen. Tomaten und Artischocke fein würfeln. Lammfarce aufmixen, mit Gemüse- und Pilzwürfeln und Kräutern vermischen, abschmecken. Einen Teil der Farce auf Klarsichtfolie streichen, die gewürzten Lammfilets darauflegen, mit restlicher Farce bestreichen. Straff einrollen, sodass um die Filets ein gleichmäßiger Farcemantel entsteht. Rolle straff in Alufolie einwickeln, in 85 °C heißem Wasser ca. 8–10 Minuten pochieren (Kerntemperatur 48–50 °C). Galantine herausnehmen, kalt stellen. Nach 1 Stunde die Rolle nachdrehen, damit die Verbindung von Farce und Filet erhalten bleibt.

Paprikaschoten schälen, vierteln, entkernen. Mit Frühlingszwiebeln, Kräutern und zerdrückter Knoblauchzehe auf ein Backblech legen. Mit Salz und Pfeffer würzen, mit Olivenöl beträufeln, mit Alufolie bedecken und im 200 °C heißen Ofen bei mehrmaligem Wenden garen. Sobald die Frühlingszwiebeln gar sind, diese aus dem Ofen nehmen, leicht abkühlen lassen, in 2–3 mm breite Ringe schneiden. Paprikaviertel zuerst rechteckig, dann in Streifen (2–3mm breit, ca. 4–5 cm lang) schneiden. Abschnitte aufbewahren. Olivenöl vom Blech durch ein feines Sieb passieren, für die Vinaigrette aufbewahren.

Fleischtomate abziehen, vierteln. Das Tomateninnere durch ein Sieb passieren, mit Tomatenfleisch und Paprika-Abschnitten in einer Sauteuse kochen, bis die Masse leicht musig ist. Durch ein feines Sieb passieren, mit Olivenöl, Sherryessig, Salz und Pfeffer abschmecken, mit Paprikastreifen vermengen. Für die Tortellini das Bries grob hacken, mit Farce und Spinat vermischen. Nudelteig hauchdünn ausrollen, runde Nudelblätter (ca. 4,5 cm Ø) ausstechen, Füllung darauf verteilen, Teigränder mit Eigelb bestreichen und Tortellini formen (pro Person 5–6 Stück). Geflügelconsommé erhitzen, eingeweichte Gelatine darin auflösen, Sherry und Portwein zugeben. Von der Lammgalantine pro Person 6 Scheiben schneiden, auf ein feinmaschiges Gitter legen. Schnittfläche mit leicht warmem Sherry-Gelee bepinseln und sofort wieder kalt stellen. Evtl. wiederholen.

Auf die Teller je 1 Ring (ca. 12 cm Ø) setzen. Paprikasalat darin verteilen. Darauf sternförmig je 6 Scheiben Galantine setzen. Zwiebelringe darumstreuen. Tortellini in Salzwasser garen, in Olivenöl und Olivenfleisch schwenken. In die Mitte des Salates setzen, mit Thymian garnieren. Um den Salat je 10 Scheiben Kapernäpfel legen. Mit Pesto und evtl. Paprikamarinade umgrenzen.

KALTE VORSPEISEN | 87

88 | KALTE VORSPEISEN

Roulade von Kalbsfilet

und Königsmakrele mit asiatischem Gemüsesalat

ZUBEREITUNG

Für die Roulade das Kalbsfilet in dünne Scheiben scheiden, leicht plattieren und daraus auf einer Klarsichtfolie ein Rechteck (ca. 25 cm lang, 20 cm breit) legen. Spinatblätter vom Stiel befreien, waschen, kurz blanchieren, in kaltem Wasser abschrecken. Blätter in einem Tuch trocken tupfen, das Kalbsfilet damit belegen. Makrelenfilet in dünne Tranchen schneiden, auf die Spinatblätter legen. Das Ganze straff in die Klarsichtfolie und dann in Alufolie wickeln. Rolle leicht durchfrieren lassen.

Für das Tatar Abschnitte von der Makrele in feine Würfel schneiden. Sardellenfilet und Kapern fein hacken. Mit Wasabi, Limonenöl, Limonensaft, Salz und Pfeffer ein Tatar herstellen. Daraus 4 kleine Rollen (6 cm lang) formen und kalt stellen.

Für den Gemüsesalat Erbsenschoten, Spargel und Bambussprossen in 5 cm lange Streifen schneiden. Shiitake-Pilze in Scheiben schneiden. Enoki-Pilze am Strunk abschneiden. Alle Gemüse nach und nach (je nach Garzeit) im Wok oder in einer Pfanne mit hohem Rand in etwas Geflügelfond bissfest dämpfen. Alle Zutaten mischen, mit Soja- und Teriyakisauce, Ketjap Manis, Reisessig, Salz und Limonenpfeffer abschmecken. Zum Schluss den gehackten Koriander zugeben.

Für die Algenbrösel Butter schaumig rühren, dann die restlichen Zutaten einrühren. Masse 2 Stunden ziehen lassen, dann dünn auf ein Pergamentpapier oder eine Backmatte aufstreichen. Bei 200 °C im Ofen goldbraun ausbacken, abkühlen lassen, dann fein zerbröseln.

Für die Marinade 100 ml Kalbsfond mit 1 geschnittenen Kaffirlimettenblatt aufkochen und auf 50 ml reduzieren lassen. Passieren und mit Reismehl leicht abbinden. Kalbsfond mit dem Öl gut verrühren, mit Meersalz, Limonenpfeffer, Limonensaft und Zucker mildwürzig abschmecken.

Die Teller dünn mit Limonen-Olivenöl bestreichen. Meersalz und Pfeffer aus der Mühle aufstreuen. Die Roulade mit der Aufschnittmaschine dünn aufschneiden und wie ein Carpaccio auf dem Teller anrichten. Nochmals mit Salz und Pfeffer würzen. In die Mitte den asiatischen Gemüsesalat verteilen. Die Tatar-Rolle in Algenbröseln wälzen und auf den Salat legen. Zum Schluss die Roulade mit der Marinade beträufeln, mit Korianderblättchen, geröstetem Sesam und Passe-Pierre-Spitzen garnieren, servieren.

Zutaten
FÜR 4 PERSONEN

Für die Roulade
160 g Milchkalbsfilet
frischer Blattspinat (für Spinatmatte)
250 g Königsmakrelen- oder Thunfischfilet

Für das Tatar
100 g Makrelenabschnitte (s.o.)
1 eingelegtes Sardellenfilet
4 Kapern, 1 Msp. Wasabi
1 TL Limonenöl, Limonensaft
Meersalz, Limonenpfeffer

Für den Gemüsesalat
8 Erbsenschoten, 20 Stangen grüner Thai-Spargel, 60 g Bambussprossen
40 g Shiitake-Pilze, 50-60 g Enoki-Pilze
25 g Karottenstreifen
40 g Sojasprossen, 2 Lauchzwiebeln
1 TL feine Streifen frischer Ingwer
etwas Geflügel- oder Kalbfond
Soja- und Teriyakisauce, Ketjap Manis
Reisessig, Salz, Limonenpfeffer
4 frische Korianderblätter

Für die Algenbrösel
30 g Butter, 20 g Mehl
1 EL Algenpulver, 1 TL Traubenkernöl
2 EL Mirin, je 1 Prise Salz und Zucker

Für die Marinade
100 ml Kalbsfond, 1 Kaffirlimettenblatt, Reismehl, 25 g Limonenöl, 30 g Avocadoöl
Meersalz, Limonenpfeffer,
Limonensaft, Zucker

Für die Garnitur
Koriander, Sesam (weiß/schwarz)
20 blanchierte Passe-Pierre-Spitzen

Kartoffel-Trüffel-Salat
mit Austernbeignet

Zutaten
FÜR 4 PERSONEN

Für den Kartoffelsalat
100–120 g Wintertrüffel
(Stücke à 30–40 g oder Dosenware)
150 g kräftiger Kalbsfond
(siehe Grundrezept Seite 204)
400 g Kartoffeln

Für die Trüffelmarinade
20 ml Trüffelfond
25 ml mildes, feines Olivenöl
25 ml Traubenkernöl
6–8 ml Balsamico-Essig
Salz, Pfeffer

Für die Austernbeignets
4 Belon-Austern
1 Ei
25 g Mehl
1 kleine Prise Algenpulver
Muskat, Pfeffer, Salz

Für die Garnitur
Schnittlauch und frische Kräuter

ZUBEREITUNG

Die Wintertrüffel im mild gesalzenen (ca. 0,5 g Salz) Kalbsfond kochen. Dabei beträgt die Kochzeit je 10 g Trüffel 1,5 Minuten. Trüffel herausnehmen und leicht abkühlen lassen. Dann in 40 Scheiben schneiden. Trüffelabschnitte in kleine Würfel schneiden.

100 g Kartoffeln würfeln, den Rest in 40 gleichmäßige Scheiben (ca. 3,5 cm Ø, 3 mm dick) schneiden. Beides im Trüffel-Kalbsfond garen, herausnehmen und getrennt bereithalten, nicht kalt stellen.

Trüffel-Kalbsfond auf 40 ml reduzieren, mit den restlichen Zutaten für die Marinade verrühren und abschmecken. Kartoffel- und Trüffelwürfel mischen und mit 1–2 EL Marinade anmachen. Die Kartoffel- und Trüffelscheiben mit einem Teil der Marinade bestreichen bzw. marinieren.

Belon-Austern aufbrechen, prüfen, aus der Schale lösen und auf einem Sieb abtropfen lassen. Austernwasser sammeln! Ei trennen, Eigelb mit Mehl, Algenpulver und Austernwasser zu einem glatten, cremigen Teig anrühren. Mit sehr wenig Muskat, Pfeffer und evtl. etwas Salz abschmecken. Vor dem endgültigen Gebrauch das Eiweiß aufschlagen und unterziehen.

Einen Metallring (ca. 4 cm Ø) in die Mitte des Tellers setzen. Kartoffel- und Trüffelscheiben abwechselnd darumlegen. In den Ring die marinierten Kartoffel- und Trüffelwürfel geben, Ring entfernen. Restliche Trüffelmarinade gleichmäßig über das Gericht verteilen, mit den Kräuterspitzen garnieren.

Die abgetropften Austern durch den Teig ziehen und in 175 °C heißem Fett ca. 20–30 Sekunden (je nach Größe der Auster) ausbacken, kurz abtropfen lassen, mit Trüffelscheibe oder -streifen garnieren und auf den Salat setzen.

Statt Austern können Sie auch Lachs, Loup de Mer, Zander oder Krustentiere verwenden. Da die Trüffel das Gericht sehr teuer machen, können Sie den Ring auch nur mit Kartoffeln legen, in die Mitte einen Pilzsalat setzen und z. B. mit gebackenem Kalbs- oder Lammbries oder gebratener Wachtelbrust belegen. Die Trüffelmarinade dann entsprechend variieren. Statt Austernwasser etwas Weißwein für den Backteig verwenden.

KALTE VORSPEISEN | 91

Suppe von La-Ratte-Kartoffeln
mit Schnittlauch und Imperial-Kaviar

Zutaten
FÜR 4 PERSONEN

Für die Suppe
150 g La-Ratte-Kartoffeln
(ersatzweise Bamberger Hörnchen)
1 Schalotte
¼ Stange Lauch
20 g Butter
400 ml kräftiger Geflügelfond
(siehe Grundrezept Seite 204)
120 ml Sahne
Salz, Pfeffer, Muskat

Für das Kartoffelpüree
150 g La-Ratte-Kartoffeln
(ersatzweise Bamberger Hörnchen)
30 g Butter
40 ml Sahne
Salz, Muskat

Sonstiges
1 kleine Scheibe Räucherspeck
24 kleine Weißbrotwürfel
1 kleines Bund wilder Schnittlauch
(oder feinstieliger Gartenschnittlauch)
40–50 g Imperial-Kaviar

ZUBEREITUNG

Die Kartoffeln waschen, schälen und in feine Scheiben schneiden. Schalotte und Lauch in Ringe schneiden. Kartoffeln, Lauch und Schalotten in Butter anschwitzen, mit dem Fond auffüllen und so lange kochen lassen, bis das Gemüse weich ist. Suppenansatz mixen und durch ein feines Sieb passieren. Jetzt die Sahne zugeben, nochmals 2–3 Minuten kochen lassen. Mit Salz, Pfeffer und ganz wenig Muskat abschmecken, bis zum Servieren warm halten.

Für das Püree die Kartoffeln in der Schale kochen, schälen und durch ein feines Sieb streichen. Butter und erhitzte Sahne zugeben, schaumig aufschlagen, mit Salz und wenig Muskat abschmecken, warm halten.

Speckscheibe in einer Teflonpfanne leicht ausbraten. Im Bratfett die Brotwürfel goldbraun ausbacken und auf einer Zellstoffserviette abtropfen lassen.

ANRICHTEN

Das warme Kartoffelpüree in die Mitte der heißen Teller aufspritzen oder als Nocke setzen. Schnittlauch fein schneiden und reichlich um den Kartoffelsockel streuen. Auf den Kartoffelsockel den sehr kalten Kaviar verteilen, die Brotwürfel anlegen. Kartoffelsuppe schnell erhitzen, mixen und am Tisch vorsichtig um den Kartoffelsockel herum eingießen.

> Gießen Sie die Suppe erst am Tisch ein, nehmen Sie mit dem Löffel von unten die Suppe mit dem warmen Püree und dem kalten Kaviar in den Mund. Dieser Temperaturunterschied ergibt das besondere Geschmackserlebnis. Die Suppe ist bewusst so „naturelle" gehalten, damit nichts den Eigengeschmack, besonders den des Kaviars, stört.

SUPPEN | 93

Cappuccino von Wintertrüffel
auf Gänseleber-Royale mit Wachtelei in Brikteig

Zutaten
FÜR 4 PERSONEN

Für die Gänseleber
60 g passierte Gänseleber
je 20 ml Sahne und Milch
20 ml kräftiger Geflügelfond
(siehe Grundrezept Seite 204)
5 ml Trüffelsaft
5 ml weißer Portwein
5 ml Sherry
2 Eigelb
1 Ei
Salz, Pfeffer

Für die Trüffelconsommé
90 ml Geflügelconsommé
(siehe Grundrezept Seite 205)
30 ml Trüffelfond oder -saft
Salz

Für das Trüffelgelee
120 ml Trüffelconsommé
(Rezept siehe oben)
2,5 g Agar-Agar
20 g Trüffelwürfel

Für den Cappuccino
300 ml Geflügelrahmsuppe
(siehe Grundrezept Seite 206)
100 ml Trüffelfond
3 ml Trüffelöl

Für die Wachteleier
12 Brikteigblätter
12 Wachteleigelb
Meersalz, Raz el Hanout

ZUBEREITUNG

Für die Gänseleber-Royale alle Zutaten gut mixen, mit Salz und Pfeffer abschmecken, passieren und in 4 Tumbler verteilen. Die Gläser in 82–85 °C heißes Wasser stellen (die Füllmenge im Glas und die Wasserhöhe müssen gleich sein) und abgedeckt im Ofen bei ca. 160 °C etwa 40–50 Minuten pochieren (Nadelprobe machen), herausnehmen und kühl stellen.

Für die Trüffelconsommé Geflügelbrühe und Trüffelfond mischen, aufkochen und abschmecken. Sollte die Consommé durch die Zugabe des Trüffelfonds eintrüben, Consommé mit 1 Eiweiß nachklären. In diesem Fall sollte man die Trüffelconsommé mit 120 ml Geflügelbrühe und 40 ml Trüffelfond ansetzen, da durch das Erhitzen und Passieren etwas Flüssigkeit verloren geht.

Für das Gelee die Trüffelconsommé mit Agar-Agar 2 Minuten durchkochen, fertig abschmecken. Trüffelwürfel auf der pochierten Gänseleber verteilen, darauf das Trüffelgelee gießen und das Ganze weiter kühl stellen.

Geflügelrahmsuppe mit Trüffelfond auf 300 ml einkochen und fertig abschmecken.

Aus den Brikteigblättern Kreise mit 6 cm Ø ausstechen und auf einer Klarsichtfolie auslegen. Auf jedes Blatt ein Eigelb geben. Auf jedes Eigelb ein Salzblättchen legen. Zuletzt mit ganz wenig Raz el Hanout überstäuben. Brikteigtaschen einzeln fertigstellen, d. h. den Teigrand mit Eiweiß bestreichen, beide Teigränder nach oben nehmen und vorsichtig zusammendrücken. Das Eigelb darf nicht verletzt werden bzw. auslaufen. Die fertigen Taschen auf eine Klarsichtfolie legen, die dünn mit Mehl bestäubt ist, und bis zum Ausbacken kalt stellen.

Mit einer Spritze mit sehr feiner Nadel kann in jede Brikteigtasche 1 Tropfen Argan- oder Trüffelöl eingespritzt werden.

ANRICHTEN

Vor dem Servieren die Tumbler ca. 15–20 Minuten in heißes Wasser stellen und die Royale auf ca. 45 °C erwärmen. Trüffelcappuccino erhitzen, mit dem Mixstab und dem Trüffelöl schaumig aufschlagen und die Tumbler damit auffüllen, sodass eine schöne Schaumkrone entsteht. Zum Abschluss mit einer Trüffelscheibe belegen oder, innerhalb der Trüffelsaison, rohen Trüffel hauchdünn darüberhobeln. Die Brikteigtaschen in 175 °C heißem Fett ca. 10 Sekunden lang ausbacken und mit dem Cappuccino servieren.

Gaisburger Marsch
von Süßwasserfischen mit Bachkrebsen

Zutaten
FÜR 4 PERSONEN

40 g Karottenwürfel
40 g Lauchringe oder -rauten
60 g Kartoffelwürfel
oder ausgestochene Sterne
300 ml Geflügelconsommé
(siehe Grundrezept Seite 205)
300 ml Fischconsommé
(siehe Grundrezept Seite 205)
Salz, Pfeffer, Limonensaft
je 80 g Saibling- und Felchenfilet, mit Haut
je 80 g Lachsforellen-, Zander- und
Wallerfilet, ohne Haut

Für die Spätzle
40 g Mehl (Type 405)
2 Eigelb
Salz, Muskat

Für die Garnitur
4–8 Krebsschwänze
4–8 Krebsscheren
1 kleines Bund Schnittlauch
frische Kräuter
4 TL Saiblingskaviar

VORBEREITUNG

Das Gemüse und die Kartoffelwürfel in etwas Geflügelfond garen. Geflügel- und Fischconsommé zusammengießen und fertig abschmecken. Von jedem Fischfilet pro Person 2 Stücke schneiden, würzen und in Dampf glasig garen.

Für die Spätzle die Zutaten so lange verrühren, bis der Teig leichte Blasen wirft, dann ca. 10 Minuten ruhen lassen. Den Teig auf ein Spätzlesbrett oder eine flache Unterlage geben und mit einem Schaber oder einer Palette dünne Spätzle in leicht kochendes Salzwasser einschaben. Warten, bis die Spätzle oben schwimmen, dann mit einer Schaumkelle herausnehmen, in kaltem Wasser abkühlen, abtropfen lassen. Bis zur Weiterverwendung kalt stellen.

ANRICHTEN

Die Fischfilets mit den erwärmten Krebsschwänzen, den Scheren, dem Gemüse und den Spätzle in tiefe Teller verteilen. Das Ganze mit Schnittlauchröllchen bestreuen, mit kleinen Kräutern und dem Saiblingskaviar garnieren.

Die heiße Consommé erst am Tisch vorsichtig eingießen. So hat der Fisch noch den perfekten Garpunkt. Wenn der Gaisburger Marsch in der Tasse serviert wird, sollte der Fisch nur zur Hälfte gegart sein, da er in der Consommé noch nachgart.

> Die angefallenen Fischabschnitte können z. B. kalt angeräuchert werden, dann mit Sahne, Ei und Gewürzen zu einer feinen Farce verarbeitet werden. Davon kleine Fischklößchen abstechen, in Fischfond pochieren und dem Gaisburger Marsch beigeben.

SUPPEN | 97

Weiße Petersiliensuppe auf grüner Mousseline
mit Gourmandises von Froschschenkeln

Zutaten
FÜR 4 PERSONEN

Für die Petersiliensuppe
150 g Petersilienwurzel
½ Schalotte
¼ Stange Lauch
20 g Butter
500 ml Geflügelfond
(siehe Grundrezept Seite 204)
150 ml Sahne
Salz, Pfeffer, Muskat

Für die Mousseline
100 g mehligkochende Kartoffeln
1 kleines Bund Blattpetersilie
20 g Blattspinat, ohne Stiele
30 ml Sahne, 25 g Butter
Salz, Muskat

Für die Gourmandises
12 Froschschenkel
1 EL Tempuramehl
Weißwein, 1 Thymianspitze
Salz, Pfeffer, Limonensaft
2 EL Trüffelremoulade
(siehe Grundrezept Seite 208)
½ Schalotte
25 g blanchierter Blattspinat
1 Eigelb, 1 Ei
25 g Sahne
Salz, Pfeffer, Muskat
20 g Butter
20 g feine, blanchierte Gemüsestreifen
4 Champignonköpfe (ca. 3,5 cm Ø)
1 Eigelb, 1 EL Mie de Pain
Salz, Pfeffer, 1 TL Olivenöl
1 EL Geflügeljus
(siehe Rezept Grundjus Seite 206)
1 EL blanchierte Gemüsewürfel
Kräuter zum Garnieren

ZUBEREITUNG

Die Petersilienwurzel schälen und in Scheiben schneiden. Die halbe Schalotte und den Lauch in Scheiben schneiden und zusammen mit der Petersilienwurzel in Butter andünsten. Mit Geflügelfond auffüllen und so lange kochen lassen, bis die Wurzel weich ist. Dann mixen und durch ein feines Sieb passieren. Sahne zugeben und auf die gewünschte Konsistenz einkochen. Mit Salz, Pfeffer und Muskat fertig abschmecken.

Für die Mousseline die Kartoffeln in Salzwasser gar kochen, schälen und passieren. Blattpetersilie und Blattspinat (beides ohne Stiele) blanchieren, leicht auspressen und fein mixen. Dann zu den passierten Kartoffeln geben. Mit der erhitzten Sahne und der Butter zu einem lockeren, grünen Püree aufschlagen. Mit Salz und Muskat abschmecken.

Für die 1. Gourmandise das Tempuramehl mit Weißwein zu einem Backteig anrühren. Gehackten Thymian in den Teig geben. 4 Froschschenkel mit Salz, Pfeffer und Limonensaft marinieren, durch den Backteig ziehen, ausbacken, leicht nachsalzen und pfeffern, mit Remoulade anrichten.

Für die 2. Gourmandise die Schalotte in feine Würfel schneiden. Spinat fein hacken. 4 Froschschenkel auslösen. Eigelb, Ei und Sahne verrühren, mit Salz, Pfeffer und Muskat kräftig abschmecken. 4 Metallringe (3,5 cm Ø) ausbuttern und in eine Teflonpfanne setzen. Schalottenwürfel in Butter andünsten, Spinatblätter und Froschschenkelstücke zugeben. 10 Sekunden andämpfen, salzen und pfeffern. Das Ganze in die vorbereiteten Ringe verteilen. Teflonpfanne leicht erhitzen, dann die Ei-Sahne-Mischung vorsichtig zugeben, sodass diese am Boden sofort stockt. Restliche Masse zugeben und im Ofen (180 °C) fertig garen, kurz ruhen lassen, aus der Form

---

Frische Froschschenkel müssen Sie bei Ihrem Fisch- bzw. Feinkosthändler vorbestellen. Alternativ können Sie auch Weinberg- oder Meeresschnecken, Garnelen, Jakobsmuscheln, Kalbsbries oder weißes Geflügel verwenden (Zubereitungweise wie bei den Froschschenkeln).

schneiden und warm stellen. Gemüsestreifen in der Fritteuse goldbraun ausbacken, salzen und auf Küchenkrepp abtropfen lassen, auf das Froschschenkel-Törtchen setzen.

Für die 3. Gourmandise die Champignonköpfe würzen, durch das Eigelb ziehen und in Weißbrot panieren. In 175 °C heißem Fett ausbacken. 4 Froschschenkel auslösen, salzen, pfeffern und in Olivenöl kurz anbraten, Jus und Gemüsewürfel zugeben, durchschwenken und durchziehen lassen, abschmecken und in die Champignonköpfe füllen. Mit Kräutern garnieren.

Die Mousseline nochmals heiß aufschlagen, evtl. 1 EL geschlagene Sahne unterziehen und in die Mitte einer heißen Schale setzen. Mit gebackenem Petersilienblatt garnieren. Die Petersilienwurzelsuppe erhitzen, aufmixen und um die Mousseline herum eingießen. Jede Gourmandise in einem Schälchen anrichten, um die Suppe herum auf einer Platte anordnen.

100 | SUPPEN

Samtsuppe von Blattspinat
und Pinienkernen
mit Seeigel-Flan

ZUBEREITUNG

Spinatblätter ohne Stiele waschen, trocken schleudern und feinwürfelig schneiden. Die Pinienkerne grob hacken.

Für den Flan die Fischfarce mit dem passierten Seeigelrogen fein mixen und fertig abschmecken. Die Farce sollte eine sehr lockere Konsistenz haben. Die Timbal-Formen ausbuttern, Farce einfüllen und in einem Wasserbad (85 °C) abgedeckt im Ofen bei 180 °C pochieren. Die Garzeit beträgt ca. 12–15 Minuten (Nadelprobe machen). Danach herausnehmen und kurz ruhen lassen.

Die frischen Seeigel mit einer Fischschere auf der flachen „Mundseite" kreisförmig aufschneiden. Die Schere dabei flach halten. Mit einem kleinen Löffel die Seeigelzungen (Rogen) herauslösen und auf einem Sieb abtropfen lassen, unter fließendem, kaltem Wasser vorsichtig säubern und für die weitere Verwendung kalt stellen. Die Seeigel aushöhlen und die Schalen vorwärmen.

ANRICHTEN

Den Seeigel-Flan aus den Förmchen stürzen und in die Seeigelschalen setzen. Schalen in einen tiefen Teller auf etwas Meersalz setzen, damit sie gut stehen. Schalottenwürfel in Butter glasig anschwitzen, Spinat und Pinienkerne zugeben, kurz angehen lassen und mit der heißen Geflügelrahmsuppe auffüllen. ½ Minute durchkochen lassen. Mit dem Mixstab das Pinienkernöl kurz einmixen. Die Suppe fertig abschmecken und über den Flan gießen. Zum Schluss mit den erwärmten Seeigelrogen und den Pinienkernen garnieren.

Seeigel sollten Sie bei Ihrem Fischhändler vorbestellen. Außerhalb der Saison kann man Seeigelrogen auch als Halbkonserve kaufen. In Geschmack und Farbe nicht mit frischer Ware vergleichbar, sind sie jedoch für den Flan oder zum Binden einer Sauce eine gute Alternative. Wenn die Seeigel sehr frisch sind, können Sie auch das Seeigelwasser für Suppen und Saucen verwenden. Die Suppe lässt sich mit anderen Einlagen, z.B. mit pochierten Wachteleiern, Fischmedaillons, Fischstreifen, Krustentieren oder gebratenen Briesperlen, gut variieren.

Zutaten
FÜR 4 PERSONEN

60 g junger Salatspinat
40 g geröstete Pinienkerne
150 g weiße Fischfarce
(vorzugsweise Seezunge,
siehe Grundrezept Seite 209)
50 g Seeigelrogen
(frisch oder als Konserve)
4 frische Seeigel
10–12 EL Meersalz
oder 4 Salzteig-Knödel
1 Schalotte, fein gewürfelt
20 g Butter
500 ml Geflügelrahmsuppe
(siehe Grundrezept Seite 206)
15 ml Pinienkernöl
Salz, Pfeffer, Muskat

Für die Garnitur
4–8 frische Seeigelrogen
8 goldbraun geröstete Pinienkerne

Steinpilz-Velouté

mit Brunnenkresse-Savarin und glasierten Weinbergschnecken

Zutaten
FÜR 4 PERSONEN

Für die Velouté
200 g frische Steinpilze
¼ Stange Lauch (nur das Weiße)
1 Schalotte
30 g Butter
2 cl Weißwein
2 cl Noilly Prat
500 ml Geflügelfond
(siehe Grundrezept Seite 204)
200 ml Sahne
Salz, Pfeffer, Limonensaft

Für den Brunnenkresse-Savarin
50 g Brunnenkresseblätter, ohne Stiele
20 g Spinatblätter, ohne Stiele
½ Schalotte
10 g Butter
2 Eier
60 ml Sahne
Salz, Pfeffer, Muskat

Für das Schneckenragout
16 fertig gegarte Weinbergschnecken (oder Schnecken aus der Dose)
4 EL Schneckenfond
2 EL Geflügeljus
(siehe Rezept Grundjus Seite 206)

Für die Garnitur
4 kleine Steinpilze
40 g blanchierte Gemüsewürfel (Karotte, Lauch, Sellerie)
4 kleine Sträußchen Brunnenkresse

ZUBEREITUNG

Steinpilze, Lauch und Schalotte klein schneiden, in Butter anschwitzen, mit Weißwein und Noilly Prat ablöschen, kurz reduzieren lassen. Geflügelfond zugießen, 10 Minuten kochen, mixen und durch ein feines Sieb passieren. Die Sahne dazugeben und auf die gewünschte Konsistenz einkochen, mit Salz, Pfeffer und Limonensaft abschmecken.

Brunnenkresse- und Spinatblätter ganz kurz blanchieren, abkühlen und abtropfen lassen. Schalotte in Scheiben schneiden, in Butter glasig andünsten, dann Brunnenkresse- und Spinatblätter zugeben, kurz andämpfen. Mit Ei und Sahne ganz fein mixen, mit Salz, Pfeffer und Muskat abschmecken. In gebutterte Savarin-Formen (ca. 7–8 cm Ø) gießen. In ein Wasserbad (80 °C) stellen und im Ofen ca. 8–10 Minuten fertig pochieren, kurz ruhen lassen. Dann die Bordüre mit einem spitzen Messer von der Form lösen und auf eine flache Platte stürzen, bis zum Anrichten warm halten.

Weinbergschnecken mit dem Fond und der Jus so stark reduzieren, dass sich die Sauce wie ein Film um die Schnecken legt. Die Garnitur-Steinpilze gar dämpfen, salzen, pfeffern und in feine Scheiben schneiden.

ANRICHTEN

Velouté nochmals erhitzen, aufmixen und in vorgewärmte Gläser verteilen. Gläser auf eine Platte stellen. Warmen Brunnenkresse-Savarin auf je einen kleinen, warmen Teller geben, mit den glasierten Schnecken füllen. Mit den erhitzten und gewürzten Gemüsewürfeln garnieren. Teller ebenfalls auf die Platte stellen. Zum Schluss mit Steinpilzscheiben und Kressesträußchen garnieren und sofort servieren.

Diese Suppe können Sie auch mit anderen Pilzen der Saison herstellen. Wer auf die Schnecken verzichten möchte, kann stattdessen für die Füllung auch glasierte Kalbsbriesperlen, gebratene Geflügel- oder Gänseleberwürfel oder mild und frisch geräucherten Fisch als Füllung verwenden.

SUPPEN | 103

WARME VORSPEISEN

Pastinaken-Rösti

mit Kräuterseitlingen, Maronensauce und Quittenpüree

ZUBEREITUNG

Pastinaken und Kartoffeln grob reiben, leicht ausdrücken, mit 1 TL Kartoffelstärke mischen, mit Salz, Pfeffer und Muskat abschmecken. 12 Rösti (4,5 cm Ø) formen und in einer Teflonpfanne goldbraun ausbacken.

Kräuterseitlinge und Schalotte in Würfel schneiden, mit Rapsöl andämpfen, mit Salz und Pfeffer würzen, dann leicht anbraten, Kräuter und ein paar Tropfen Walnussöl zugeben und fertig abschmecken.

Die Quitte schälen, halbieren und entkernen. Eine Hälfte in feine Würfel schneiden und mit 20 g Zucker und Mineralwasser so einkochen, dass die Würfel weich sind und der Fond sirupartig. Die andere Hälfte der Quitte klein schneiden, mit 20 g Zucker, Zimt und Mineralwasser weich kochen, passieren. Das Quittenpüree sollte cremig sein. Quittenwürfel zugeben, verrühren und evtl. mit Zucker und Zitronensaft abschmecken.

Auf ein Backblech 4 gebutterte Metallringe setzen. In jeden 1 Rösti legen. Die Hälfte der Pilze darauf verteilen, wieder 1 Rösti einlegen und andrücken. Die zweite Hälfte der Pilze hineingeben und mit 1 Rösti abschließen. Das Ganze bei 180 °C im Ofen ca. 10 Minuten erhitzen, die Rösti-Törtchen sollen auch innen heiß werden (Kerntemperatur 60–62 °C).

In der Zwischenzeit aus Gemüsebrühe, Maronenpüree, Honig und Gewürzen eine Sauce herstellen und abschmecken.

ANRICHTEN

Je 1 heißes Rösti-Törtchen auf einen warmen, ovalen Teller setzen, den Ring entfernen. 2 Quittennocken formen und auf das Törtchen setzen. Die Maronen in Honigsirup erhitzten, je 1 Marone auf 1 Nussscheibe setzen und auf der Platte anrichten. Zum Schluss die Brunnenkresse mit dem Dressing anmachen und als Bouquet auf die Rösti-Törtchen setzen. Das Gericht mit Maronensauce saucieren.

Zutaten

FÜR 4 PERSONEN

150 g geschälte Pastinaken
150 g geschälte Kartoffeln
1 TL Kartoffelstärke
Salz, Pfeffer, Muskat
250 g Kräuterseitlinge
(oder Pilze der Saison)
1 Schalotte
1 EL gehackte Kräuter
(Kerbel, Petersilie)
Rapsöl, Walnussöl

Für das Quittenpüree

1 reife Quitte
40 g Zucker
Mineralwasser
1 Msp. Zimtpulver
Zitronensaft

Für die Maronensauce

120 ml Gemüsebrühe (vegetarisch)
40 g Maronenpüree
Honig, Salz, Pfeffer

Für die Garnitur

8 schöne Maronen
8 Scheiben Schwarze Nüsse (Konserve)
1 kleiner Strauß Brunnenkresse
1 EL Dressing für Blattsalate
(siehe Grundrezept Seite 209)

Eingelegter Fenchel

im Zitrusfrüchte-Sud mit im Kokosmantel gebackenen Couscous-Chili-Bällchen

Zutaten
FÜR 4 PERSONEN

Für den Orangenfenchel
400 g Fenchelecken
250 ml Orangensaft
25 g Akazienhonig
¼ Sternanis
etwas Mondamin
Limonensaft, Salz, Limonenpfeffer

Für die Bällchen
250 ml Kokosmilch (ungesüßt)
2 EL rotes Palmöl
0,5 g Chilischote, ohne Kerne, feinwürfelig geschnitten
Salz
60 g Couscous
3 EL Kokosflocken

Für die Einlage
12 Orangenfilets
12 kleine Grapefruitfilets (rosé)
8/2 Limonenfilets

Für die Garnitur
8 kleine Blätter Zitronenmelisse, in Streifen geschnitten
4 kleine Sträußchen Zitronenmelisse

ZUBEREITUNG

Die Fenchelecken in Orangensaft mit Honig und Sternanis bissfest garen, auf einem Sieb abtropfen lassen. Orangen-Fenchelsud mit Mondamin sämig abbinden, mit Limonensaft, etwas Salz und Limonenpfeffer abschmecken. Den Fenchel wieder in den heißen Sud geben, darin abkühlen lassen und danach kalt stellen

Kokosmilch mit Palmöl und Chiliwürfeln aufkochen, leicht salzen, Couscous einrühren, aufkochen und abgedeckt 6–8 Minuten ziehen lassen. Couscous mit einer Gabel lockern, abschmecken, dann zu 12 gleich großen Bällchen formen. In Kokosflocken wälzen, dabei die Flocken gut andrücken. Die Bällchen nachformen und bis zum Ausbacken kühl stellen.

ANRICHTEN

Den Fenchel erhitzen und auf 4 tiefe, heiße Teller verteilen. Die Zitrusfrüchte und den restlichen Sud darauf verteilen.

Die Couscous-Bällchen in heißem Fett goldbraun ausbacken und im Ofen bei 160 °C erhitzen. Je 3 Bällchen auf den Fenchel setzen. Mit Zitronenmelissestreifen und -sträußchen garnieren.

> Für die Bällchen können Sie statt Couscous auch Reis verwenden und die Panade mit gehackten Mandeln, Nüssen oder feinen Strudelteig-Streifen variieren.

WARME VORSPEISEN | 107

Gefüllte Makkaroni
mit Mozzarella-Schmelze, warmem Gewürzlachs und Basilikumöl

Zutaten
FÜR 4 PERSONEN

8 Medaillons von gebeiztem Gewürzlachs
à 40–45 g
(siehe Grundrezept Seite 212)
1–2 EL Limonenöl

Für die gefüllten Makkaroni
2 Fleischtomaten
2 getrocknete Tomaten, fein gewürfelt
6 Kalamata-Oliven, fein gewürfelt
2 Scheiben Parmaschinken, fein gewürfelt
und leicht angebraten
¼ TL gehackte Rosmarin- und Thymianspitzen
1–2 EL Mie de Pain
Salz, Pfeffer
8–9 große Makkaroni
Salz, Pfeffer, Muskat
2 EL Geflügelfond
(siehe Grundrezept Seite 204)
4 Scheiben Büffel-Mozzarella

Für das Auberginen-Püree
1 kleine Aubergine
je 1 Zweig Rosmarin und Thymian
Olivenöl
Salz, Pfeffer
weißer Balsamico-Essig

Für die Garnitur
1 EL Basilikumöl oder -pesto
24 Perlen von Lachskaviar
8 Olivenecken
4 Stücke getrocknete Lachshaut
(siehe Grundrezept Seite 213)
4 kleine Basilikumspitzen
2 EL weißer Tomatensaft
Salz, Pfeffer, Zucker
1 EL Olivenöl

ZUBEREITUNG

Die Fleischtomaten abziehen, vierteln, entkernen. Das Innere der Tomaten durch ein feines Sieb streichen, Kerne entsorgen. Den Tomatensud mit dem klein geschnittenen Tomatenfleisch zu einem Pulp einkochen. Die getrockneten Tomaten, Oliven, Schinken, Rosmarin, Thymian und 1 EL Mie de Pain zugeben und vermengen. Mit Salz und Pfeffer abschmecken, Füllung ca. ½ Stunde durchziehen lassen. Die Masse sollte saftig, leicht fest und spritzfähig sein. Evtl. mit Tomatensaft verdünnen oder mit Mie de Pain nachbinden.

Die Aubergine halbieren, mit Rosmarin, Thymian und Olivenöl im Ofen garen. Das Fruchtfleisch mit einem Löffel herausschaben, mixen, passieren und mit Salz, Pfeffer und ein paar Tropfen Balsamico abschmecken; abgedeckt durchziehen lassen.

Die Makkaroni in Salzwasser bissfest garen, in Eiswasser abkühlen lassen, in 6 cm lange Stücke schneiden. Die Tomatenmasse mit einem Spritzbeutel in die Makkaroni füllen. Die Nudeln in eine geölte Porzellan-Kokotte legen (je 7 Stück nebeneinander als Sockel), mit Salz, Pfeffer, Muskat würzen, Geflügelbrühe angießen und abgedeckt im Ofen erhitzen. Ca. 1 Minute vor dem Herausnehmen je 1 Scheibe Mozzarella auf 1 Makkaroni-Sockel legen. Der Käse soll nur warm werden und einen schönen Schmelz bekommen.

ANRICHTEN

Die Makkaroni auf einen warmen Glasteller setzen. Parallel dazu die Lachsmedaillons mit dem Limonenöl einpinseln und abgedeckt im Ofen bei 70 °C auf 36–38 °C erwärmen, nochmals mit Limonenöl bestreichen, dann je 2 Medaillons auf die gefüllten Nudeln setzen.

Um die Nudeln herum 6 Basilikumöl-Tupfer setzen. In jeden Tupfer 1 Lachsei geben. Pro Gericht 4 Olivenecken auflegen. Auf den Lachs 1 Nocke Auberginenpüree setzen, mit der getrockneten Haut und dem Basilikum-Sträußchen garnieren. Zum Abschluss den weißen, gewürzten Tomatensaft mit Olivenöl sehr schaumig aufschlagen. Mit dem Schaum die Ecken der Lachsmedaillons leicht nappieren.

WARME VORSPEISEN | 109

♛

Sie können für das Gericht statt gebeiztem Lachs auch gegrillte Langostinos, Garnelen oder Hummer verwenden. Auch gebratene Goldbrasse, Rotbarbe oder Jakobsmuscheln mit Basilikum- oder Olivensauce sind eine gute Alternative. Das Gericht schmeckt auch sehr gut mit weißem Geflügelfleisch, pochiert bzw. gebraten, oder Kalbsbries, z. B. mit Salbei und Schinken wie eine Saltimbocca zubereitet.

110 | WARME VORSPEISEN

Périgord-Gänseleber

mit Cassis-Rhabarber und frittiertem Ingwer

ZUBEREITUNG

Aus Rhabarberabschnitten, Mineralwasser und Portwein einen Fond herstellen und passieren. Für die Rhabarbermatte Zucker in Butter hell karamellisieren, mit dem Rhabarberfond ablöschen, klar kochen, die Rhabarberstreifen zugeben und unter mehrmaligem Schwenken vorsichtig bissfest garen. Mit den Streifen 4 Matten (10 x 10 cm) legen. Pochierfond mit dem Cassis sirupartig einkochen und damit die Matten mehrmals bepinseln, bis die Reduktion aufgebraucht ist. Die Matten bis zum Gebrauch kalt stellen.

Ingwerscheiben in feine Streifen schneiden, zweimal blanchieren, gut abtropfen lassen, in 170 °C heißem Fett goldbraun frittieren, auf Küchenkrepp abtropfen lassen, leicht mit Puderzucker bestäuben.

Für den Cassis-Rhabarber Butter und Zucker hell karamellisieren, Rhabarber zugeben, kurz anschwenken, Cassis zugeben. Rhabarber bissfest garen, auf ein Sieb schütten. Den Garfond sirupartig einkochen, mit etwas Cassis, 2–3 Körnern Salz und ein paar Tropfen Ingwersaft (rohen Ingwer reiben und ausdrücken) abschmecken und mit den gegarten Rhabarberrauten vermengen. Das Rhabarberkompott vor dem Anrichten ca. 30–60 Minuten durchziehen lassen.

Geflügelvelouté mit Ingwerpulver und -saft kurz verkochen, mit Salz, Zucker, Limonensaft abschmecken, bis zum Gebrauch warm stellen.

ANRICHTEN

Rhabarbermatte erwärmen, nochmals bepinseln und auf je einen heißen Teller setzen. Den erwärmten Cassis-Rhabarber auf eine Hälfte der Matte verteilen.

Die beidseitig goldbraun gebratene, innen warme Gänseleber würzen, dann in der Geflügelglace wenden und auf je einen Rhabarbersockel legen. Auf die Gänseleber die frittierten Ingwerstreifen geben. Zum Schluss das Gericht mit Tupfern von reduziertem Cassis und Ingwerschaum garnieren.

Zutaten
FÜR 4 PERSONEN

Für die Rhabarbermatte
Abschnitte von 250 g Rhabarber
150 ml Mineralwasser
50 ml Portwein
30 g Zucker
20 g Butter
80 dünne Rhabarberstreifen (1 x 10 cm)
20 ml Cassis

Für den frittierten Ingwer
12 dünne Scheiben frischer Ingwer
Puderzucker

Für den Cassis-Rhabarber
30 g Butter
25 g Zucker
250 g Rhabarberrauten
80 ml Cassis
Salz, Ingwersaft

Für den Ingwerschaum
60 ml Geflügelvelouté
(siehe Grundrezept Seite 206)
1 Msp. Ingwerpulver
evtl. etwas Ingwersaft
Salz, Zucker, Limonensaft

Für die Gänseleber
4 Scheiben Périgord-Gänseleber à 50–60 g
Rapsöl zum Braten
Salz, Pfeffer
30 ml Geflügelglace
(aus sirupartig eingekochtem Geflügelfond)

Langostinos mit Curry
und Muscovadozucker glasiert an grünem Spargel mit Vanille-Lychee-Vinaigrette

Zutaten
FÜR 4 PERSONEN

20 feine Stangen grüner Spargel

Für die Lychee-Vinaigrette
2 frische Lychees, ohne Kern
50 ml Vanille-Dressing
(siehe Grundrezept Seite 209)
15 g gehackte, geröstete Pinienkerne
Salz, Zucker, Limonensaft, Pinienkernöl

Für die gebackenen Lychees
4 frische Lychees, ohne Kern
4 Mangostücke (Größe wie Lychee-Kern)
4 hauchdünne Scheiben eingelegter Ingwer
1 Eigelb
1 EL gemahlene Pinienkerne, ungeröstet

Für die Langostinos
8 frische Langostino-Schwänze à 35 g
(ohne Schale)
Meersalz, Limonensaft
Olivenöl
12 g Curry-Zucker-Mischung
(11 g Muscovadozucker, 1 g Madras-Curry)
4 Sträußchen Zitronenmelisse

ZUBEREITUNG

Den Spargel in Salzwasser bissfest blanchieren, in Eiswasser abschrecken und abtropfen lassen.

Für die Vinaigrette Lychees in feine Würfel schneiden, mit der Vanille-Vinaigrette und den Pinienkernen vermischen, mit Salz, Zucker, Limonensaft und wenig Pinienkernöl abschmecken; bis zum Gebrauch durchziehen lassen.

Für die gebackenen Lychees die entkernten Früchte mit Mango und Ingwer füllen, durch das verrührte Eigelb ziehen und mit den Pinienkernen panieren. Bis zum Ausbacken auf eine Klarsichtfolie legen und kühl stellen.

Langostinos mit Meersalz und Limonensaft würzen, in Olivenöl (nicht zu heiß) beidseitig anbraten. Oberfläche gleichmäßig mit der Curry-Zucker-Mischung bestreuen und im Ofen (nur Oberhitze) goldbraun glasieren.

ANRICHTEN

Je 2 Langostinos auf einer warmen Platte anrichten. Den leicht erwärmten Spargel mit einem Teil der Vinaigrette anmachen und je 5 Stück auf die Platte legen. Nochmals mit etwas Vinaigrette nappieren, den Rest der Vinaigrette in einen Porzellanlöffel geben und auf die Platte setzen. Das Gericht mit den gebackenen Lychees und einem Sträußchen Zitronenmelisse garnieren.

Dieses Gericht können Sie auch mit Garnelen, Hummer, Languste bzw. Fisch, z. B. Loup de Mer, Goldbrasse oder St. Pierre zubereiten. Gebackenes Krabbenbrot, extra serviert, passt als Begleitung sehr gut zu diesem Gericht.

WARME VORSPEISEN | 113

WARME VORSPEISEN

Bastilla-Roulade

mit mild geräucherter Taubenbrust und Dattelsauce

ZUBEREITUNG

Taubenherzen- und leber mit den Schalottenwürfeln in 20 g Butter anschwitzen, mit Geflügelfond auffüllen und weich kochen, herausnehmen und grob hacken, mit den Gewürzen und den gehackten Zutaten mischen. Für die Taubenjus die Taubenkarkassen und 300 ml Geflügeljus auf 160 ml einkochen. Den Kochfond von Herz und Leber mit 40 ml der Taubenjus auf 60 ml einkochen. Ei und Eigelb aufschlagen und in die kochend heiße Reduktion einrühren, langsam weiterrühren und stocken lassen. Mit der Herz-Leber-Duxelles und dem Couscous verrühren und abschmecken.

Die Brikteigblätter auslegen, mit Eiweiß bestreichen. Die Coucousmasse darauf verteilen, Teigblätter zu einer straffen Rolle wickeln, Enden fest andrücken. Die Rouladen bis zum Backen kühl stellen.

Für die Sauce Taubenjus mit Portwein verkochen und mit dem Dattelpüree binden. Mit Arganöl aufschlagen und abschmecken.

Die Taubenbrust würzen, mit Arganöl bestreichen und auf einem Gitter im Ofen bei 180 °C rosa garen, dann ca. 2 Minuten räuchern (siehe Seite 215). Bis zum Aufschneiden warm ruhen lassen.

ANRICHTEN

Währenddessen die Bastilla-Rouladen mit der restlichen Butter bepinseln und im Ofen ca. 6–10 Minuten backen, herausnehmen, nochmals buttern und hauchfein mit etwas Puderzucker bestreuen. Je 1 Roulade auf 1 Teller setzen. Das Taubenbrustfilet auslösen und dazulegen, die restliche Brust in gleichmäßige Scheiben schneiden, an die Roulade anlegen. Die Dattelsauce erhitzen und damit die Brustspitzen saucieren. Das Gericht mit Datteln, Rauchmandeln, Melissc Sträußchen und gemahlenem Langpfeffer garnieren.

> Die Taubenkeule können Sie mit Gänseleber, Pilzfarce oder Mandelpüree füllen, würzen, panieren, ausbacken und mit der Bastilla-Roulade zusammen servieren.

Zutaten
FÜR 4 PERSONEN

2 Étouffée-Tauben (mit Innereien)

Für die Bastilla
Taubenherzen und -leber
40 g Schalottenwürfel
40 g Butter
200 ml Geflügelfond
(siehe Grundrezept Seite 204)
je 1 Prise Ingwerpulver und Kreuzkümmel
je 1 Msp. Cayennepfeffer, Kurkuma,
Safran- und Zimtpulver
je 1 TL gehackte Zitronenmelisse
und Blattpetersilie
25 g gehackte, geröstete Mandelkerne
1 TL gehackte Korinthen
40 ml kräftige Taubenjus
(siehe Rezept Grundjus Seite 206)
1 Ei, 1 Eigelb
6–8 EL fertig gegarter Couscous
4 Brikteigblätter (ca. 10 x 10 cm)
Eiweiß zum Bestreichen

Für die Sauce
120 ml kräftige Taubenjus
(siehe Rezept Grundjus Seite 206)
30 ml weißer Portwein
30 g Dattelpüree, 1 EL Arganöl
Salz, Langpfeffer, Muskat

Für die Taubenbrust
Salz, Langpfeffer, Arganöl
Räuchermehl, 1 EL Gewürzmischung (Wacholderbeeren, Lorbeer, Piment, Nelke, Pfeffer, Koriander und Sternanis grob zerstoßen)

Für die Garnitur
24 kleine Dattelwürfel, 12 Rauchmandeln
Zitronenmelisse, Langpfeffer

Crépinette vom Schweinefuß
auf Berglinsen mit Trüffelsauce

Zutaten
FÜR 4 PERSONEN

Für die Crépinette
80 g Kalbfleischfarce
(siehe Grundrezept Seite 209)
150 g geschmorter Schweinefuß
(siehe Grundrezept Seite 210)
1 EL gehackte Kräuter (Kerbel, Petersilie, wenig Majoran)
0,2 g Kreuzkümmel
0,2 g gemahlener Sternanis
0,4 g abgeriebene Limonenschale
Salz, Pfeffer
1 Schweinenetz, geputzt und gewässert
Tafelöl

Für das Linsengemüse
1 Schalotte, 20 g Butter
50 g umbrische Berglinsen oder Älblerlinsen
1 TL Tomatenmark
200 ml Geflügelbrühe
je 25 g Karotten, Lauch, Sellerie, Kartoffeln, gewürfelt
Salz, Pfeffer, Zucker
1–2 EL Balsamico-Essig

Für die Trüffel-Sauce
150 ml Schweinejus
(siehe Rezept Grundjus Seite 206)
50 ml Trüffeljus
je 20 ml weißer Portwein und Madeira
25 g Butter
Salz, Pfeffer
25 g Trüffelwürfel

Für die Garnitur
12 blanchierte Scheiben Knollensellerie
(ca. 2,5 cm Ø)
12 kleine, dünne Scheiben Trüffel

ZUBEREITUNG

Den Schweinefuß in 3 mm große Würfel schneiden, Kalbfleischfarce aufmixen, mit Schweinefuß und Kräutern vermischen, mit Kreuzkümmel, Sternanis, Limonenschale, Salz und Pfeffer abschmecken.

Vom Schweinenetz 12 Rechtecke (8 x 8 cm) schneiden und auf einer feuchten Tischplatte auslegen. Die Schweinefußmasse darauf verteilen. Dann die Crépinettes straff und gleichmäßig einrollen, an den Ecken einschlagen, sodass ca. 6 cm lange Röllchen entstehen, die an eine kurze Zigarre erinnern. Bis zum Gebrauch kalt stellen.

Die Schalotte in feine Würfel schneiden, in Butter hell anschwitzen, die gewaschenen Linsen zugeben, mit Tomatenmark anschwitzen, mit Geflügelbrühe auffüllen. Einen kleinen Leinen-Gewürzbeutel (zerdrückte Gewürze: ¼ Lorbeerblatt, 1 Nelke, 2 Pfefferkörner, 2 Pimentkörner, 1 Thymianspitze) zugeben. Linsen langsam bissfest garen. 1 EL Linsen herausnehmen, mixen, passieren und damit die Linsen binden. Die Gemüsewürfel, leicht gewürzt, in etwas Geflügelfond bissfest garen und zu den Linsen geben. Die Linsen nochmals erhitzen, mit Salz, Pfeffer, Zucker und Balsamico abschmecken. Noch einige Minuten durchziehen lassen.

Für die Trüffelsauce Schweine- und Trüffeljus mit Portwein und Madeira auf 160 ml einkochen, mit der Butter binden, abschmecken, die Trüffelwürfel einrühren. Die Sauce warm bereithalten.

In einer Teflonpfanne die Crépinettes in heißem Öl rundum goldbraun anbraten, im Ofen bei 200 °C ca. 8–10 Minuten fertig garen. Dabei immer wieder wenden bzw. übergießen. Crépinettes herausnehmen, auf Küchenkrepp abtropfen lassen. Das Schweinenetz, das sich beim Garen nicht ausgebraten hat, vorsichtig abschneiden.

Das erhitzte Linsengemüse auf heißen ovalen Platten als Sockel anrichten. Auf die Linsen je 3 Crépinettes setzen. Darauf abwechselnd je 3 warme Sellerie- und Trüffelscheiben legen. Die Trüffelsauce erhitzen und damit das Gericht rundherum saucieren.

WARME VORSPEISEN | 117

Gebackenes Landei
auf Borschtsch-Gemüse mit Räucherstör-Brandade und grüner Meerrettichsauce

Zutaten
FÜR 4 PERSONEN

5 frische, große Landeier
(4 für das Gericht, 1 zum Panieren)
1 EL Mie de Pain, Salz, Pfeffer

Für das Borschtsch-Gemüse
30 g Schalottenwürfel, etwas Butter
160 g Weißkrautstreifen
je 30 g Karotten- und Selleriestreifen
150 ml Geflügelbrühe
Salz, Pfeffer, Muskat

Für die Brandade
120 g frisches Störfilet
Salz, Pfeffer, Räuchermehl
1 Tl. Gewürzmischung, (Lorbeer, Nelke,
Pfefferkörner, Koriander, Wacholder)
80 g Kartoffeln
je 20 g Lauch und Sellerie
1 kleine Karotte, 25 g Butter
je 15 ml Wein und Noilly Prat
60 ml Geflügelfond
(siehe Grundrezept Seite 204)
30 ml Sahne
Salz, Pfeffer, Limonensaft

Für die Sauce
80 ml Geflügelvelouté
(siehe Grundrezept Seite 206)
30 g Kräuterpüree
(blanchierte Petersilie- und Brunnenkresse,
frischer Kerbel, 4 Spinatblätter)
12 g frischer, geriebener Meerrettich
Salz, Pfeffer, Limonensaft

Für die Garnitur
gedämpfte Rote-Bete-Streifen
1 EL Schnittlauchröllchen
frische, kleine Kräuter zum Garnieren

ZUBEREITUNG

Für das Borschtsch-Gemüse die Schalottenwürfel in Butter hell anschwitzen, Gemüsestreifen zugeben, mitanschwitzen, würzen, mit Geflügelbrühe auffüllen. Das Gemüse bissfest garen, darauf achten, dass zum Schluss der Fond so einreduziert ist, dass er sich mit dem Gemüse schön verbunden hat. Gemüse abschmecken und bis zum Gebrauch durchziehen lassen.

Das rohe Störfilet mit Salz und Pfeffer würzen, ca. 4–5 Minuten räuchern (siehe Seite 215). Kartoffeln, Lauch und Sellerie in kleine Stücke schneiden, Karotte ganz lassen. Gemüse mit Butter anschwitzen, mit Wein und Noilly Prat ablöschen, mit Geflügelfond und Sahne auffüllen und ca. 5 Minuten kochen lassen, auf 80 °C abkühlen. Stör einlegen und glasig pochieren, herausnehmen. Gemüse weiterkochen bis es weich ist. Karotte entfernen: Gemüse auf 30 °C abkühlen lassen und auf ein Sieb schütten.

Gedämpftes Gemüse mit dem pochierten Stör mixen. So lange Gemüse-Sahne-Fond zugeben, bis die Brandade eine stabile Cremigkeit hat.
Die Brandade durch ein feines, flaches Passiersieb streichen, glatt rühren, abschmecken und bis zum Gebrauch abgedeckt beiseitestellen.

Die Eier in Essigwasser wachsweich pochieren, in kaltem Wasser abkühlen, abtropfen lassen. Weghängende Eiweißfäden abschneiden, Eier leicht salzen und pfeffern, durch aufgeschlagenes Ei ziehen und in Mie de Pain gleichmäßig panieren. In 175 °C heißem Fett außen goldbraun, innen wachsweich ausbacken.

♛

Sie können das Gericht auch mit einer kross gebratenen Speck- oder Schinkenscheibe garnieren. Der Schinken dafür sollte allerdings nicht zu salzig sein. Pochierte oder gebackene Krustentier- bzw. Geflügel-Bällchen sind eine sehr gute Alternative.

ANRICHTEN

In der Zwischenzeit das Borschtsch-Gemüse erhitzen und auf 4 heiße Teller je einen Gemüsesockel (ca. 6 cm Ø) anrichten. Darauf das gebackene Landei setzen. Die erhitzte und fertig abgeschmeckte Brandade in einen Spritzbeutel mit Sterntülle füllen und in Spiralform um das Ei aufspritzen. Zum Schluss die heiße Geflügelsauce, gemixt mit Kräuterpüree und Meerrettich, als grüne Meerrettichsauce um das Gericht saucieren. Mit den Rote-Bete-Streifen, Schnittlauch und den Kräuterspitzen garnieren.

WARME VORSPEISEN

Kohlrabi-Charlotte
mit Bachsaibling und Frühlingsmorcheln

ZUBEREITUNG

Die Fischfarce aufmixen und abschmecken, in einen Spritzbeutel mit kleiner Lochtülle einfüllen. Fisch-Medaillons mit Salz, Pfeffer und Limonensaft marinieren, mit wenig Farce rundherum einpinseln und in Spinatblätter einwickeln.

4 innen gebutterte Metallringe (5 cm Ø) auf ein flaches Tablett legen. In jeden Ring 1 Scheibe Kohlrabi legen, mit etwas Fischfarce bestreichen. Darauf je 1 Fisch-Medaillon legen. Fischfarce bis zum oberen Rand so einspritzen, dass keine Luftlöcher entstehen. Mit einer Scheibe Kohlrabi abschließen, leicht anpressen. Die Charlotte bis zum Dämpfen kalt stellen.

Für den Stick die Krebswürfel mit Reduktion und gehackten Morcheln vermischen, abschmecken. Brikteigblätter mit Eiweiß einstreichen, darauf die Krebs-Duxelles verteilen und einrollen. Die Sticks bis zum Ausbacken kühl stellen.

Die Kohlrabi-Charlotte ca. 6–8 Minuten in Dampf garen (Kerntemperatur 38–40 °C), kurz ruhen lassen, vorsichtig aus dem Ring lösen.

Währenddessen die Morcheln in 10 g Butter anschwitzen, leicht salzen, pfeffern, 15 ml Geflügelfond angießen und die Morcheln gar dünsten. Die Erbsenschoten in Butter und 15 ml Geflügelfond erhitzen, mit Salz und Zucker würzen.

ANRICHTEN

Auf einem heißen Teller einen Kreis aus 5 Morcheln anrichten. An die Morcheln je 1 Erbsenschote anlegen. Auf jeden Teller ½ Krebsschwanz und 1 Krebsschere legen. Fischvelouté erhitzen, mit gehacktem Kerbel und Butter aufmixen, fertig abschmecken, nochmals erhitzen und Morcheln, Schoten und Krebsfleisch komplett damit überziehen.

Die Kohlrabi-Charlotte genau in der Mitte von oben nach unten halbieren, 1 Hälfte in die Mitte des Tellers stellen, die zweite Hälfte schräg anlegen. Das Gericht mit dem gebackenen Krebs-Stick, Saiblingskaviar und Kerbelsträußchen garnieren und sofort servieren.

Zutaten
FÜR 4 PERSONEN

Für die Charlotte
120 g weiße Fischfarce (Zander)
(siehe Grundrezept Seite 209)
4 Medaillons vom Bachsaibling à 30 g
Salz, Pfeffer, Limonensaft
8 große, blanchierte Blätter Spinat
8 blanchierte Scheiben Kohlrabi
(5 cm Ø, 3–4 mm dick)

Für den Krebs-Stick
4 gekochte Krebsschwänze,
feinwürfelig geschnitten
4 gekochte Krebsscheren,
feinwürfelig geschnitten
1 EL Krustentier-Reduktion
20 gedämpfte Morchel-Stiele
4 Brikteigblätter (8 x 5 cm)
Eiweiß zum Bestreichen, Salz, Pfeffer

Für die Beilage
20 frische, mittelgroße Spitzmorcheln,
(nur die Köpfe; Stiele für den Stick)
20 g Butter
Salz, Pfeffer, Zucker
30 ml Geflügelfond
(siehe Grundrezept Seite 204)
20 blanchierte Rauten von Erbsenschoten

Für die Sauce
200 ml Fischvelouté classic
(siehe Grundrezept Seite 206)
1 kleines Bund Kerbel, 30 g Butter

Für die Garnitur
½ gekochte Krebsschwänze
4 gekochte Krebsscheren
50 g Saiblingskaviar
4 Sträußchen Kerbel

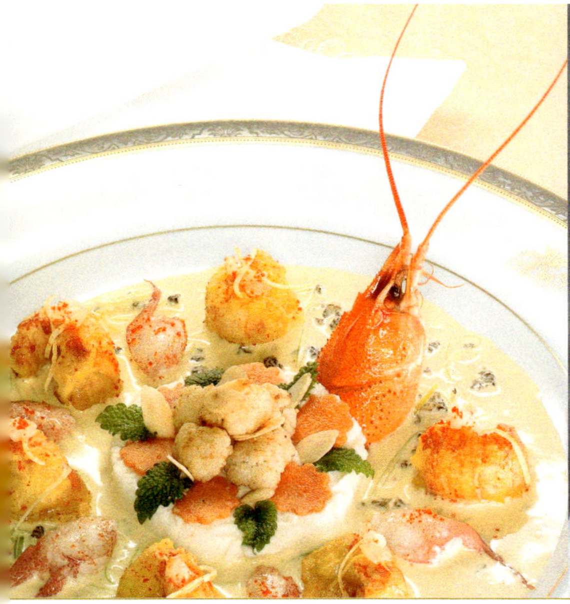
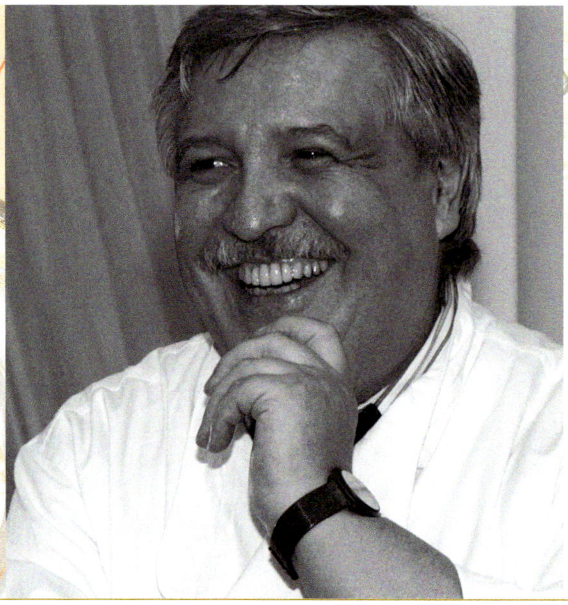
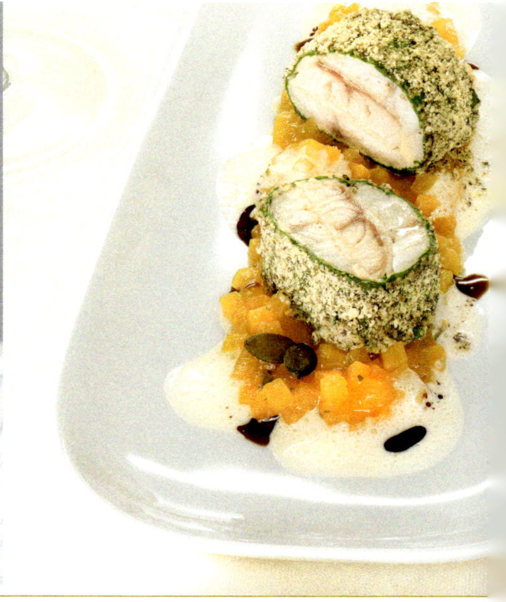

Fisch & Krustentiere

Filet vom Bachsaibling
im Reisblatt gebraten mit Spargel und Kaffeesauce

Zutaten
FÜR 4 PERSONEN

Für den Bachsaibling
2 Bachsaiblinge à 300 g
4 Reisblätter
100 g blanchierte Gemüsestreifen
30 g rohe Champignonstreifen
30 g weiße Fischfarce
(siehe Grundrezept Seite 209)
1 EL gehackter Kerbel
1 Eiweiß
Olivenöl
Salz, Pfeffer, Limonensaft
20 mittelgroße Stangen weißer Spargel

Für die Kaffeesauce
20 ml frisch gebrühter Mokka
1 g lösliches Kaffeepulver
1 Eigelb
30 g zerlassene Butter
30 ml Traubenkernöl
1 EL Sahne
Salz, Zucker

Für die Garnitur
30–40 g Kräutersalat
Dressing für Gourmetsalate
(siehe Grundrezept Seite 209)

ZUBEREITUNG

Die feinen Schuppen des Bachsaiblings entfernen, den Fisch filetieren, Parüren und Gräten entfernen. Filets mit Salz, Pfeffer und Limonensaft würzen. Gemüse- und Champignonstreifen mit den gehackten Kräutern und der Farce vorsichtig mischen und gleichmäßig auf die Fleischseite der Filets aufstreichen. Die Reisblätter kurz in kaltem Wasser einweichen und mit Eiweiß bestreichen. Die vorbereiteten Filets darin einwickeln. Die eingerollten Filets auf eine Klarsichtfolie legen und bis zum Braten kalt stellen.

Den Spargel schälen, Enden abschneiden. Spargelstangen in Salzwasser mit 1 Prise Zucker und 1 Butterflocke al dente kochen. In Eiswasser abschrecken und bis zum Gebrauch auf einem Sieb oder einem Tuch abtropfen lassen.

Das Kaffeepulver im warmen Mokka auflösen und mit dem Eigelb auf Wasserdampf cremig aufschlagen. Dann Butter und Öl tropfenweise, wie bei einer Hollandaise, einrühren. Je nach Dicke der Sauce mit 1 EL Sahne oder mehr verdünnen, sodass eine cremige, leicht fließende Sauce entsteht. Mit wenig Salz und Zucker abschmecken. Saiblingsfilets in Öl beidseitig goldbraun anbraten und fertig garen. Ca. 3–4 Minuten, je nach Dicke der Filets.

ANRICHTEN

Spargel in wenig Kochfond erhitzen und auf ovalen Platten anrichten. Bei den Saiblingsfilets die Enden abschneiden, dann in der Mitte schräg durchschneiden. An den Spargel anlegen. Mit dem mild marinierten Kräutersalat garnieren. Saucenstreifen auf der Platte anbringen, sofort servieren.

FISCH | 125

126 | FISCH

Zanderfilet in der Gewürzbrotkruste

mit Kartoffel-Schalotten-Kompott und Rote Bete

ZUBEREITUNG

Brotbrösel mit Walnüssen und Gewürzmischung vermengen. Zanderfilet mit Salz, Pfeffer, Limonensaft würzen, durch das aufgeschlagene Eigelb ziehen und mit dem Gewürzbrot panieren. Panierung gut andrücken. Filet auf einer Klarsichtfolie bis zum Braten kalt stellen.

Kartoffelwürfel in der leicht gesalzenen Geflügelbrühe al dente kochen, auf ein Sieb schütten. Schalottenwürfel in Butter anschwitzen, mit der Kochbrühe auffüllen und bei starker Hitze einkochen. Sobald die Schalotten schmalzig werden, die Kartoffelwürfel zugeben und fertig kochen. Zum Schluss Honig zugeben, mit Salz, Pfeffer und Muskat abschmecken. Die Schalotten sollten schön saftig, die Kartoffelwürfel weich, aber nicht matschig sein. Das Kompott vor dem Servieren möglichst 1 Tag durchziehen lassen.

Die Rote-Bete-Kugeln im Saft garen. Herausnehmen, Garfond sirupartig einkochen, mit Butter binden und abschmecken. Darin später die Rote-Bete-Kugeln wieder erhitzen.

Für die Schinkenchips den rohen Schinken zwischen Pergamentpapier auf ein Backblech legen, beschweren und im Ofen bei 180 °C ca. 10–15 Minuten backen. Herausnehmen und abkühlen lassen.

Zanderfilet in der schäumenden Butter beidseitig goldbraun anbraten, im Ofen bei 200 °C ca. 6–8 Minuten garen (Kerntemperatur 48–50 °C).

ANRICHTEN

Kartoffel-Schalotten-Kompott erhitzen, auf heißen Tellern als rechteckigen Sockel anrichten. Zanderfilet in 8 Tranchen schneiden, mit der hohen Seite gegeneinander auf den Sockel setzen. Zanderfilet mit warmen, gewürzten Rote-Bete-Keimlingen und Schinkenchips garnieren.

Die erwärmten Rote-Bete-Kugeln in Schnittlauch schwenken, je 3 Kugeln vor das Zanderfilet setzen. Zum Schluss das Gericht mit der Balsamico-Reduktion saucieren, sofort servieren.

Zutaten

FÜR 4 PERSONEN

450 g Zanderfilet (Mittelstück)

Für die Kruste
60 g Roggenbrot-Brösel
10 g gemahlene Walnusskerne
2,5 g Basis-Gewürzmischung
(siehe Grundrezept Seite 211)
Salz, Pfeffer, Limonensaft
1 Eigelb
30 g Butter

Für das Kartoffel-Schalotten-Kompott
200 g Kartoffelwürfel (0,5 cm)
150 ml Geflügelbrühe
60 g Schalottenwürfel
30 g Butter
10 g Honig
Salz, Peffer, Muskat

Für die Rote Bete
12 Rote-Bete-Kugeln (ca. 1 cm Ø)
(von den Abschnitten Saft herstellen)
15 g Butter
Salz, Pfeffer
1 EL Schnittlauchröllchen

Für die Garnitur
4 TL Rote-Bete-Keimlinge
4 Scheiben roher Schinken
4 EL Balsamico Reduktion

Krautwickel vom Waller
mit Schmorgemüse und Pfifferlingen

Zutaten
FÜR 4 PERSONEN

Für die Krautwickel
4 Weißkohlblätter
(ca. 10 x 15 cm)
120 g Wallerfarce
(siehe Rezept Fischfarce Seite 209)
1 EL gehackte Blattpetersilie
4 weiße Filets vom Waller à 80 g
Salz, Pfeffer, Limonensaft
30 g Butter

Für das Schmorgemüse
60 g Karottenwürfel (ca. 0,5 cm)
60 g Selleriewürfel (ca. 0,5 cm)
60 g Lauchwürfel (ca. 0,5 cm)
60 g Kartoffelwürfel (ca. 0,5 cm)
80 g kleine, geputzte Pfifferlinge
1 Schalotte
40 g Butter
120 ml Kalbsjus classic
(siehe Grundrezept Seite 206)
Salz, Pfeffer, Kreuzkümmel

Für die Garnitur
60 g Wallerwürfel, warm geräuchert
30 g geröstete, dünne Speckstreifen
kleine Majoranblätter
40 ml Fischvelouté classic
(siehe Grundrezept Seite 206)
schwarzer Pfeffer aus der Mühle

ZUBEREITUNG

Die Weißkohlblätter so vorgaren, dass sie nur noch leichten Biss haben. Dann flach ausbreiten. Wallerfarce mit der Petersilie vermischen, abschmecken, ⅓ der Farce als Sockel auf den Blättern verteilen. Die Fischfilets mit Salz, Pfeffer und Limonensaft marinieren. Je 1 Filet auf den Farcesockel setzen.

Die Filets mit der restlichen Farce einstreichen und straff in die Kohlblätter einwickeln, sodass ein rechteckiges Päckchen entsteht. Bei Bedarf mit einer Schnur stabilisieren. Krautwickel leicht salzen und pfeffern und in einer Teflonpanne mit Butter beidseitig goldbraun anbraten. Die Fisch-Krautwickel in eine Sauteuse setzen.

Gleichzeitig Gemüsewürfel, Pfifferlinge und Schalottenwürfel mit 20 g Butter hell anbraten, leicht würzen, mit der Jus ablöschen und zu den Krautwickeln gießen. Zusammen im 180 °C heißen Ofen ca. 8–10 Minuten garen. Dabei die Krautwickel immer wieder übergießen bzw. wenden. Sobald der Waller eine Kerntemperatur von ca. 50 °C hat, herausnehmen und warm stellen. Wenn das Schmorgemüse noch leicht Biss hat, mit Salz, Pfeffer und wenig Kreuzkümmel abschmecken und mit der restlichen Butter binden.

ANRICHTEN

Das Schmorgemüse in tiefe, heiße Teller verteilen. Darauf je einen Krautwickel setzen. Diesen mit den warm geräucherten Wallerwürfeln, den Speckstreifen und den Majoranblättern garnieren. Die erhitzte und fertig abgeschmeckte Velouté aufschäumen und das Gericht damit garnieren. Zum Schluss über das gesamte Gericht ganz wenig schwarzen Pfeffer mahlen und sofort servieren.

FISCH | 129

130 | FISCH

Lachsforelle
im Kräuterflädle mit Leipziger Allerlei

VORBEREITUNG

Mehl mit Ei zu einem glatten Teig verrühren, Kräuter zugeben, mit Salz und Muskat würzen. In einer Teflonpfanne (ca. 32 cm Ø) Butter zerlassen, den Teig dünn eingießen und ein Kräuterflädle ausbacken, auf einem Gitter auskühlen lassen.

Das Flädle so schneiden, dass ein angedeutetes Rechteck entsteht, dann mit der schönen Seite auf eine Klarsichtfolie legen. Die Zanderfarce aufmixen und fertig abschmecken. ⅓ der Farce als dünnen Sockel auf das Flädle streichen. Das Lachsforellenfilet würzen und mit der Innenseite auf den Farcesockel legen, mit der restlichen Fischfarce gleichmäßig einstreichen. Das Flädle sehr straff in die Klarsichtfolie und dann in Alufolie einrollen. Bis zum Garen kalt stellen.

Alle Gemüse in einer Gemüsebrühe oder in Salzwasser al dente blanchieren und abkühlen lassen. Lachsforellenflädle im 180 °C heißen Ofen ca. 10–12 Minuten garen. Die Lachsforelle sollte eine Kerntemperatur von 38-40 °C haben.

ANRICHTEN

Während der Fisch gart, das Gemüse getrennt in etwas Geflügel- oder Gemüsefond erhitzen, würzen und abwechselnd auf heißen Tellern anrichten. Dann die erwärmten Krebsschwänze- und scheren auflegen. Fischvelouté fertig abschmecken und erhitzen, den gehackten Kerbel zugeben, aufmixen und damit die Gemüse nappieren.

Das gegarte und ausgepackte Flädle in 8 Scheiben schneiden, je 2 Scheiben pro Teller. Dabei 1 Rolle stellen, 1 Rolle legen. Zum Schluss das Gericht mit Krebsöl beträufeln und mit den Kerbel-Sträußchen garnieren.

Zutaten
FÜR 4 PERSONEN

Für das Kräuterflädle
2 EL Mehl, 1 Ei
1 EL gehackte Kräuter
(Kerbel, Brunnenkresse, wenig Blattpetersilie, Estragon)
Salz, Muskat
15 g Butter
100 g Zanderfarce
(siehe Rezept Fischfarce Seite 209)
320 g Lachsforellenfilet
(ca. 800–900 g schwerer Fisch)
Salz, Pfeffer, Limonensaft

Für das Leipziger Allerlei
12 weiße Spargelspitzen
12 kleine Spitzmorcheln
12 tournierte Kohlrabispalten
12 Fingerkarotten
12 kleine Blumenkohlröschen
12 Erbsenschotenecken
30 ml Geflügel- oder Gemüsefond
(siehe Grundrezept Seite 204)
Salz, Pfeffer, Muskat

Für die Garnitur
12/2 Krebsschwänze
12 Krebsscheren
200 g Fischvelouté classic
(siehe Grundrezept Seite 206)
1 Bund Kerbel (12 Sträußchen zupfen, Rest fein hacken)
1 EL Krebsöl
(siehe Rezept Krustentieröl Seite 212)

Roulade vom Fluss-Aal
auf Kürbisgemüse

Zutaten
FÜR 4 PERSONEN

Für die Roulade
1 Spinatmatte (25 x 20 cm)
60 g Zanderfarce
(siehe Rezept Fischfarce Seite 209)
300 g frisches Aalfilet
150 g Räucheraal, ohne Haut
Salz, Pfeffer, Limonensaft
100 g Birnenscheiben (ca. 2 mm)
40 g grob gemahlene Kürbiskerne
(geröstet, leicht gesalzen)

Für das Kürbisgemüse
250 g geschnittene Rauten von
Hokkaido- oder Muskatkürbis
20 g Butter
100 ml Kürbissud
(hergestellt aus Kürbisabschnitten,
100 ml Geflügelfond, 1 TL Eisenkraut)
Salz, Pfeffer, Zucker, Muskat, Honig
0,5 g getrocknetes Eisenkraut
(fein gemahlen oder gehackt)
einige Tropfen Himbeeressig

Für die Garnitur
150 ml Fischvelouté classic
(siehe Grundrezept Seite 206)
Honig, Himbeeressig
einige Tropfen Kürbiskernöl

ZUBEREITUNG

Spinatmatte auf eine Klarsichtfolie legen. Die Zanderfarce aufmixen, fertig abschmecken. Spinatmatte mit Farce dünn einstreichen, etwas Farce zurückbehalten. Aalfilet in 2 gleich lange Stücke schneiden. Das Räucheraalstück sollte die gleiche Länge haben. Die Aalfilets mit Salz, Pfeffer, Limonensaft marinieren.

Ein Filetstück, mit der runden Seite nach außen, auf die Spinatmatte legen, mit Farce bestreichen, darauf eine Reihe Birnenscheiben, mit Farce bestreichen, dann den Räucheraal auflegen, wiederum Farce aufstreichen, wieder eine Reihe Birnenscheiben, wieder Farce, dann das zweite Aalfilet, mit der runden Seite nach außen, auflegen. Das Ganze vorsichtig, aber doch straff einrollen, sodass sich nichts verschiebt. Die Roulade in Alufolie einwickeln und im 180 °C heißen Ofen garen, bis der Fisch eine Kerntemperatur von 46–48 °C hat.

In der Zwischenzeit die Kürbisrauten in einer flachen Pfanne oder Sauteuse in Butter anschwitzen, würzen, mit Kürbisfond ablöschen und bei großer Hitze schnell garen. Das Gemüse vom Herd ziehen, wenn der Kürbis noch kernig ist. 2–3 Minuten ziehen lassen, mit Salz, Pfeffer, Zucker, Muskat, Honig, Eisenkrautpulver und ein paar Tropfen Himbeeressig abschmecken.

ANRICHTEN

Kürbis auf einer heißen, länglichen Platte als Sockel anrichten. Die Aalroulade auspacken, leicht buttern und in den gemahlenen Kürbiskernen rollen. Aalroulade auf einem flachen Untergrund nochmals nachrollen, damit das Kürbismehl besser haftet. Die Rolle in 8 gleichmäßige Scheiben schneiden und auf dem Kürbisgemüse anrichten, dabei 1 Scheibe stellen, 1 Scheibe legen. Die erhitzte Velouté mit Honig und Himbeeressig mild süßsauer abschmecken und das Gericht damit umgießen. Zum Schluss mit ein paar Tropfen Kürbiskernöl garnieren.

FISCH | 133

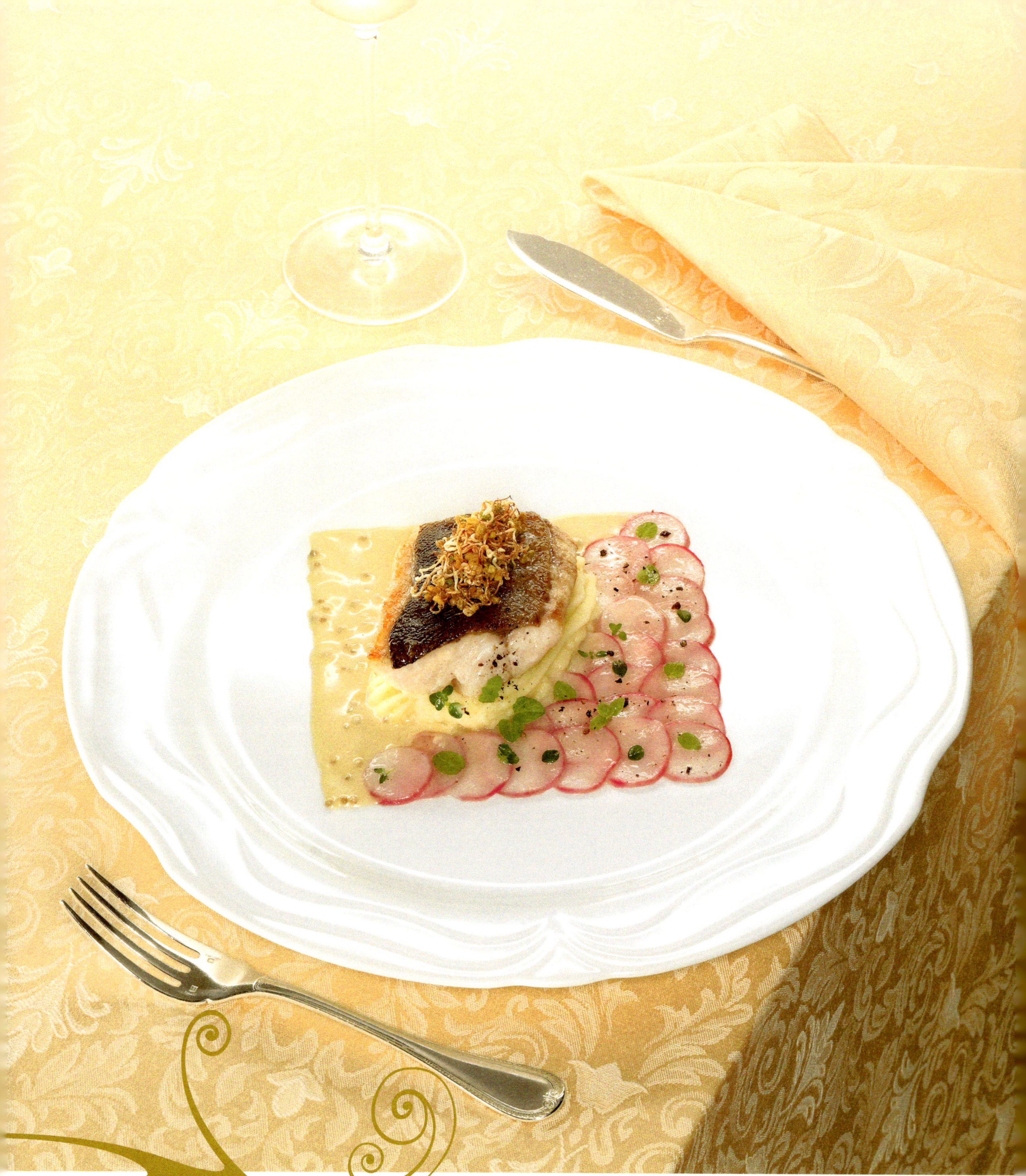

Donau-Huchen
auf glasierten Radieschen und Senfsaat-Sauce

VORBEREITUNG

Radieschen in ca. 2 mm dicke Scheiben schneiden und die Anschnitte entfernen. Das Huchenfilet mit Salz, Pfeffer und Limonensaft marinieren.

In der Zwischenzeit für das Kartoffel-Apfel-Püree die Kartoffeln kochen, schälen, passieren, mit der heißen Sahne und Butter zu einem cremigen, luftigen Püree aufschlagen und abschmecken. Den Apfel in 2 mm große Würfel schneiden und roh bzw. leicht angedämpft unter das Püree rühren, warm stellen.

Radieschenkeimlinge kurz blanchieren, abtropfen lassen, dann in 170 °C heißem Fett goldbraun ausbacken, leicht salzen, auf Krepp-Papier warm stellen.

ZUBEREITUNG

Huchenfilets in Olivenöl auf der Hautseite knusprig anbraten, auf die Fleischseite wenden, Hitze reduzieren, Butter zugeben und im Ofen bei 150 °C langsam glasig garen (Kerntemperatur 45–46 °C), dabei immer wieder mit dem Bratfett übergießen. Nach ⅓ der Bratzeit wieder auf die Haut zurücklegen.

In einer flachen Teflonpfanne Butter mit Zucker hell karamellisieren, Radieschenscheiben zugeben, salzen, pfeffern und unter starker Hitze schnell garen, ohne dass die Radieschen Flüssigkeit abgeben. So behalten die Scheiben den Biss.

ANRICHTEN

Radieschen auf einem Teller in Dreieckform anrichten. Die Velouté erhitzen, mit dem Senf, den Körnen und dem Sud verrühren. Sauce abschmecken, kurz aufmixen und ein Saucendreieck auf die Gegenseite der Radieschen platzieren, damit optisch ein Quadrat entsteht. Auf die Schnittstelle das Püree verteilen, darauf das Huchenfilet legen. Auf dieses die gebackenen Radieschensprösslinge setzen. Zum Schluss die Radieschen mit etwas schwarzem Pfeffer und Kräuterspitzen von Pimpinelle garnieren.

Zutaten
FÜR 4 PERSONEN

Für den Huchen
4 Huchenfilets à 120 g, mit Haut
Salz, Pfeffer, Limonensaft
Olivenöl
20 g Butter

Für das Radieschengemüse
20 Radieschen
30 g Butter
Zucker
Salz, Pfeffer

Für die Senfsaat-Sauce
150 ml Fischvelouté classic
(siehe Grundrezept Seite 206)
1 TL Dijon- Senf
1 TL grober Senf
1 TL gegarte Senfkörner, mit Kochsud
Salz, Zucker, Limonensaft

Für das Kartoffel-Apfelpüree
120 g mehligkochende Kartoffeln
40 ml Sahne
25 g Butter
1 kleiner, reifer Apfel (Cox Orange)
Salz, Muskat

Für die Garnitur
1 Schälchen Radieschensprossen
Pimpinelle

St. Petersfisch

mit Räucherlachs-Meerrettich-Haube auf Rotweinspinat und Schalotten-Risotto

Zutaten
FÜR 4 PERSONEN

Für den Fisch
4 Filetstücke vom St. Petersfisch à 90 g
Salz, Pfeffer, Limonensaft
100 g weiße Fischfarce aus Seezunge oder Abschnitten von St. Petersfisch
(siehe Grundrezept Seite 209)
15 g fein geriebener Meerrettich
30 g Räucherlachswürfel
1 EL geschlagene Sahne

Für den Schalotten-Risotto
3 Schalotten
25 g Butter
35 ml Weißwein
50 g Risottoreis (Arborio oder Carnaroli superfino)
300 ml kräftige Hühnerbrühe
Salz, Pfeffer
2 EL geschlagene Sahne
1 EL fruchtiges Olivenöl

Für den Rotweinspinat
1 kleine Schalotte
20 g Butter
150 g blanchierte Spinatblätter
Salz, Pfeffer, Muskat
50 ml Rotwein-Butter-Sauce
(siehe Grundrezept Seite 207)

Für die Garnitur
24 dünne Streifen Räucherlachs
12 kleine Dillspitzen
Fischvelouté, Olivenöl
(siehe Grundrezept Seite 206)
1 TL Schnittlauchröllchen
40 kleine, gebackene Schalottenringe

ZUBEREITUNG

Fischfilet mit Salz, Pfeffer und Limonensaft marinieren. Die Fischfarce aufmixen, Meerrettich und Räucherlachs untermengen, geschlagene Sahne unterziehen, abschmecken. Die Masse auf den Fischfilets verteilen und zu einer gleichmäßigen Kuppel aufstreichen. Den Fisch bis zum Garen kalt stellen.

Für den Risotto die Schalotten in feine Würfel schneiden, in Butter glasig anschwitzen, mit Weißwein ablöschen und einkochen lassen. Reis zugeben, kurz angehen lassen, mit etwas Brühe ablöschen. Risotto unter häufigem Rühren langsam garen, immer wieder Brühe nachgießen. Wenn der Reis bissfest ist, mit Salz und Pfeffer würzen, bis zum Anrichten 1–2 Minuten ruhen lassen.

Für den Spinat die Schalotten in feine Würfel schneiden, in Butter hell anschwitzen. Die blanchierten und leicht ausgepressten Spinatblätter zugeben, mit Salz, Pfeffer und Muskat würzen. So erhitzen, dass die Spinatflüssigkeit verdampft. Die Rotwein-Butter-Sauce einrühren und abschmecken.

ANRICHTEN

Den Spinat auf tiefen Tellern als runden Sockel anrichten. Den in Dampf gegarten (ca. 7–9 Minuten, Kerntemperatur 48 °C) St. Petersfisch mit den Lachsstreifen und Dillspitzen garnieren und auf den Rotweinspinat setzen.

Den Risotto nochmals erhitzen, evtl. etwas Brühe zugeben, Schlagsahne und Olivenöl unterrühren, abschmecken. Der Risotto sollte cremig und leicht flüssig sein, der Reis noch Biss haben. Den Rotweinspinat damit umgießen. Fischvelouté mit Olivenöl zu einer Olivensauce aufschlagen (Verhältnis 5:1). Risotto mit 2 EL Olivensauce, Schnittlauch und Schalottenringen garnieren.

FISCH | 137

FISCH

Bretonische Felsenrotbarbe
aus dem Ofen mit Meeresfrüchte-Füllung und Kräuter-Infusion

ZUBEREITUNG

Rotbarben schuppen, vom Rücken her vorsichtig aufschneiden, Mittelgräte, Bauchgräten und Innereien entfernen. Restliche Gräten mit einer Pinzette entfernen. Fisch auswaschen, trocken tupfen, innen und außen mit Salz, Pfeffer und Limonensaft würzen. Olivenöl mit Thymian und Rosmarin verrühren, mit einem Pinsel auf die Innenseite der Rotbarbe streichen. Je 1 oval tournierte rohe Kartoffel in die Fische legen, damit eine Tasche für die Füllung entsteht.

Die Fische so in eine geölte Porzellanform setzen, dass sie sich nicht berühren. Mit Alufolie abdecken und bei 180 °C im Ofen ca. 10–12 Minuten garen. Das Fischfleisch sollte glasig sein, die Garzeit kann sich je nach Fischgröße ändern. Die Rotbarbe auf eine heiße, ovale Platte setzen und die Kartoffel entfernen.

Für die Füllung Tintenfische kurz grillen, würzen und warm stellen. Garnelenwürfel in Olivenöl kurz anbraten (sie sollten nur zur Hälfte gar sein), würzen und warm halten. Artischockenboden in kleine Ecken schneiden und in Olivenöl goldbraun anbraten, dann Bohnen, Muschelfleisch, Fenchel- und Olivenecken zugeben und erhitzen. Garnelen- und Tomatenwürfel, Salzkrautspitzen und gehacktes Fenchelkraut unterschwenken, erhitzen und abschmecken. Die Rotbarben damit füllen. Mit Tintenfisch und den Fenchelspitzen garnieren.

Kalbsjus mit Gewürzpulver aufkochen, mit Öl und Balsamico aufschlagen, nochmals erwärmen, keinesfalls kochen lassen (der Balsamico verliert sonst sein Aroma), abschmecken, an den Fisch saucieren.

Für die Kräuter-Infusion 25 ml stark reduzierten, leicht abgebundenen Geflügelfond mit ½ Bund Blattpetersilie und 1 kleinen Bund frischem Koriander mixen, durch ein feines Sieb oder Tuch passieren, mit Meersalz und Pfeffer würzen. Die Kräuter-Infusion so auf der Platte verteilen, dass sie sich nicht mit der Kalbsjus vermischt. Goldbraun gebratene Gnocchi mit den untergeschwenkten Parmesanspänen auf die Platte setzen.

Zutaten
FÜR 4 PERSONEN

Für die Rotbarben
4 bretonische Felsenrotbarben à 250–280 g
Salz, Pfeffer, Limonensaft
1 EL Olivenöl
½ TL gehackte Thymian- und Rosmarinspitzen
4 Kartoffeln

Für die Füllung
4 kleine Tintenfische
60 g Garnelenwürfel
Olivenöl, Salz, Pfeffer, Limonensaft
1 gekochter Artischockenboden
30 g weiße Bohnen
30 g grüne Bohnenstücke
50 g Bouchot-Muschelfleisch
30 g gedämpfte, kleine Fenchelecken
8 Kalamata-Oliven, geviertelt
40 g Tomatenwürfel
25 g blanchierte Passe-Pierre-Spitzen
½ TL gehacktes Fenchelkraut
4 Fenchelspitzen

Für die Balsamico-Jus
60 g kräftige Kalbsjus
(siehe Grundrezept Seite 206)
1 Msp. Fünf-Gewürze-Pulver
1 EL Olivenöl
20 ml alter Balsamico

Für die Beilage
25 ml Kräuter-Infusion
20 Gnocchi (siehe Grundrezept Seite 212)
Salz, Muskat, 1 TL Parmesanspäne

Gratinierte Lotte-Medaillons
mit Pulpo-Bolognese und Artischocken-Ragout

Zutaten
FÜR 4 PERSONEN

Für die Seeteufel-Medaillons
8 Seeteufel-Medaillons à 50 g
Salz, Pfeffer, Limonensaft, Olivenöl
je 1 Zweig Thymian- und Rosmarin
60 g Pinienkernkruste
(siehe Grundrezept Seite 211)

Für die Pulpo-Bolognese
120 ml Bouillabaisse-Sauce
(siehe Grundrezept Seite 207)
30 g passiertes Tomatenfleisch
80 g Pulpowürfel
(siehe Grundrezept Seite 210)
40 g gedämpfte Gemüsewürfel (Karotte, Lauch, Staudensellerie, Fenchel)
1 TL gehackte Blattpetersilie
Salz, Pfeffer

Für das Artischocken-Ragout
4 rohe Artischockenböden
1 Schalotte, gewürfelt
Olivenöl, Salz, Pfeffer
150 ml Artischockenfond (Artischockenherz-Blätter in Geflügelfond ausgekocht)
1 EL passierte La-Ratte-Kartoffeln
60 g Tomatenwürfel
1 EL gehackte Kräuter
(Petersilie, Kerbel, Estragon)
1 cl Pernod

Für die Garnitur
1 Bund kleiner Rucola oder
1 kleine Schale Wildkräutersalat
1 EL Basis-Dressing
(siehe Grundrezept Seite 209)

ZUBEREITUNG

Den Seeteufel würzen, Olivenöl in einer Pfanne erhitzen, Rosmarin und Thymian zugeben und die Fisch-Medaillons darin glasig braten; warm stellen.

Die Bouillabaisse-Sauce mit dem Tomatenfleisch aufkochen, Pulpo- und Gemüsewürfel zugeben und erhitzen. Blattpetersilie zugeben, abschmecken, 1–2 Minuten ziehen lassen.

Die rohen Artischockenböden in feine Ecken schneiden und mit den Schalottenwürfeln in Olivenöl goldbraun anbraten, salzen, pfeffern und mit Artischockenfond ablöschen. Artischocken bissfest garen, die Flüssigkeit mit der passierten Kartoffel binden. Zum Anrichten Tomatenwürfel, gehackte Kräuter und Pernod zugeben, durchschwenken und abschmecken.

ANRICHTEN

Das Artischockenragout auf einer flachen Platte anrichten, je 2 mit Pinienkernkruste belegte und goldbraun überbackene Lotte-Medaillons auf das Ragout setzen. Die Pulpo-Bolognese auf der einen Seite des Ragouts, den gebackenen Rucola bzw. den mild angemachten Kräutersalat auf der anderen Seite anrichten.

FISCH | 141

Nagelrochenflosse

mit Kokosreduktion und Gewürzananas auf karamellisiertem Pak-Choi

Zutaten
FÜR 4 PERSONEN

4 Nagelrochenflossen à 130–140 g
Salz, Pfeffer, Limonensaft
25 ml Rapsöl

Für den karamellisierten Pak-Choi
2 kleine Pak-Choi
30 g Rohrzucker
25 g Butter, 50 ml Wasser
10 ml Thai-Fischsauce
2 g Salz, Sezuanpfeffer

Für die Mandel-Brik
60 ml Milch, 25 g Mandelmehl
1 Eigelb
10 g gemahlene Rauchmandeln
1 Prise Rosenblättersalz
(Meersalz mit getrockneten Rosenblättern)
16 ausgestochene Brikteigblätter
(ca. 4 cm Ø)

Für die Kokosmilchreduktion
200 ml ungesüßte Kokosmilch
Schale von ½ Limone, Limonensaft
0,5 g gewürfelte Chilischote, ohne Kerne
2 g Currypaste
(siehe Grundrezept Seite 208)
Salz, Zucker

Für die Gewürz-Ananas
½ TL Rohr- oder Muscovadozucker
1 TL Sesamöl
20 Ananaswürfel (max. 1 cm)
1 TL Black Spice (1 TL Nigella,
1 TL schwarzer Sesam, 1 TL Sezuanpfeffer,
½ TL Kardamom, alles leicht rösten
und im Mörser mittelgrob zerstoßen)

ZUBEREITUNG

Die Pak-Choi-Blätter vom Strunk lösen, waschen und kurz blanchieren, in Eiswasser abschrecken und abtropfen lassen. Rohrzucker mit Butter leicht karamellisieren, mit Wasser ablöschen, klar kochen lassen, Thai-Fischsauce zugeben, einkochen und den Sirup beiseitestellen.

Für die Mandel-Brik Milch aufkochen, Mandelmehl zugeben, kurz auskochen, vom Herd nehmen, ½ Eigelb einrühren und Rauchmandeln zugeben. Mit wenig Rosenblättersalz würzen.

8 Brikteigblätter ausbreiten, restliches Eigelb mit etwas Wasser verrühren und die Teigblätter damit bestreichen. Die Mandelmasse darauf verteilen, mit je 1 Brikteigblatt belegen, rundherum gut festdrücken. Mandel-Brik bis zum Ausbacken auf eine leicht geölte Klarsichtfolie legen und kalt stellen.

Kokosmilch auf ca. 80 ml cremig einkochen, abkühlen lassen. Mit Limonenschale und -saft, Chiliwürfeln, Currypaste, Salz und Zucker verrühren, abschmecken und beiseitestellen.

Die Nagelrochenflossen würzen, mit der Innenseite nach unten bei wenig Hitze in Rapsöl zu ⅔ garen, wenden und den Fisch bei 70 °C warm stellen (dabei gart der Nagelrochen fertig durch). Immer wieder mit der Kokosreduktion bestreichen, bis diese aufgebraucht ist.

ANRICHTEN

In der Zwischenzeit Rohrzucker und Sesamöl erhitzen, Ananaswürfel zugeben, auf allen Seiten leicht anbraten, vom Herd nehmen, Black Spice zugeben und unterschwenken. Auf jedes Flossenstück 5 Ananasstücke legen. Einen feinen Pinsel in etwas Currypaste tauchen, die glasierten Rochenflossen leicht damit betupfen.

Parallel dazu den Pak-Choi im Sirup erhitzen, mit Salz und Sezuanpfeffer aus der Mühle abschmecken. Senfkohl auf heiße Teller verteilen, Nagelrochen daraufsetzen und mit je 2 in heißem Fett ausgebackenen Mandel-Brik garnieren.

144 | FISCH

Seezungenröllchen

mit Mango-Risoni und Krustentieren gefüllt auf Basilikumsauce

VORBEREITUNG

Seezungenfilets leicht plattieren und würzen. Dann je 1 Filet mit der Innenseite nach innen um einen leicht gebutterten Metallring (ca. 4 cm Ø) wickeln, von der dicken zur dünnen Fleischseite aufrollen. Röllchen in nicht zu heißem Dampf glasig garen, kurz ruhen lassen, dabei warm halten.

Für die Füllung 40 ml Hummersauce erhitzen, zuerst Risoni, dann Hummer- und Garnelenwürfel zugeben und erwärmen. Zum Schluss Mangopüree, Mango- und Gemüsewürfel und ½ TL gehacktes Basilikum zugeben. Erhitzen, aber nicht kochen lassen und abschmecken. Wenn die Füllung zu fest ist, etwas Sauce oder 1 EL geschlagene Sahne einrühren.

Für die Garnitur die Garnele in 4 Stücke schneiden, mit Salz, Pfeffer und Limonensaft marinieren. Aus Tempura, Süßwein und Vanille einen Backteig anrühren. Garnelenstücke darin wenden und ausbacken. Die Hummer-Medaillons bzw. Scherenspitzen erwärmen.

ANRICHTEN

Die Metallringe von den pochierten Seezungenfilets entfernen. Je 2 Röllchen auf einer heißen länglichen Platte anrichten und die Füllung hineingeben. Mit Hummermedaillons, Garnelenstücken, Kräuterspitzen und Erbsenschoten garnieren.

Die Fischvelouté abschmecken und mit dem restlichen, fein geschnittenen Basilikum aufmixen, die Seezungenfilets damit saucieren. Restliche Hummersauce aufschäumen und das Gericht damit garnieren.

Zutaten
FÜR 4 PERSONEN

8 frische Seezungenfilets
(von ca. 650 g schweren Seezungen)
Salz, Pfeffer, Limonensaft

Für die Füllung
80 ml Hummersauce
(siehe Grundrezept Seite 207)
60 g bissfest gekochte Risoni
(kleine Nudeln in Reisform)
60 g Würfel von gekochtem Hummer
60 g Würfel von kurz angebratenen Salzwassergarnelen
1 EL Mangopüree (aus Mangoabschnitten)
50 g Mangowürfel
20 g blanchierte Gemüsewürfel
(Karotte, Lauch, Sellerie)
4–6 Blätter frisches Basilikum

Für die Garnitur
1 Salzwassergarnele
Salz, Pfeffer, Limonensaft
1 EL Tempura, etwas Süßwein
1 Msp. Vanillemark
4 Hummerschwanz-Medaillons oder Scherenspitzen
4 kleine Spitzen Zitronenmelisse
4 kleine Sträußchen Thai-Basilikum
16 blanchierte Erbsenschotenspitzen
80 ml Fischvelouté classic
(siehe Grundrezept Seite 206)

Steinbuttfilet und Hummerschaum
im Gemüsemantel mit gefüllter

Zutaten
FÜR 4 PERSONEN

Für die Steinbutt-Roulade
120 g Hummerfarce
(siehe Grundrezept Seite 210)
1 Gemüsematte (25 x 15 cm) (aus blanchieren Streifen (ca. 5 mm breit) von grüner und gelber Zucchinischale und Karotte, farblich abwechselnd auf einer stabilen Klarsichtfolie ausgelegt)
400 g Steinbuttfilet
Salz, Pfeffer, Limonensaft

Für die Blütenzucchini
4 frische Blütenzucchini
150 g Hummersalpicon (80 g Hummerwürfel, 30 g Gemüsewürfel, 10 g Pilzwürfel, gehacktes Basilikum, gebunden mit reduzierter Hummersauce)
Salz, Pfeffer
30 ml abgeschmeckter Geflügelfond
(siehe Grundrezept Seite 204)

Für die Kaviarnudeln
30 ml abgeschmeckter Geflügelfond
(siehe Grundrezept Seite 204)
200 g bissfest gekochte Nudeln
(siehe Grundrezept Seite 213)
100 ml Hummersauce
(siehe Grundrezept Seite 207)
50 g Osietra-Kaviar
100 ml Fischvelouté classic
(siehe Grundrezept Seite 206)
getrockneter Corail

ZUBEREITUNG

Hummerfarce aufmixen und abschmecken. ⅓ der Farce als Sockel auf die leicht gesalzene Gemüsematte streichen. Das gewürzte Steinbuttfilet mit etwas Farce einpinseln und mit der Fisch-Innenseite nach unten auf die Matte legen. Mit der restlichen Farce gleichmäßig einstreichen, straff in die Klarsichtfolie und Alufolie einwickeln, bis zum Garen kalt stellen.

Bei den Zucchiniblüten den Blütenstempel entfernen, Blüten auswaschen, kurz blanchieren, in Eiswasser abschrecken, abtropfen lassen. Den Fruchtstiel fächerartig einschneiden, die Blüten mit dem Salpicon füllen und auf eine leicht gebutterte Porzellanplatte legen, kalt stellen.

Die Steinbutt-Roulade in Dampf oder im Ofen ca. 12–14 Minuten garen (Kerntemperatur 46–48 °C), kurz warm ruhen lassen, dann auspacken. Währenddessen die Zucchini mit Salz und Pfeffer würzen, ca. 30 ml Brühe angießen, mit Alufolie abdecken und im Ofen ca. 8–10 Minuten erhitzen.

Den Geflügelfond erhitzen, die Nudeln zugeben und ganz leicht nachwürzen. Die Hummersauce erwärmen, aber nicht kochen, aufmixen und den Kaviar vorsichtig einrühren.

ANRICHTEN

Die heißen Nudeln in einem Ring (ca. 6 cm Ø) auf einem heißen Teller als Sockel anrichten. Die Nudeln mit der warmen Kaviarsauce (ca. 50 °C) überziehen. Auf jeden Sockel 1 Scheibe Steinbuttroulade setzen, je 1 gefüllte Zucchiniblüte anlegen. Zum Schluss mit Hummersauce saucieren, mit getrocknetem Corail garnieren.

♛

> Statt Steinbutt können Sie auch Meerwolf, Goldbrasse oder St. Petersfisch verwenden. Mit dem Hummerschaum kann man auch Seezungenröllchen füllen oder diese als Haube von Fischfilets verwenden, d. h. damit bestreichen und souffliert servieren. Dabei unter die Hummerfarce zur Lockerung etwas geschlagene Sahne ziehen.

FISCH | 147

148 | FISCH

Atlantik-Meerwolf
mit getrüffelter Kalbsfußkruste auf Lauchpüree und Bouillabaisse-Sauce

VORBEREITUNG

Für das Püree Lauch putzen, halbieren, gut auswaschen und in kleine Stücke schneiden. Kartoffeln in feine Scheiben schneiden. Beides in Butter anschwitzen, leicht salzen, mit Geflügelfond ablöschen und abgedeckt bei schwacher Hitze weich dämpfen. Kartoffel-Lauch-Masse mit den Spinatblättern mixen und durch ein feines Sieb streichen. Mit Sahne und Butter heiß rühren, mit Salz, Pfeffer und Muskat abschmecken, bis zum Anrichten warm stellen.

Die Gemüsewürfel in Olivenöl anschwitzen, leicht würzen, Safran zugeben, mit Geflügelfond auffüllen und bissfest garen, etwas abkühlen lassen.

Den Meerwolf würzen und in Olivenöl zu ¾ fertig garen, auf eine Gratinplatte setzen. Saucenreduktion erhitzen, Kalbsfuß, Trüffelwürfel und Trüffelöl zugeben, erwärmen, fertig abschmecken und auf den Meerwolffilets verteilen. Mit Kräuter-Mie-de-Pain bestreuen und im Ofen goldbraun überbacken.

ANRICHTEN

Lauchpüree erhitzen, aufschlagen und in einen heißen tiefen Teller geben. Meerwolfsfilet daraufsetzen.

Die Bouillabaisse-Sauce erhitzen, mit Olivenöl aufmixen, mit dem Safrangemüse und den Tomatenwürfeln verrühren, nochmals erhitzen und abschmecken. Die Sauce um das Lauchpüree und den Fisch angießen. Mit Estragonspitzen und frischen Kräutern garnieren.

Zutaten
FÜR 4 PERSONEN

4 Meerwolf-Filetstücke ohne Haut à 100 g
(von ca. 2 kg schwerem Fisch)
Salz, Pfeffer, Limonensaft
Olivenöl

Für das Lauchpüree
1 mittelgroße Stange Lauch
150 g geschälte mehligkochende Kartoffeln
60 ml Geflügelfond
(siehe Grundrezept Seite 204)
4 große Spinatblätter
30 ml Sahne, 30 g Butter
Salz, Pfeffer, Muskat

Für die Bouillabaisse-Sauce
100 g Gemüsewürfel (3 mm)
(Karotte, Sellerie, Fenchel, Lauchzwiebel)
Olivenöl
0,5 g Safranpulver
50 ml Geflügelfond
(siehe Grundrezept Seite 204)
Salz, Pfeffer
150 ml Bouillabaisse-Sauce
(siehe Grundrezept Seite 207)
15 ml würziges Olivenöl
30 g Tomatenwürfel
Estragon und frische Kräuter
zum Garnieren

Für die Kalbsfußkruste
40 ml kräftig abgeschmeckte Saucenreduktion
(aus 100 ml Kalbsfuß-Schmorsauce
und 30 ml Trüffeljus eingekocht)
100 g Würfel (3 mm) von geschmortem
Kalbsfuß (siehe Grundrezept Seite 210)
25–30 g Trüffelwürfel
1–2 Tropfen Trüffelöl
1 EL Kräuter-Mie-de-Pain

Mild geräuchertes Störfilet
mit roher Gänseleber auf Kartoffel-Apfel-Rosette

Zutaten
FÜR 4 PERSONEN

400 g Störfilet
Olivenöl
Räuchermehl
1 TL Gewürzmischung (grob zerstoßener Piment, Sternanis, Koriandersamen)
12 Scheiben rohe Gänsestopfleber (ca. 2,5 mm dick)
Meersalz, Langpfeffer, Limonensaft

Für die Rosette
40 Apfelscheiben (ca. 3,5 cm Ø, 2,5 mm dick)
40 ml Apfelsaft
40 ml Verjus du Périgord
40 Kartoffelscheiben (ca. 3,5 cm Ø, 2,5 mm dick)
80 ml Geflügelfond (siehe Grundrezept Seite 204)
Salz, Pfeffer, Muskat

Für die Sauce
100 ml Geflügelvelouté (siehe Grundrezept Seite 206)
Pochierfond von den Äpfeln
Kochfond von den Kartoffeln
20 g passierte Gänseleber
8 kleine Blätter Zitronenmelisse
Salz, Pfeffer

Für die Trüffel-Bällchen
80 g passierte Kartoffeln (Kartoffelabschnitte)
25 g leicht geröstete, fein gehackte Walnusskerne
2 Tropfen Walnussöl
Salz, Muskat
15 g fein gehackte Trüffelschalen

ZUBEREITUNG

Für die Rosette die Apfelscheiben in Apfelsaft und Verjus kurz anpochieren, auf einem flachen Sieb abtropfen lassen. Kartoffelscheiben in gewürztem Geflügelfond fast fertig garen, auf einem flachen Sieb abtropfen lassen. Kartoffel- und Apfelscheiben abwechselnd auf den Tellern als Rosette (ca. 12 cm Ø) anrichten. Für die Sauce Pochier- und Kochfond zur Geflügelvelouté geben, auf 150 ml einkochen lassen, mild, süßsauer abschmecken und beiseitestellen.

Die passierte Kartoffelmasse mit den gehackten Walnusskernen und Nussöl vermengen, gut durcharbeiten, mit Salz und Muskat abschmecken und 4 Bällchen daraus formen.

Störfilet würzen und in Olivenöl zu ¾ garen, dann im heißen Rauch ca. 2 Minuten räuchern (siehe Seite 215), warm ruhen lassen (Kerntemperatur 44–46 °C).

Die Rosetten im Ofen erhitzen. Vom Störfilet für jeden Teller 4 Scheiben schneiden. Die Gänseleber mit Meersalz und Langpfeffer würzen. Abwechselnd 4 Störfiletscheiben und 3 Scheiben Gänseleber fächerartig auf die Rosette legen.

Das Gericht im Ofen nochmals kurz erwärmen, die Gänseleber darf nur Körpertemperatur erreichen. Die Sauce mit Gänseleber aufschlagen, abschmecken und das Gericht damit überziehen. Mit Zitronenmelisse bestreuen. Die Kartoffelbällchen bei niedriger Wattzahl in der Mikrowelle erwärmen, in den Trüffelschalen wälzen und auf das Gericht setzen.

> Ich habe diese Anrichteweise gewählt, weil das Gericht so geschmacklich sehr intensiv und komplex zur Geltung kommt. Sie können die Störfiletscheiben aber auch in der Mitte einer ovalen Platte auf der Sauce anrichten, eine kleine Kartoffelrosette, dazwischen die Gänseleber, darauf die Apfelrosette. Dann alles unter dem Salamander leicht glasieren, neben die Störscheiben setzen. Die Trüffelbällchen auf der anderen Seite platzieren.

FISCH | 151

152 | KRUSTENTIERE

Gegrillte Riesengarnele
mit Maispoularden-Couscous-Krokette und Tonkabohnen-Jus

ZUBEREITUNG

Die Garnelen mit Limonenschale, -öl und fein gehacktem Thymian- und Rosmarin marinieren. Bis zum Grillen abgedeckt kalt stellen.

Geflügelfond aufkochen, kräftig abschmecken, Raz el Hanout und Olivenöl zugeben, Couscous einrühren, aufkochen, dabei leicht rühren, abgedeckt ca. 6–8 Minuten ziehen lassen. Eigelb unterrühren, Oliven, gehackten Rosmarin und Thymian einarbeiten, abschmecken, in 4 Teile teilen, leicht abkühlen lassen. Jedes Teil zwischen Klarsichtfolie ausrollen (ca. 7 x 10 cm), obere Folie abziehen.

Die Poulardenbrust-Stifte mit Salz, Pfeffer und Koriander würzen, in je 1 Spinatblatt einwickeln, auf die Couscous-Matte legen und straff darin einwickeln. Die Enden schließen, bis zum Ausbacken kalt stellen.

Die Garnelenschalen in Olivenöl mild anbraten, mit Weißwein und Noilly Prat ablöschen, einkochen lassen, mit Geflügeljus, Krustentier- und Muschelfond aufgießen und 10 Minuten langsam kochen lassen, passieren und auf 100 ml einkochen. Ca. 2 Minuten vor Ende der Kochzeit Tonkabohnenpulver zugeben. Sauce ziehen lassen.

Die Couscous-Poularden-Krokette aus der Folie nehmen und in 175 °C heißem Fett ca. 3 Minuten goldbraun ausbacken (Kerntemperatur 48 °C), auf Küchenkrepp bis zum Aufschneiden warm ruhen lassen.

ANRICHTEN

Garnelen mit Meersalz und Limonenpfeffer würzen, in einer Grillpfanne beidseitig glasig garen. Je 1 Garnele auf 1 heißen Teller stellen. Kroketten an den Enden gerade abschneiden, in der Mitte schräg durchschneiden. 1 Stück neben die Garnele stellen, das andere legen.

Erwärmte Muscheln in die leicht angebratenen Artischockenböden füllen, auf den Teller setzen. Erhitzte Tonkabohnen-Sauce mixen, abschmecken, Gericht damit saucieren. Heiße Fischvelouté mit Limonensaft, -schale und Olivenöl aufmixen, abschmecken und die gefüllten Artischockenböden damit nappieren. Mit Basilikum garnieren.

Zutaten
FÜR 4 PERSONEN

Für die Riesengarnelen
4 Riesengarnelen, ohne Schale à ca. 75 g
Limonenschale, Limonenöl
½ TL Rosmarin- und Thymianspitzen
Meersalz, Limonenpfeffer, Limonensaft

Für die Couscous-Krokette
80 ml Geflügelfond
(siehe Grundrezept Seite 204)
0,2 g Raz el Hanout, 1 EL Olivenöl
35 g Couscous, 1 Eigelb
1 TL fein gewürfelte schwarze Oliven
¼ TL Rosmarin- und Thymianspitzen
4 fingerdicke Stifte (ca. 5 cm lang)
von Maispoulardenbrust à ca. 30 g
Salz, Pfeffer, Koriander aus der Mühle
4 große blanchierte Spinatblätter

Für die Tonkabohnen-Jus
Garnelenschalen, 1 EL Olivenöl
30 ml Weißwein, 20 ml Noilly Prat
50 ml Geflügeljus, 100 ml Krustentierfond
(siehe Grundrezepte Seite 206, 204)
30 ml Muschelfond (evtl. aus der Dose)
0,5 g gemahlene Tonkabohnen
Salz, Limonenpfeffer, Zucker

Für die Beilage
60 g Fleisch von bretonischen
Teppichmuscheln (evtl. aus der Dose)
oder Bouchot- oder Venusmuscheln
4 kleine gegarte Artischockenböden
35 ml Fischvelouté naturel
(siehe Grundrezept Seite 206)
Limonensaft, Limonenschale
1 EL würziges Olivenöl, Salz, Pfeffer
4 Sträußchen rotes Basilikum

Dreierlei vom Hummer

Zutaten
FÜR 4 PERSONEN

2 frische Hummer à 600 g, gegart in
Court-Bouillon (ca. 7,5 Minuten)

Hummerschere mit Krustentier-Lack
4 Hummerscheren
60 ml Hummerfond
(siehe Grundrezept Seite 204)
15 ml Hon Mirin (süßer japanischer
Kochwein), 4 ml Sesamöl
Limonensaft und -abrieb, Limonenpfeffer
Salz, Zucker, 30 g Osietra-Kaviar, Dill

Für das Wildreis-Törtchen
1 Schalotte, 40 g Butter
50 g Wildreis, 300 ml Geflügelbrühe
40 ml Sahne, 1 Eigelb
Salz, Pfeffer, Muskat

Cervelat vom Hummer
100 g Hummerfarce
(siehe Grundrezept Seite 210)
Hummerfleisch von Gliederteilen zwischen
Körper und Schere, gegart, fein gewürfelt
15 g Trüffelwürfel, 20 g Pistazienkerne
½ TL gehackter Kerbel, Salz, Pfeffer, Muskat
30 cm Schweine- oder Schafnaturdarm
(Kaliber 22/24)
200 ml gewürzter Fischfond

Für das Lauchgemüse
120 g blanchierte Lauchrauten
50 g Butter
60 ml Fischvelouté classic
(siehe Grundrezept Seite 206)
Salz, Pfeffer, Limonensaft

Warmer Hummerschwanz
4/2 Hummerschwänze

ZUBEREITUNG

Für das Wildreis-Törtchen die Schalotte würfeln und in 20 g Butter hell anschwitzen, gewaschenen Wildreis zugeben, mit Geflügelbrühe auffüllen, aufkochen, dann abgedeckt im Ofen garen (ca. 50 Minuten). Der Wildreis sollte leicht aufgeplatzt sein, die Flüssigkeit fast eingekocht. Sahne zugeben und auf starker Hitze einkochen, sodass der Reis nur noch leicht feucht ist, mit Eigelb binden, mit Salz, Pfeffer und Muskat abschmecken. Die Reismasse in rechteckige, gut ausgebutterte Förmchen (ca. 2,5 x 5 cm) füllen, kalt stellen.

Für die Hummerscheren den Hummerfond mit Hon Mirin auf ca. 30 ml einkochen, Limonenabrieb und Sesamöl einrühren, mit Limonensaft, Limonenpfeffer, Salz und Zucker abschmecken. Die erwärmten Hummerscheren immer wieder damit lackieren, bis die Reduktion aufgebraucht ist.

Für die Cervelat die Hummerfarce aufmixen, Hummerwürfel, Trüffelwürfel, gehackte Pistazienkerne und gehackten Kerbel zugeben, vermengen und abschmecken. Die Masse mit einem Spritzbeutel mit Lochtülle in den aufgezogenen Darm füllen. Kleine Würstchen von ca. 5 cm Länge abdrehen. Bei Gebrauch im 80 °C heißen Fischfond ca. 8–10 Minuten pochieren.

Für den Nudelsalat alle Zutaten vermengen und mit Salz, Zucker und einem Teil der Vinaigrette anmachen, den Salat einige Minuten durchziehen lassen.

ANRICHTEN

Zum Anrichten eine längliche heiße Platte wählen. Die Wildreis-Törtchen aus der Form nehmen und in 20 g Butter beidseitig goldbraun und knusprig anbraten. Darauf achten, dass die Törtchen auch innen heiß sind.
Je 1 auf die Platte setzen, darauf je 1 warme, lackierte Hummerschere legen. Darauf den Kaviar verteilen und mit einer Dillspitze garnieren.

Für das Lauchgemüse die Lauchrauten mit etwas Butter erhitzen, würzen und als 4 cm langen Sockel schräg in der Mitte der Platte anrichten. Auf den Lauch je 1 pochierte Hummer-Cervelat legen. Die erhitzte Velouté mit 40 g Butter aufschlagen, abschmecken und zum Schluss damit die Cervelat und den Lauch saucieren.

Den warmen Hummerschwanz auf die Platte legen. Mit einer Gabel aus dem Nudelsalat eine Nudelrolle drehen und aufrecht zwischen den Hummerschwanz setzen. Hummerschwanz und Nudelsalat mit der restlichen Vinaigrette beträufeln und mit Koriander garnieren.

Wenn Sie möchten, können Sie das Gericht noch mit den zurückgehaltenen warmen Hummerfüßen und getrocknetem, fein gehacktem Hummer-Corail garnieren.

Für den Nudelsalat
60 g bissfest gekochte
japanische Buchweizennudeln
je 15 g blanchierte Karotten-, Kaiserschoten-
und rote Paprikastreifen
20 g kurz gedämpfte Enoki-Pilze
½ Lauchzwiebel, in Ringe geschnitten
und kurz blanchiert
0,4 g fein gewürfelte rote Chilischote
¼ TL gehackter Koriander
4 Blättchen Koriander

Für die Vinaigrette
20 ml Tamari-Sojasauce, salzarm
je 10 ml Limonen- und Avocadoöl
2 g frischer Ingwer, fein gewürfelt
Salz, Zucker, Limonensaft

Zitronen-Piccata

von Krebsschwänzen mit Blumenkohl-Mandel-Püree

Zutaten
FÜR 4 PERSONEN

24 Krebse à 80–90 g
4 l Court-Bouillon
(siehe Grundrezept Seite 205)

Für den Zitronen-Piccata-Teig
4 EL Mehl, 1 Ei, 2 Eigelb, 0,2 g Safran
4 g junger geriebener Parmesan
Zitronensaft, abgeriebene Zitronenschale
Salz, gemahlener Koriander, 40 g Butter

Für das Mandel-Blumenkohl-Püree
250 g Blumenkohl, 30 g Butter
50 ml Geflügelfond, 60 ml Sahne
25 g gemahlene weiße Mandeln
15 g ungesüßte Mandelpaste
(vom Feinkosthändler)
Salz, Muskat, 25 g Butter
20 kleine blanchierte Blumenkohlröschen

Für die Sauce
250 ml Fischvelouté classic
(siehe Grundrezept Seite 206)
100 ml Krebsfond
(siehe Grundrezept Seite 204)
0,3 g Safranpulver
30 g Butter, Salz, Pfeffer, Limonensaft
25 g gehackte, gegarte Spitzmorcheln
40 g blanchierte Lauchstreifen
20 g gegarte Streifen Zitronenschale
4 Blättchen Zitronenmelisse

Für die Garnitur
20 blanchierte Karottensterne (ca. 2 cm Ø)
20 Blättchen Zitronenmelisse
1 EL gewürfeltes Zitronenfleisch
1 EL gegarte Streifen Zitronenschale
1 TL goldbraun geröstete Mandelblätter

ZUBEREITUNG

Die Court-Bouillon aufkochen, gewaschene Krebse hineingeben, aufkochen, 1 Minute ziehen lassen, in Eiswasser abschrecken (Krebse dürfen nur halb gar sein). Schwänze und Scheren ausbrechen, bei den Schwänzen den Darm entfernen. Krebsfleisch kalt stellen.

Mehl mit Ei, Eigelb, Safran und Parmesan zu einem glatten Teig verrühren, etwas Zitronensaft und -schale zugeben, mit Salz und wenig Koriander abschmecken. Der Piccata-Teig sollte cremig sein, der Parmesan nicht hervorschmecken. Bis zum Verbrauch kalt stellen.

Blumenkohl in kleine Stücke schneiden, waschen, mit Butter andünsten. Geflügelfond und Sahne zugeben, leicht salzen, zu ⅔ garen, Mandeln zugeben, fertig garen. Blumenkohl sollte nicht anbrennen. Kohl mixen, durch ein feines Sieb streichen, Mandelpaste zugeben, erhitzen, mit Salz und Muskat abschmecken. Abgedeckt warm halten.

Fischvelouté mit Krebsfond auf 250 ml einkochen, Safranpulver einrühren und auflösen, abschmecken und warm stellen.

Krebsschwänze vorsichtig durch den Piccata-Teig ziehen. Einzeln in einer Teflonpfanne mit Butter beidseitig goldbraun ausbraten. Herausnehmen und auf ein Blech setzen. Auf die Krebsschwänze 1–2 Zitronenwürfel und 2 Streifen Zitronenschale kreuzweise auflegen. Nochmals unter dem Salamander erhitzen.

ANRICHTEN

Parallel das Blumenkohl-Mandel-Püree in einem Ring (ca. 6–7 cm Ø) auf den heißen Tellern anrichten. Abwechselnd 5 warme Karottensterne und Melisseblätter auflegen. In die Mitte je 5 in Butter gebratene, gewürzte Blumenkohlröschen setzen. Mit gerösteten Mandelblättern garnieren.

Sauce erhitzen, mit Butter aufschlagen, mit Zitronensaft abschmecken, mit Morcheln, Lauch- und Zitronenstreifen und fein gehackter Melisse verrühren, nochmals erhitzen. Um das Püree die Sauce gießen und je 6 Krebsschwänze und 6 Scheren abwechselnd verteilen. Mit Safranfäden und evtl. 1 Krebsnase garnieren.

KRUSTENTIERE | 157

KRUSTENTIERE

Jakobsmuscheln
mit Langustinen-Kataifi auf Orangen-Lavendel-Chicorée

VORBEREITUNG

Chicoréeblätter mit Salz und Pfeffer würzen, mit Ascorbinsäure, gemahlenen Lavendelblüten, Honig und reduziertem Orangensaft in einen Vakuumbeutel füllen, bei 3,0 Bar Druck vakuumieren. In 90 °C heißem Dampf ca. 30–35 Minuten garen, in Eiswasser abkühlen lassen, kalt stellen. Die Chicoréeblätter sollten 1–2 Tage durchziehen.

2 Langustinenschwänze feinwürfelig schneiden, gehackte Kapern, Sardelle und Ingwer zugeben. Mit Olivenöl, Salz, Pfeffer und Limonensaft würzig abschmecken. Die 4 restlichen gewürzten Langustinen gleichmäßig damit ummanteln, dünn und nicht zu straff in Kataifiteig-Streifen einwickeln. Bis zum Ausbacken kalt stellen.

Chicoréeblätter aus dem Vakuumbeutel nehmen, auf ein Sieb geben. In einer flachen Pfanne mit etwas Marinade erhitzen, abschmecken. Restliche Marinade auf 50 ml einkochen.

Die Jakobsmuscheln mit einem Buntmesser quer durchschneiden, mit Salz, Pfeffer, ganz wenig gemahlenem Anis und Limonensaft marinieren. Mit Olivenöl in einer Teflonpfanne mit der gerippten Fleischseite zuerst goldbraun anbraten, wenden, vom Herd nehmen und in der Resthitze durchwärmen lassen.

Muschelrogen in warmer Butter garen; nicht braten, da der Rogen sonst platzt. Sesam zugeben und unterschwenken.

Die erhitzten Chicoréeblätter auf einer heißen ovalen Platte anrichten. Darauf je ¾ Jakobsmuscheln mit der gerippten Seite nach oben setzen. Auf die Jakobsmuscheln je 1 in 170 °C heißem Öl ausgebackenes Langustinen-Kataifi setzen. Chicoréeblätter mit der Orangenreduktion beträufeln, mit warmen Passe-Pierre-Spitzen und Rogen garnieren.

> Geschmacklich interessant ist es, wenn der mit Sesam gegarte Muschelrogen auf einem Zimt- oder Basilikum-Sabayon serviert wird.

Zutaten
FÜR 4 PERSONEN

Für den Orangen-Chicorée
250 g Chicoréeblätter
Meersalz, Pfeffer
0,5 g Ascorbinsäure
2 g getrocknete Lavendelblüten
20 g Lavendelhonig
200 ml Orangensaft auf 100 ml eingekocht
40 kurz blanchierte Passe-Pierre-Spitzen

Für die Langustinen-Kataifis
6 frische Langustinenschwänze
à ca. 30 g ohne Schale
3 Kapern, fein gehackt
¼ eingelegtes, gesalzenes Sardellenfilet, fein gehackt
1 dünne Scheibe Ingwer, fein gehackt
1 TL Olivenöl
Meersalz, Pfeffer, Limonensaft
Kataifi-Teig (TK-Ware)

Für die Jakobsmuscheln
6 große Jakobsmuschel-Nüsschen à ca. 60 g
Meersalz, Pfeffer, Anis, Limonensaft
Olivenöl
4 Jakobsmuschelrogen
20 g Butter
1 TL weißer Sesam

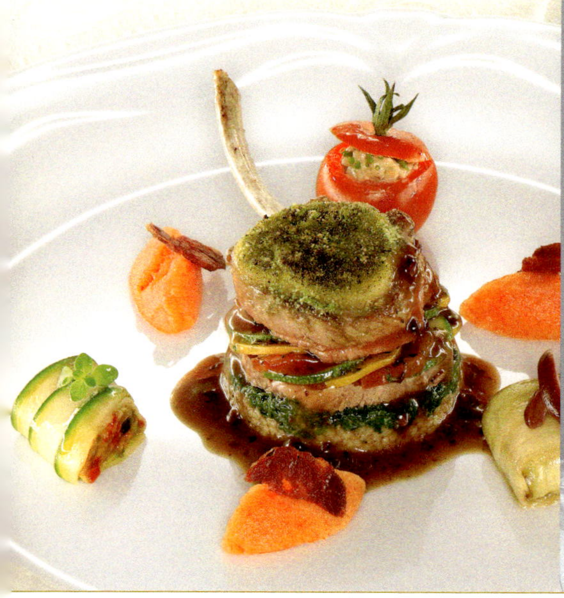
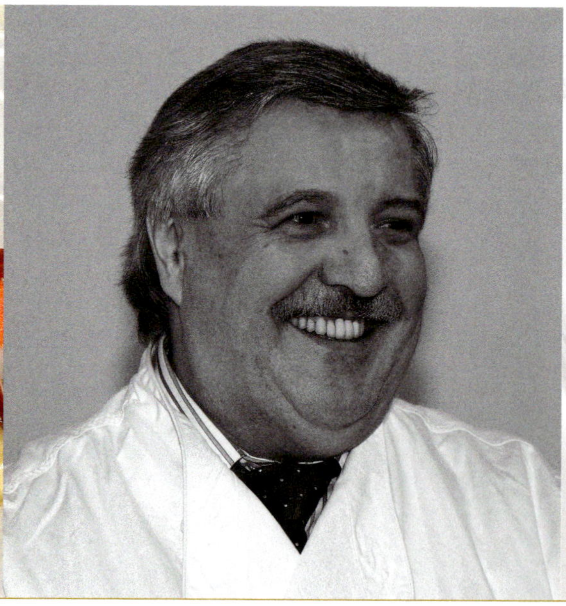
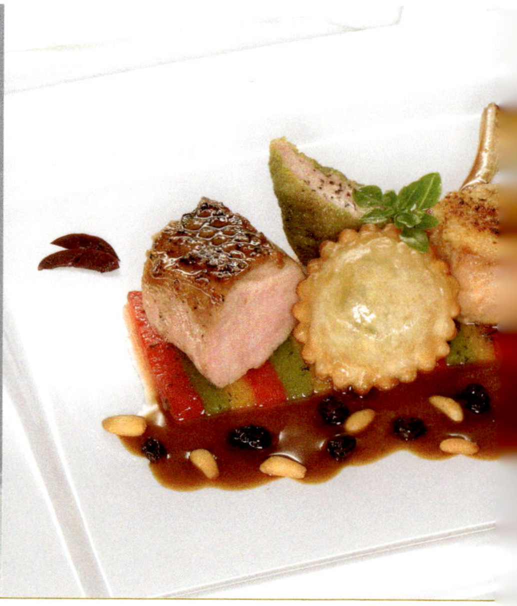

Hauptgerichte

Nierenbraten von junger Ziege
auf Lauch-Trüffel-Ragout mit Schinken-Frischkäse-Nocken

Zutaten
FÜR 4 PERSONEN

Für den Nierenbraten
1 Rücken von junger Ziege (ca. 1,2–1,4 kg)
Ziegennieren
100 g Ziegen- oder Geflügelfarce
(siehe Grundrezept Seite 209)
1 EL gehackte Kräuter
40 g gewürfelte Pökelzunge (Ziege oder Kalb)
Salz, Pfeffer, Olivenöl
1 Thymian- und Rosmarinzweig

Für die Sauce
Knochen vom Rücken, fein gehackt
150 g Röstgemüse (Karotte, Lauch, Staudensellerie)
2 Schalotten, 1 TL Tomatenmark
350 ml Kalbsjus naturel
(siehe Rezept Grundjus Seite 206)
1 Nelke, 2 Pfefferkörner, ½ Lorbeerblatt
1 Pimentkorn
40 g gedämpfte Gemüsewürfel

Für die Schinken-Frischkäse-Nocken
80 ml Milch
35 g Butter (20 g zum Anbraten)
40 g Mehl, 1 Ei, 1 Eigelb
30 g Ziegenfrischkäse
25 g Parmaschinken oder anderer luftgetrockneter Schinken
Salz, Pfeffer, Muskat

Für das Lauch-Trüffelragout
250 g Lauchrauten, 40 g Butter
50 ml Trüffeljus
80 ml Geflügelfond
(siehe Grundrezept Seite 204)
60 g Trüffel-Scheiben
Salz, Pfeffer

ZUBEREITUNG

Den Ziegenrücken so auslösen, dass Rücken und Bauchlappen je Seite ein Rechteck von ca. 16 x 8 cm ergeben. Sehnen und Fett abschneiden. Jede Niere der Länge nach vierteln. Ziegenfarce aufmixen, mit Kräutern und Zunge vermischen, auf den 2 Rechtecken verstreichen. Die Nierenstreifen, das kleine Filet und das überzählige dünne Rückenfilet auflegen. Den Rücken straff aufwickeln, mit Garn fest binden, kalt stellen.

Für die Sauce Knochen goldbraun anbraten, Fett abschütten, Röstgemüse und Schalotten zugeben, anbraten, Tomatenmark zugeben, leicht anbraten, mit Wasser immer wieder ablöschen, bis zum gewünschten Farbton einkochen lassen, mit Kalbsjus auffüllen. Ca. 1 ½ Stunden köcheln lassen, immer wieder abschäumen bzw. entfetten. Ca. 20 Minuten vor dem Passieren die grob zerstoßenen Gewürze zugeben. Nach dem Passieren die Sauce auf 150 ml einkochen und abschmecken.

Für die Nocken Milch mit 15 g Butter aufkochen, Mehl einrühren und so lange bei gleicher Hitze rühren, bis sich die Masse vom Topfboden löst. Eigelb und Ei in die heiße Masse einrühren, dann den Frischkäse. Schinken in feine Würfel schneiden, in einer Teflonpfanne ohne Fett leicht anbraten und zur Nockenmasse geben. Alles gut verrühren, mit Salz, Pfeffer und Muskat abschmecken. Kleine Nocken abstechen und in kochendem Salzwasser garen. Wenn die Nocken an die Oberfläche steigen, noch 2 Minuten ziehen lassen, herausnehmen, in Eiswasser kurz abschrecken und abtropfen lassen.

Nierenbraten würzen, in heißem Olivenöl anbraten, Hitze reduzieren, Thymian und Rosmarin zugeben, im Ofen bei 180 °C garen. Immer wieder wenden und mit Bratfett übergießen. Wenn der Braten eine Kerntemperatur von 56–58 °C hat, herausnehmen und warm ruhen lassen, Garn entfernen.

Für das Ragout die Lauchrauten mit 10 g Butter anschwitzen, leicht würzen, mit Trüffeljus ablöschen, Geflügelfond zugeben, bissfest garen. Trüffelscheiben zugeben, erhitzen, Fond mit restlicher Butter binden und abschmecken. Das Ragout darf nicht zu flüssig sein.

Ragout auf 4 heißen ovalen Platten anrichten. Darauf je 4–5 Scheiben Nierenbraten legen. Die in Butter gebratenen Nocken danebenlegen, evtl. nachwürzen. Erhitzte Sauce mit Gemüsewürfeln vermengen, abschmecken, Gericht damit saucieren, evtl. mit Thymianblüten garnieren.

HAUPTGERICHTE | 163

HAUPTGERICHTE

Souffliertes Kalbsmedaillon
und Bries-Nieren-Sauté auf Bäckerin-Kartoffel mit Estragon-Sauce

ZUBEREITUNG

Für die Bäckerin-Kartoffeln die Schalotten in Scheiben schneiden, in Butter anschwitzen und mit Jus ablöschen. Kartoffelscheiben mit Salz, Pfeffer und Muskat kräftig würzen und in die kochende Jus geben. Kartoffeln unter mehrmaligem Schwenken garen. Auf ein flaches Sieb schütten und abkühlen lassen.

4 Rechtecke (15 x 15 cm) aus Pergamentpapier schneiden und auf ein Backblech legen. Auf jedes leicht geölte Papierstück einen Ring (6 cm Ø) setzen, die Kartoffelscheiben fächerartig darumlegen, Ringe abnehmen. Restliche Kartoffelscheiben in die Mitte des Kartoffelrings legen, Schalottenringe darüber verteilen, abgedeckt kalt stellen. Jus leicht sirupartig einkochen und abschmecken.

Rübchen, Karotten und Maisspitzen in Salzwasser bissfest blanchieren, in Eiswasser abschrecken, abtropfen lassen. Pfifferlinge putzen.

Kalbsjus mit Sahne und Weißwein einkochen, bis die Sauce leicht cremig ist. Im letzten Drittel der Kochzeit die Estragonstiele zugeben. Sauce durch ein feines Sieb passieren und abschmecken.

Kalbsmedaillons würzen und in etwas Öl beidseitig goldbraun anbraten. Im Ofen bei 180 °C zu $2/3$ fertig garen. Herausnehmen, auf ein Backgitter mit Backblech darunter setzen. Farce aufmixen, mit den Pilzwürfeln mischen, geschlagene Sahne unterziehen, abschmecken. Masse kuppelartig auf die Medaillons streichen. Medaillons wieder in den Ofen schieben, fertig garen, die Pilzkuppel nach ca. 2 Minuten 1- bis 2-mal mit Eigelb bestreichen. Gleichzeitig die Bäckerin-Kartoffeln im Ofen erhitzen. Immer wieder mit der Saucenreduktion bepinseln, 1–2 EL Sauce zurückhalten. Kartoffeln sollten heiß sein, aber keine Haut ziehen.

Nieren und Bries in separaten Pfannen anbraten, Bries goldbraun, Nieren rosa. Beides würzen, in jede Pfanne 1 EL Sauce und eine Msp. gehackten Estragon geben, durchschwenken. Bäckerin-Kartoffeln vom Blech auf je 1 heißen Teller schieben. In die Mitte je 1 Medaillon setzen, im Ganzen oder halbiert. Bries und Nieren abwechselnd um das Medaillon legen. Das Gericht mit dem in Butter erhitzten, gewürzten Gemüse und den Pfifferlingen, je 1 Hahnenkamm und 1 Estragonsträußchen garnieren. Die heiße Sauce mit gehacktem Estragon kurz aufmixen, abschmecken und die Teller damit saucieren.

Zutaten
FÜR 4 PERSONEN

Für die Bäckerin-Kartoffeln
2 kleine Schalotten, 30 g Butter
120 ml Kalbsjus naturel
(siehe Rezept Grundjus Seite 206)
80 Kartoffelscheiben
(ca. 3 mm dick, ca. 3,5 cm Ø)
Salz, Pfeffer, Muskat

Für das Gemüse
12 kleine weiße Rübchen (Navettes)
12 Fingerkarotten
$12/2$ Spitzen von Minimais
12 kleine Pfifferlinge
Salz, Pfeffer, 25 g Butter

Für die Sauce
120 ml Kalbsjus classic
(siehe Grundrezept Seite 206)
60 ml Sahne, 30 ml Weißwein
1 kleines Bund Estragon
(Blätter hacken, Stiele für die Sauce)
Salz, Pfeffer

Für die Medaillons, Nieren und Bries
4 Kalbsmedaillons à 60 g
Salz, Pfeffer, Öl
40 g Kalbfleischfarce
(siehe Grundrezept Seite 209)
60 g feinwürfelige, gedämpfte Pilze
1 EL geschlagene Sahne, 1 Eigelb
12 nussgroße Stücke geputzte Kalbsniere
12 nussgroße Stücke blanchiertes, enthäutetes Kalbsbries

Für die Garnitur
4 panierte Hahnenkämme
(siehe Grundrezept Seite 213)
4 Sträußchen Estragon

Hirschkalbsrücken

auf Rouennaiser Sauce mit glasierten Kirschen, Feuilleté von Wurzelgemüsen und Maisküchle

Zutaten
FÜR 4 PERSONEN

4 Hirschrücken-Medaillons à 140–150 g
Salz, Pfeffer, Öl, 20 g Butter

Für das Feuilleté
120 g Karottenstreifen (ca. 2,5 mm dick)
120 g Staudenselleriescheiben
(ca. 2,5 mm dick)
Salz, Pfeffer
2 EL Geflügelfarce
(siehe Grundrezept Seite 209)
40 g dünne Scheiben schwarze Trüffel
1 Eigelb, 1–2 EL Mie de Pain

Für die glasierten Kirschen
100 ml Kirschsaft
1 TL Honig
1 kleiner Span von einer Zimtstange
1 Msp. Mondamin
16 Kirschen (4 entkernt mit Stiel,
Rest halbiert und entkernt)
1 cl Kirschwasser

Für die Maisküchle
1 Eiweiß
40 g Maismehl
50 ml Milch, 1 Eigelb
40 g Maiskörner
Salz, Pfeffer, Muskat
1 Mini-Maiskolben, in 8–12 Scheiben
etwas zerlassene Butter

Für die Sauce
120 ml Wildjus
(siehe Rezept Grundjus Seite 206)
je 20 ml weißer Portwein und Cognac
Salz, schwarzer Pfeffer aus der Mühle
20 g passierte Gänseleber
20 ml frisches Schweineblut

ZUBEREITUNG

Für das Feuilleté die Karotten- und Selleriescheiben in Salzwasser knackig blanchieren, in Eiswasser abkühlen und abtropfen lassen, mit Salz und Pfeffer würzen. Geflügelfarce locker aufschlagen. Eine Randform (ca. 6 x 12 cm) innen buttern und auf Pergamentpapier stellen. Karottenstreifen zurechtschneiden und in der Form als Boden auslegen. Mit wenig Farce bestreichen, Trüffelscheiben darauflegen, wieder Farce aufstreichen und mit den Selleriescheiben belegen. So lange wiederholen, bis Gemüse und Trüffel verbraucht sind. Feuilleté mit Klarsichtfolie bedecken und im Dampf ca. 12–15 Minuten garen, herausnehmen, abkühlen lassen. Dann in 4 gleichmäßige Stücke (3 x 6 cm) schneiden und in Eigelb und Mie de Pain panieren. Bis zum Ausbacken kühl stellen.

Kirschsaft mit Honig und Zimt auf 80 ml einkochen. Mondamin mit etwas Kirschsaft anrühren, die Reduktion damit leicht dickflüssig abbinden. Kirschen zugeben, kurz erhitzen, vom Herd nehmen und ziehen lassen.

Das Eiweiß aufschlagen, Maismehl mit Milch und Eigelb verrühren, passieren, Maiskörner zugeben, mit Salz, Pfeffer und Muskat würzen, den Eischnee unterziehen. 4 gebutterte Ringe in eine Teflonpfanne setzen, Pfanne erhitzen und die Maismasse einfüllen. Im Ofen zur Hälfte garen, dann mit Maiskolbenscheiben belegen und fertig garen. Aus der Form schneiden und in Butter auf der Oberseite goldbraun anbraten.

Für die Sauce Wildjus mit Portwein und Cognac auf 100 ml reduzieren, abschmecken, warm stellen. Hirschrücken würzen, beidseitig hellbraun anbraten. Im Ofen bei 180 °C rosa braten, herausnehmen, warm ruhen lassen.

ANRICHTEN

Feuilleté in heißem Öl goldbraun ausbacken und in der Mitte schräg durchschneiden. Je 1 Stück auf eine längliche Platte legen, das andere stellen. Kirschen erhitzen, Kirschwasser zugeben, Zimtspan entfernen. Kirschen auf der Platte anrichten, je 1 mit Stiel. Mit restlichem Kirschsaft nappieren. Erhitztes Maisküchlein auf die Platte setzen. Hirschmedaillons in gleichmäßige Scheiben schneiden und um die Maisküchlein legen. Wildsauce erhitzen, mit Gänseleber und Blut binden, aufmixen und abschmecken. Das Gericht damit saucieren.

HAUPTGERICHTE | 167

Challans-Entenbrust

mit gesalzenem Mispel-Kompott und Mascarpone-Polenta-Krustade

Zutaten
FÜR 4 PERSONEN

2 Challans-Enten, Keulen auslösen,
Brust an den Knochen lassen
Salz, Pfeffer, gutes Pflanzenöl

Für die Krustade
170 ml Milch
25 g Butter
Salz, Pfeffer, Muskat
50 g Polentagrieß
2 Eigelb
75 g Mascarpone
30 g Mie de Pain
1 Eiweiß
1 Eigelb
2 EL gemahlene Cornflakes
(ungesüßt)

Für das Mispel-Kompott
1 Msp. Mondamin
etwas Weißwein
60 ml weißer Portwein
20 g Honig
8 reife Mispeln
1 Mokkalöffel Meersalz
(mit Rosenblättern aromatisiert)

ZUBEREITUNG

Für die Krustade Milch mit Butter, Salz und Muskat aufkochen, Polentagrieß zugeben, unter ständigem Rühren garen, vom Herd nehmen, Eigelb einrühren und abschmecken. Polenta heiß auf ein geöltes Pergamentpapier ca. 1 cm hoch ausstreichen, auskühlen, 8 Polentataler (ca. 5 cm Ø) ausstechen.

Mascarpone mit Mie de Pain und Eiweiß verrühren, mit Salz und Pfeffer abschmecken, zum Durchziehen kalt stellen. 4 Polentataler in je 1 passenden Metallring legen. Die Mascarpone darauf verteilen. Mit einem weiteren Polentataler abschließen, leicht pressen, Ringe entfernen. Die gefüllten Polentataler vorsichtig in Eigelb und gemahlenen Cornflakes panieren, nachformen, bis zum Ausbacken kühl stellen.

Für das Kompott Mondamin mit etwas Weißwein anrühren, Portwein mit Honig aufkochen, mit dem aufgelösten Mondamin dickflüssig abbinden. Entkernte Mispeln in 8 Ecken schneiden, in den heißen Sud geben, nochmals aufkochen. Wenn die Früchte sehr reif sind, nur erhitzen. Zum Durchziehen den Topf vom Herd nehmen. Für die Sauce Entenjus mit Portwein und ein paar zerdrückten rosa Pfefferkörnern auf 150 ml reduzieren, passieren, mit Butter binden, abschmecken und warm halten.

Entenbrüste innen und außen salzen, pfeffern und auf der Hautseite in Öl knusprig anbraten, auf die Rückenseite drehen, im Ofen ca. 30–35 Minuten rosa garen (Kerntemperatur 48 °C), mehrmals mit Bratfett übergießen. Mit der Brustseite nach unten auf ein Gitter legen, ruhen lassen.

ANRICHTEN

Zum Anrichten die Entenbrust nochmal 2 Minuten regenerieren, die Haut ablösen, in feine Streifen schneiden und in der Pfanne knusprig ausbraten, auf ein Sieb schütten, leicht salzen und warm stellen. Von der Entenbrust direkt von der Karkasse dünne Scheiben herunterschneiden und auf heißen Tellern fächerförmig anrichten.

Krustade goldbraun ausbacken, halbieren und an die Brust anlegen. Mispel-Kompott erwärmen und davon je 1 Löffel rechts und links der Krustade anrichten. Auf das Kompott je 1–3 Salzblätter legen.

Die heißen Portwein-Zwiebeln, je 4 pro Teller, verteilen und mit den Salbeiblättern garnieren. Armagnac zur Sauce geben, abschmecken, die Fleischscheiben komplett damit überziehen. Entenhautstreifen auf die Fleischränder verteilen, auf die Fleischscheiben zerdrückte rosa Pfefferkörner streuen.

Wenn Sie die Keulen auch mitverwenden möchten, diese z. B. hell schmoren, mit einer Kruste (aus Oliven oder Gewürzen) überbacken und mit einem Salatbouquet, Pilz-, Artischocken- oder Bohnensalat als Vorspeise, mit frischem Wurzelgemüse, geschmortem Kohl (Wirsing, Rotkohl) oder Borschtsch-Gemüse als zweiten Gang servieren.

Für die Sauce

200 ml Entenjus
(siehe Rezept Grundjus Seite 206)

30 ml weißer Portwein

rosa Pfeffer, Salz

25 g Butter

25 ml Armagnac

Für die Garnitur

16 Perlzwiebeln, eingekocht in Portwein
(siehe Grundrezept Seite 213)

8 gebackene, kleine Salbeiblätter

rosa Pfefferkörner

Kotelett und Torte vom Salzwiesenlamm

mit gefülltem Gemüse und Chorizo-Püree

Zutaten
FÜR 4 PERSONEN

Für die gefüllte Tomate
4 Kirsch- bzw. kleine Rispentomaten
4 TL Pilz-Duxelles mit Kräutern
(feine Pilzwürfel, gedämpft u. gewürzt)

Für die Auberginen-Moussaka
1 kleine Aubergine
Salz, Pfeffer, Olivenöl
60 g Lammhaschee
(siehe Grundrezept Seite 210)
1 Prise provenzalische Kräuter
20 g Schafsfrischkäse
4/2 Oliven, ohne Kern

Für die Zucchini-Roulade
1 kleine Zucchini
60 g Ratatouille
(siehe Grundrezept Seite 212)

Für das Chorizo-Püree
50 g geschälte Kartoffeln
70 g rotes Paprikafleisch
Olivenöl
40 ml Geflügelfond
(siehe Grundrezept Seite 204)
20 g getrocknete Chorizo am Stück

ZUBEREITUNG

Für das gefüllte Gemüse Folgendes vorbereiten: Von den Kirschtomaten auf der Strunkseite einen Deckel abschneiden. Kerne mit einem Kaffeelöffel entfernen. Tomaten mit Pilz-Duxelles füllen, bis zum Gebrauch in eine mit Olivenöl bepinselte Kokotte setzen, in der auch noch Platz für das andere Gemüse ist.

Die Aubergine auf der Aufschnittmaschine der Länge nach in ca. 2–3 mm dicke Scheiben schneiden. 8 Streifen (ca. 8 cm lang und 2 cm breit) zurechtschneiden. Leicht salzen, pfeffern, mit ein paar Tropfen Olivenöl beträufeln. In einer Grillpfanne gleichmäßig grillen und garen. Je 2 Streifen in Kreuzform auf einer flachen Unterlage ausbreiten. Das kalte Lammhaschee mit 1 Prise provenzalischen Kräutern abschmecken, auf das Auberginenkreuz legen. Schafskäse darauf verteilen. Streifen darüberklappen, sodass ein Kissen entsteht. Mit je ½ Olive belegen, in die Kokotte setzen.

Für die Roulade die Zucchini in 2–3 mm dünne Streifen (8 x 1 cm) schneiden, kurz blanchieren, in Eiswasser abschrecken, abtropfen lassen. Auf Klarsichtfolie fächerartig auflegen. Ratatouille darauf verteilen und einrollen. Rolle nach dem Abnehmen der Folie in 4 gleichmäßig große Rauten schneiden, in die Kokotte geben.

Für das Püree Kartoffeln und Paprika in kleine Stücke schneiden, in Olivenöl anschwitzen, Geflügelfond angießen. Die Chorizo der Länge nach halbieren und zu den andern Zutaten geben. Paprika und Kartoffeln bei kleiner Hitze garen, Chorizo herausnehmen. Paprika und Kartoffeln mixen, durch ein feines Sieb streichen, Masse erhitzen und abschmecken. Das Püree sollte cremig, aber fest genug sein, um Nocken abstechen zu können. Wenn es zu weich ist, trocken kochen oder mit passierter Kartoffel binden.

Für die Chips die Chorizo in dünne Scheiben schneiden, nebeneinander zwischen Pergamentpapier legen, leicht beschweren. Im Ofen (180 °C) oder in einer Teflonpfanne knusprig ausbraten, auf Küchenkrepp abtropfen.

Lammrücken und Koteletts würzen und in Olivenöl mit Thymian, Rosmarin und zerdrückter Knoblauchzehe rosa braten, aus der Pfanne nehmen und warm ruhen lassen.

Für die Lamm-Torte

300 g Rückenfilet vom Salzwiesenlamm
4 Lammkoteletts vom Salzwiesenlamm
Olivensalz, Pfeffer
je 1 Zweig Thymian und Rosmarin
1 Knoblauchzehe, Olivenöl
1 Schalotte, fein gewürfelt
150 ml heller, kräftiger Lammfond
(siehe Rezept Kalbsfond Seite 204)
1 Msp. Raz el Hanout
30 g Couscous
20–25 g Gremolata
(siehe Grundrezept Seite 208)
25 g Pinienkerne, grob gehackt
15 g Butter
100 g blanchierter Blattspinat
Salz, Pfeffer, Muskat
4 Tomaten-Zucchini-Rosetten
(siehe Grundrezept Seite 213)
4 Scheiben Schalotten-Kräuter-Kruste
(siehe Grundrezept Seite 211)
Portwein-Sauce
(siehe Grundrezept Seite 207)

Für die Torte die Hälfte der Schalottenwürfel in Olivenöl anschwitzen, mit Lammfond auffüllen, Raz el Hanout und Couscous einrühren, aufkochen lassen, abgedeckt 5–6 Minuten ziehen lassen, Gremolata untermengen. Parallel dazu die grob gehackten Pinienkerne in Butter goldbraun anschwitzen, restliche Schalotten zugeben, anschwitzen, Hitze deutlich reduzieren, aufgelockerten Blattspinat zugeben, mit Salz, Pfeffer und Muskat würzen und fertig erhitzen.

In die Mitte von 4 heißen Tellern je 1 Metallring (ca. 6 cm Ø) setzen. Couscous hineingeben und leicht andrücken. Blattspinat darauf verteilen, andrücken. Lammrücken in dünne Scheiben schneiden, als Rosette auf den Spinat legen. Die Zucchini-Tomaten-Rosette im Ofen (Oberhitze) erhitzen, auf das Fleisch legen. Koteletts mit je 1 Scheibe Kräuter-Kruste bei Oberhitze ca. 1–2 Minuten goldbraun überbacken.

Das gefüllte Gemüse leicht nachwürzen, mit Olivenöl beträufeln und im Ofen erhitzen, sternförmig um die Torte anrichten. Zwischen das Gemüse je 1 Nocke Chorizo-Püree setzen, mit je 1 Chip garnieren. Ring vorsichtig abziehen, Torte mit je 1 überbackenen Kotelett belegen, mit der heißen Sauce saucieren.

172 | HAUPTGERICHTE

Zweierlei vom Hauskaninchen
auf Perlgraupen-Risotto und Gremolata-Sauce

ZUBEREITUNG

Die Kaninchenfarce aufmixen. Nieren- und Filetwürfel in Butter rosa anbraten und würzen. Mit Pistazien, Pilzen, Pökelzunge, Kräutern und ¾ der Farce vermischen, abschmecken. Kräuterflädle zu einem Rechteck schneiden und flach auslegen. ⅓ der Füllung darauf verteilen. Rückenfilets würzen, mit etwas Farce einpinseln und daraufegen. Mit der restlichen Farce gleichmäßig einstreichen. Flädle straff einrollen, in Klarsicht- und Alufolie wickeln. Flädle bis zum Garen kalt stellen.

Zum Füllen der Keulen die leicht gewürzte Leber mit etwas Farce bestreichen, je 1 Leberflügel mit je 2 Tomatenvierteln belegen und in 2 Basilikumblätter einwickeln. Innenseite der Keulen mit dem restlichen ¼ der Farce ausstreichen, mit je 1 Leberwickel füllen. Die Keulen straff in gebutterte Alufolie einwickeln und bis zum Garen kalt stellen.

Für den Risotto die Schalotte würfeln und in Butter hell anschwitzen, gewaschene Graupen zugeben, anschwitzen. Mit Geflügelbrühe auffüllen, aufkochen und am Herdrand abgedeckt langsam (ca. 30–35 Minuten) bissfest garen. In den letzten 5 Minuten Thymian, Rosmarin und Salbei hineinlegen, warm ruhen lassen. Zum Anrichten mit Öl und Kerbel verrühren und abschmecken.

Kohlrabi schälen, quer halbieren, mit einem gewellten Ausstecher (ca. 4 cm Ø) von oben nach unten ausstechen, in der Mitte aushöhlen. Mit dem Gemüse in Salzwasser bissfest blanchieren, in Eiswasser abschrecken, abtropfen lassen, das Gemüse im Geflügelfond erwärmen, würzen und in die Kohlrabihälften füllen. Mit den gedämpften und gewürzten Pilzen garnieren, mit einer Butterflocke belegen und kalt stellen.

Kaninchenkeule und Flädle im Ofen bei 190–200 °C auf einem Gitterrost garen (Keule ca. 12–15 Minuten, Kerntemperatur ca. 46–48 °C, Flädle ca. 8 Minuten, Kerntemperatur ca. 48–50 °C). Vor dem Aufschneiden kurz ruhen lassen, auspacken, abgedeckt warm halten.

Gefüllte Kohlrabi im Dampf erhitzen. Perlgraupen-Risotto erwärmen, Kräuter und Olivenöl untermengen, abschmecken. Auf 4 ovalen, heißen Platten je 1 Sockel Graupen anrichten, gefüllten Kohlrabi und je 1 Scheibe der Keule daraufsetzen. Flädle in Scheiben schneiden, fächerförmig an die Keule anlegen. Die Kaninchenjus erhitzen und mit Gremolata verrühren, das Gericht damit saucieren. Mit Kräutersträußchen garnieren.

Zutaten
FÜR 4 PERSONEN

Für die Kaninchenflädle und -keulen
1 Kaninchen (ca. 1,3–1,5 kg), ausgelöst
150 g Kaninchenfarce (Grundrezept Seite 209)
Nieren, enthäutet und gewürfelt
2 kleine Filets, fein gewürfelt, 10 g Butter
20 g fein gehackte Pistazien
25 g gedämpfte Pilzwürfel (nach Saison)
20 g feine Würfel von Kalbspökelzunge
1 EL gehackte Petersilie und Kerbel
2 Kräuterflädle (ca. 12 cm Ø)
(siehe Rezept Seite 131)
je 2 Kaninchenrückenfilets und -keulen
Kaninchenleber, in 2 Flügel geschnitten
4 Tomatenviertel von Ofentomaten
(siehe Grundrezept Seite 212)
4 große Basilikumblätter

Für den Perlgraupen-Risotto
1 Schalotte, 20 g Butter
60 g Perlgraupen, 250 ml Geflügelbrühe
je 1 Zweig Thymian, Rosmarin, Salbei
10 ml fruchtiges Olivenöl
1 TL gehackter Kerbel
Salz, Pfeffer, Muskat
100 ml kräftige Kaninchenjus
(siehe Rezept Grundjus Seite 206)
1 EL Gremolata
(siehe Grundrezept Seite 208)

Für die Beilage
2 mittelgroße Kohlrabi
4 Fingerkarotten
4 Erbsenschoten, schräg halbiert
4–8 grüne Spargelspitzen
4 kleine weiße Rübchen, tourniert
4 kleine Pilze der Saison
2 EL Geflügelfond, Butter, Salz, Zucker
Basilikum oder Brunnenkresse

Variation vom Milchferkel

auf Paprika mit gebackenen Ricotta-Ravioli und Korinthen-Sauce

Zutaten
FÜR 4 PERSONEN

Für die Paprikamatte
je 1 rote, gelbe und grüne Paprika
1 EL Olivenöl
Salz, Pfeffer, Koriander aus der Mühle
4 EL Geflügelfond, 1 EL Kräuteröl

Für die Ricotta-Ravioli
50 g Ricotta
1 EL gehackter, blanchierter Spinat
1–2 EL Sahne, Salz, Pfeffer, Muskat
16 Strudelteigblätter (ca. 4,5 cm Ø)
1 Eigelb

Für die Sauce
25 ml weißer Portwein
15 g Korinthen
120 ml Milchferkeljus
(siehe Rezept Grundjus Seite 206)
15 ml Pinienkernöl
Salz, Pfeffer
20 g geröstete Pinienkerne

Für das Milchferkel
300 g Milchferkelrücken
mit schmaler Schwarte
Erdnussöl
4 Milchferkelkoteletts à 40–50 g
2 Milchferkelfilets
Salz, Pfeffer
1 Eigelb, 1 EL Kräuter-Mie-de-Pain
Butter
4 Scheiben Pinienkernkruste
(siehe Grundrezept Seite 211)
1 EL Gewürzmarinade
(siehe Grundrezept Seite 211)
16 Olivenecken
4 gebackene Basilikumblätter

ZUBEREITUNG

Die Paprikaschoten schälen, halbieren und entkernen, je Sorte 24 Streifen (0,5 x 5 cm) schneiden. Paprikastreifen in einer flachen Teflonpfanne in Olivenöl anschwitzen, würzen, mit Geflügelfond ablöschen, abgedeckt bissfest garen, abkühlen lassen. Aus den Streifen 4 Paprikamatten (abwechselnd rot, grün, gelb) legen. Restlichen Pochierfond sirupartig einkochen, erkalten lassen, mit Kräuteröl verrühren. Paprikamatten damit immer wieder bestreichen, bis die Marinade verbraucht ist. Bis zum Erhitzen kalt stellen.

Für die Ravioli Ricotta mit Spinat und Sahne vermischen, mit Salz, Pfeffer und Muskat abschmecken. 8 Strudelteigblätter mit Eigelb bestreichen, je 1 Strudelblatt darauflegen, wieder mit Eigelb bestreichen. Füllung auf 4 Blätter verteilen, mit den restlichen 4 Blättern abdecken, gut andrücken. Ravioli mit gewelltem Ausstecher nachformen, bis zum Ausbacken auf gemehltem Pergamentpapier kalt stellen.

Für die Sauce den Portwein mit den Korinthen ca. 2 Minuten kochen, durchziehen lassen. Milchferkeljus aufkochen, mit Pinienkernöl aufschlagen, abschmecken, warm halten.

Schwarte vom Milchferkelrücken schräg und kreuzweise einschneiden, würzen. Mit etwas Erdnussöl auf der Hautseite langsam goldbraun braten, wenden und auf ein Gitter setzen. Im Bratfett die gewürzten Koteletts auf beiden Seiten anbraten, auf das Bratgitter setzen. Fleisch im Ofen bei ca. 180 °C rosa garen, herausnehmen, kurz ruhen lassen.

Die Filets würzen, in Eigelb wenden, in Mie de Pain panieren. In schäumender Butter saftig braten, kurz ruhen lassen.

Kotelett mit der Pinienkernkruste belegen, den Rücken mit der Marinade bestreichen. Beides unter Oberhitze langsam bräunen, dabei den Rücken immer wieder mit der Marinade bestreichen und goldbraun glasieren.

Parallel dazu die Paprikamatte im Ofen erhitzen, je 1 auf einem rechteckigen Teller anrichten. Darauf je 1 Kotelett und 1 Tranche Rückenfilet setzen. Mit ½ Schweinefilet, 1 gebackenen Ravioli, Olivenecken und Basilikum garnieren. Das Gericht mit der erhitzten Sauce, verrührt mit Korinthen und Pinienkernen, saucieren.

HAUPTGERICHTE | 175

176 | HAUPTGERICHTE

Jungrinderlende auf Ravioli
von roten Zwiebeln mit Markklößchen und gefülltem Kopfsalat

ZUBEREITUNG

Für die Zwiebelravioli Nudelteig dünn ausrollen, ganz mit Eigelb bestreichen. Zwiebelkompott abschmecken, auf die eine Hälfte der Teigplatte 4 Sockel (6 cm Ø) davon aufsetzen, 2. Hälfte darüberklappen. Mit der Rückseite eines Ausstechers (6 cm Ø) die Teigplatten aufeinanderdrücken, mit einem gewellten Ausstecher (8 cm Ø) 4 Teigtaschen ausstechen. Auf mehliertem Pergamentpapier kühl stellen.

Für die Markklößchen das ausgelassene, kühle Rindermark schaumig rühren, Ei, Weißbrot und Kräuter zugeben, vermengen, mit Salz, Pfeffer und Muskat abschmecken, ca. 1 Stunde ziehen lassen, 4 Klöße abdrehen.

Vom Salat die äußeren Blätter entfernen, Kopf vierteln und gut waschen. In Salzwasser mit etwas Ascorbinsäurepulver (2 g pro l) kurz blanchieren, abschrecken, abtropfen lassen. Jedes Salatviertel glatt streichen, grüne Seite nach außen, leicht würzen, Strunk abschneiden. Karotten-Chutney darauf verteilen, so zusammenwickeln, dass ein gerundetes Dreieck entsteht. In einer gebutterten Gratinform abgedeckt kalt stellen.

Für die Sticks die Ochsenschwanz- und Gemüsewürfel mit der gehackten Petersilie und der Ochsenschwanzsauce vermischen, abschmecken und auf die mit Eigelb oder Eiweiß bestrichenen Strudelblätter als Streifen verteilen. Straff einwickeln, Enden gut andrücken. Ochsenschwanzsauce mit Madeira und Burgunder auf 120 ml einkochen, mit Butter binden, abschmecken und warm halten.

Rinderlende würzen und in Erdnussöl beidseitig goldbraun anbraten, im Ofen mit Thymian und Rosmarin rosa braten. Immer wieder mit Bratfett übergießen bzw. das Filet wenden, dann warm ruhen lassen. Zeitgleich den gefüllten Kopfsalat leicht würzen, mit Butterflocken belegen, Geflügelbrühe angießen und abgedeckt im Ofen erhitzen. Zwiebelravioli in Salzwasser al dente kochen, Markklößchen in Salzwasser 8–10 Minuten pochieren.

Zwiebelravioli auf heißen Tellern anrichten. Die Rinderlende in schäumender, nussbrauner Salzbutter regenerieren, kurz in der Sauce wenden, auf die Ravioli legen. Mit dem knusprig ausgebackenen Stick, dem erhitzen Champignonkopf und Estragon garnieren. Markklößchen mit Schnittlauch bestreuen, neben die Lende legen. Gefüllten Kopfsalat mit je 2 Karottensternen und etwas Koriander garnieren und anrichten. Das Gericht abschließend mit der heißen Sauce saucieren.

Zutaten
FÜR 4 PERSONEN

4 Scheiben Jungrinderlende à 140–150 g
Salz, schwarzer Pfeffer, Erdnussöl
Thymian, Rosmarin, 20 g Meersalzbutter
4 tournierte, gedämpfte Champignonköpfe
4 Estragonsträußchen

Für die Zwiebelravioli
100 g Nudelteig, 1 Eigelb
150 g rotes Zwiebelkompott
(siehe Grundrezept Seite 212)
Salz, Pfeffer

Für die Markklößchen
45 g ausgelassenes Rindermark
45 g Ei
110 g geriebenes Weißbrot, ohne Rinde
1 TL gehackte Petersilie
Salz, Pfeffer, Muskat
1 EL Schnittlauchröllchen

Für den gefüllten Kopfsalat
1 Kopfsalat, etwas Ascorbinsäurepulver
100 g Karotten-Chutney
(siehe Grundrezept Seite 208)
20 g Butter, 1 EL Geflügelbrühe
Salz, Pfeffer, Koriander aus der Mühle
8 blanchierte Karottensterne (1 cm Ø)

Für den Ochsenschwanz-Stick
60 g kleine Würfel geschmorter Ochsenschwanz (siehe Grundrezept Seite 210)
20 g kleine, blanchierte Gemüsewürfel
1 TL gehackte Petersilie
5 ½ EL Sauce vom Ochsenschwanz
4 Strudelteig-Rechtecke (10 x 10 cm)
120 ml Sauce vom Ochsenschwanz
20 ml Madeira, 30 ml roter Burgunder
Salz, Pfeffer, 20 g Butter

Offenes Pilzomelett

mit Gemüse-Spaghettini, warm geräucherter Taubenbrust und Trüffel-Sauce

Zutaten
FÜR 4 PERSONEN

Für die Crépinette
4 Taubenkeulen, Taubenleber- und herzen
30 g Geflügelfarce
(siehe Grundrezept Seite 209)
1 TL gehackte Petersilie
Salz, Pfeffer, Olivenöl
4 Schweinenetz-Rechtecke (5 x 5 cm)

Für die Gemüse-Spaghettini
je 30 g Karotten- und Knollensellerie-Streifen
(1,5 mm dick, 10 cm lang)
40 g Thaispargel, in je 6 Streifen
20 g Butter
Salz, Pfeffer

Für die Trüffelsauce
200 ml Taubenjus
(aus Taubenkarkassen, 100 g Röstgemüse,
Gewürzen, 350 ml Geflügeljus)
50 ml Trüffelsaft
30 ml Madeira, 20 ml weißer Portwein
30 g Butter, 40 g Trüffelwürfel
Salz, Pfeffer

Für das Pilzomelett
200 g gemischte Pilze der Saison
1 Schalotte, Salz, Pfeffer, Muskat
4 Eier, 1 EL gehackte Kräuter
(Petersilie, Kerbel, Brunnenkresse)
30 g Butter, frische Kräuterspitzen

Für die Taubenbrust
4 große Étouffée-Taubenbrüste, ausgelöst
Salz, Pfeffer, Erdnussöl
Räuchermehl, 1 TL Gewürzmischung (Wacholder, Piment, Lorbeer, Nelke, Pfefferkörner, Rosmarin, Thymian)

ZUBEREITUNG

Für die Crépinette bei den Taubenkeulen die Oberknochen auslösen, Fleischteile leicht plattieren. Taubenleber und -herzen feinwürfelig schneiden und rosa anschwitzen, mit Geflügelfarce und Petersilie vermengen. Masse abschmecken und auf die Keulen streichen. Mit je 1 Schweinenetz so einwickeln, dass die natürliche Keulenform erhalten bleibt, kalt stellen.

Für die Gemüse-Spaghettini die Gemüsestreifen in Salzwasser bissfest blanchieren, in Eiswasser abkühlen, auf einem Sieb abtropfen lassen. Für die Sauce Taubenjus mit Trüffelsaft, Madeira und Portwein auf 200 ml einkochen, mit Butter binden, abschmecken und warm halten.

Für das Omelett Pilze putzen, evtl. mit Wasser abspülen, in haselnussgroße Stücke schneiden. Schalotte würfeln, in Butter hell anschwitzen, Pilze zugeben, leicht würzen und bei starker Hitze so garen, dass keine Flüssigkeit austritt. 4 Metallringe (ca. 13–14 cm Ø) in eine Teflonpfanne stellen, die Pilze hineingeben (oder Pfanne mit passendem Bodenmaß verwenden). Eier aufschlagen, mit den Kräutern verrühren, kräftig abschmecken.

Die Taubenbrüste würzen und in einer Pfanne auf der Hautseite anbraten, wenden, auf der Fleischseite die Poren schließen lassen, auf die Hautseite zurücklegen und im Ofen bei ca. 190 °C sehr rosa braten, herausnehmen, etwas ruhen lassen, dann ca. 2 Minuten räuchern (siehe Seite 215). Bis zum Aufschneiden warm ruhen lassen. Die Tauben-Crépinette im Bratfett der Taubenbrüste im Ofen fertig braten, warm halten.

Zum Garen der Omeletts die Pfanne erhitzen, etwas Ei um den Ring gießen, sodass dieses am Boden stockt und das Auslaufen der restlichen Eimasse aus dem Ring verhindert. Pfanne in den heißen Ofen stellen und das Ei stocken lassen. Das Omelett sollte saftig sein. Kurz ruhen lassen, aus dem Ring schneiden und auf einem heißen Teller anrichten. Darauf die in Butter erwärmten und gewürzten Spaghettini farblich abwechselnd verteilen. Taubenbrüste in Scheiben schneiden und je 1 Brust fächerförmig auf das Omelett legen. Je 1 Keule darauflegen.

Sauce erhitzen, Trüffelwürfel einrühren. Taubenbrust mit ein paar Tropfen Sauce beträufeln, den Rest um das Omelett herum saucieren. Mit den Kräutern garnieren.

HAUPTGERICHTE | 179

180 | HAUPTGERICHTE

Wachtelbrust im Nudelblatt

mit pochierter Gänseleber, Lauch-Karotten-Gemüse und weißem Alba-Trüffel

ZUBEREITUNG

Geflügelfarce aufmixen und abschmecken. ⅓ der Farce als Sockel auf die Spinatblätter streichen. Die Wachtelbrüste, ohne Haut und Sehnen, würzen und auf den Sockel setzen, mit restlicher Farce einstreichen und in die Spinatblätter wickeln. Nudelteig sehr dünn ausrollen, ganz mit Eigelb einstreichen. Auf die eine Hälfte der Nudelbahn die Wachtelbrüstchen auflegen, andere Hälfte darüberklappen. Teig gut andrücken. Mit einer gezackten Teigrolle die Brust mit 3–4 mm breitem Rand ausschneiden. Bis zum Garen auf leicht mehliertem Pergamentpapier kühl stellen.

Für die weiße Sauce Velouté mit Trüffelsaft und Portwein auf 100 ml einkochen, abschmecken. Für die Trüffeljus Geflügeljus mit Trüffelsaft, Portwein und Madeira auf 80 ml einkochen, mit Butter binden, abschmecken.

Für das Gemüse Karotten- und Lauchrauten in einer flachen Kasserolle in Butter anschwitzen, würzen, mit Trüffelsaft und Geflügelfond ablöschen. Bei starker Hitze schnell einkochen lassen. Wenn das Gemüse al dente ist, sollte nur noch ganz wenig Flüssigkeit übrig sein. Diese mit Butter binden, damit sie sich wie ein Film um das Gemüse legt.

Gemüse auf 4 heißen Tellern als Sockel anrichten. Parallel zur Zubereitung des Gemüses die Wachtelbrüste ca. 6–8 Minuten (Kerntemperatur 44–46 °C) in leicht kochendem Geflügelfond garen, herausnehmen und je 1 Brust auf das Gemüse legen. Die Gänseleberscheiben in Geflügelfond rosa pochieren, herausnehmen und würzen, je 1 Scheibe auf die Wachtelbrust legen.

Erhitzte weiße Sauce mit Trüffelbutter aufmixen, damit das Gericht saucieren. Heiße Trüffeljus mit Trüffelwürfeln vermengen, das Gericht damit umgießen. Am Tisch weiße Trüffel darüberhobeln.

> Die Gänseleber darf nicht zu fett sein, da sie beim Pochieren sonst zerfließt. Sie sollte ein Gewicht von ca. 650 g haben und sehr frisch sein. Statt mit Trüffel können Sie das Gericht auch mit Steinpilzen, Morcheln, Pfifferlingen oder anderen Pilzen der Saison zubereiten.

Zutaten
FÜR 4 PERSONEN

4 große Wachteln, Brust und Keule ausgelöst
80 g Geflügelfarce aus den Keulen
(siehe Grundrezept Seite 209)
4 Rechtecke (7 x 10 cm) von blanchiertem Blattspinat, ausgelegt auf Klarsichtfolie
Salz, Pfeffer
100 g Nudelteig
 (siehe Grundrezept Seite 213)
1 Eigelb
4 Scheiben Gänseleber à ca. 30–35 g
750 ml abgeschmeckter Geflügelfond zum Kochen bzw. Pochieren
20–25 g weiße Albatrüffel

Für die weiße Sauce
100 ml Geflügelvelouté
(siehe Grundrezept Seite 206)
30 ml Trüffelsaft, 20 ml weißer Portwein
Salz, Pfeffer
20 g weiße Trüffelbutter (17 g Butter, 3 g weiße Trüffelabschnitte)

Für die Trüffeljus
60 ml Geflügeljus, 30 ml Trüffelsaft
20 ml weißer Portwein, 15 ml Madeira
15 g Butter
Salz, Pfeffer
15 g gewürfelte schwarze Trüffel

Für das Lauch-Karotten-Gemüse
100 g Karottenrauten
150 g Lauchrauten
20 g Butter
Salz, Pfeffer
40 ml Trüffelsaft, 60 ml Geflügelfond

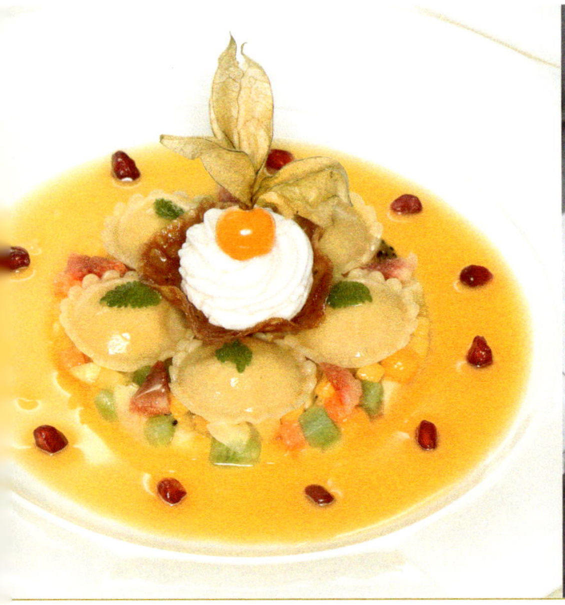
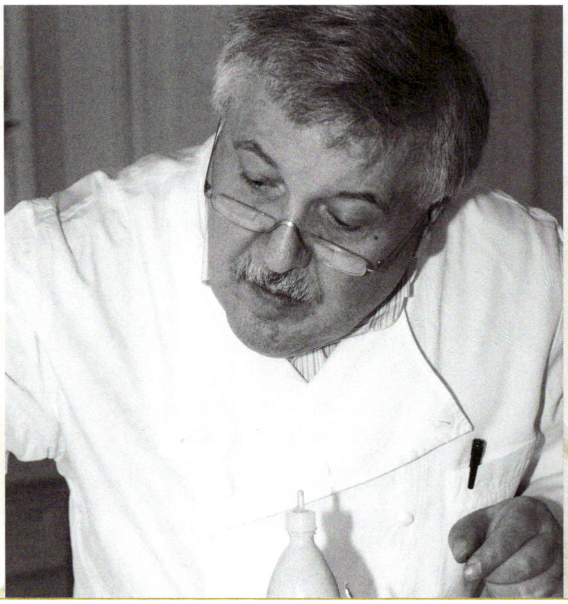
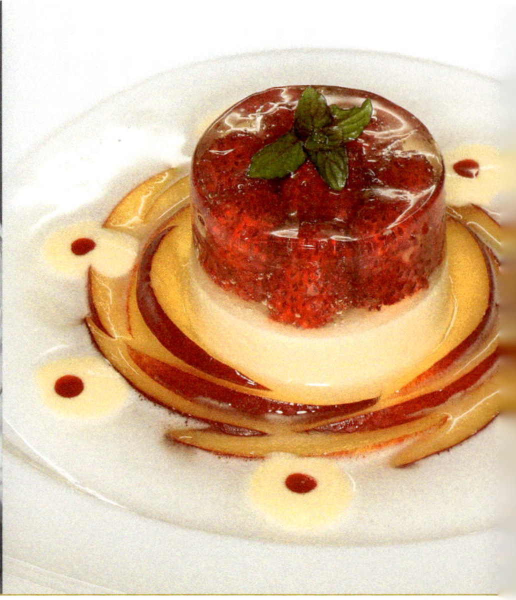

Käsegerichte & Desserts

Crottin de Chavignol

mit Bergschinken gebraten auf Salat von grünen Bohnen

Zutaten
FÜR 4 PERSONEN

Für den Ziegenkäse
4 Crottin de Chavignol, ca. 50 % Reifegrad
4 dünne Scheiben milder,
luftgetrockneter Bergschinken
Olivenöl

Für den Salat
250 g Prinzess- oder Keniabohnen
¼ Kopf feiner Friséesalat
4 kleine Blätter Radicchio
Salz, Pfeffer
2–3 EL Dressing für Gourmetsalate
(siehe Grundrezept Seite 209)

Für die Garnitur
1 TL Olivenwürfel
4 Kapuzinerkresse-Blüten
Balsamico-Reduktion

ZUBEREITUNG

Je 1 Crottin de Chavignol in 1 Scheibe Schinken einwickeln und kühl stellen. Für den Salat die Bohnen an den Enden abschneiden, in Salzwasser bissfest blanchieren, in Eiswasser abschrecken und abtropfen lassen. Die Bohnen der Länge nach vierteln. Den Friséesalat in kleine Zweige zupfen, waschen und abtropfen lassen. Die Radicchioblätter in feine Streifen schneiden.

Die Käse-Päckchen in einer Teflonpfanne in Olivenöl beidseitig goldbraun anbraten, anschließend im Ofen bei 150 °C durchwärmen, dabei mehrmals wenden. Der Käse sollte innen warm, seine Konsistenz weich sein.

ANRICHTEN

In der Zwischenzeit die Bohnenstreifen mit etwas Salz und Pfeffer würzen und mit ⅔ des Dressings anmachen. Den Bohnensalat auf Glastellern als runden Sockel anrichten, dieser sollte im Durchmesser etwas größer als der Käse sein. Den Friséesalat und die Radicchiostreifen um den Bohnensalat anrichten und mit dem restlichen Dressing beträufeln.

Den warmen Käse auf den Bohnensalat setzen, mit den Olivenwürfeln bestreuen und mit einer Blüte garnieren. Zum Schluss die Balsamico-Reduktion um den Salat herum auftupfen.

KÄSEGERICHTE | 185

186 | KÄSEGERICHTE

Warme Vacherin-Creme
mit Confit von weißen Zwiebeln und gehobeltem Trüffel

ZUBEREITUNG

Für das Confit die Zwiebelringe mit Portwein, Balsamico und Weißwein unter starker Hitze zügig einkochen, bis fast keine Flüssigkeit mehr im Topf ist, dann das Wasser zugeben. Die Zwiebeln langsam einkochen lassen. Wenn nur noch wenig Flüssigkeit im Topf ist, Butter und Honig einrühren, mit Salz und Pfeffer abschmecken und kalt stellen. Das Confit sollte nach Möglichkeit 1–2 Tage durchziehen.

Die Kartoffeln in Salzwasser kochen, schälen und bis zum Braten bereitstellen. Die Sahne aufkochen, den Käse zugeben und unter ständigem Rühren auflösen, ca. 5 Minuten warm ruhen lassen, mit Salz und Pfeffer abschmecken, evtl. mit etwas Sahne verdünnen.

ANRICHTEN

Das Zwiebelconfit erhitzen und abschmecken, mithilfe eines Metallrings (ca. 6 cm Ø) auf 4 heiße, tiefe Teller verteilen, den Ring entfernen. Auf das Confit je 2 in Butter goldbraun gebratene und gewürzte Kartoffeln setzen. Um den Zwiebelsockel herum die warme Käsecreme verteilen und mit den Schnittlauchröllchen bestreuen. Zum Schluss rohen Trüffel über das Gericht hobeln und mit Kräuterspitzen garnieren.

> Zu diesem Gericht passen weiße Alba-Trüffel perfekt, sind aber leider die teuerste Variante. Bereits 20 g davon genügen. Nur 1/10 davon kosten Sommer- oder Herbsttrüffel. Da diese aber wenig Eigengeschmack haben, sollten Sie 1–2 EL Trüffelsaft und 1–2 Tropfen Trüffelöl als Geschmacksverstärker verwenden. Die Kartoffeln können Sie vor dem Braten in hauchdünne Schinkenstreifen (luftgetrockneter Schinken) wickeln.

Zutaten
FÜR 4 PERSONEN

Für das Zwiebelconfit
150 g feine Ringe von weißer Zwiebel
20 ml weißer Portwein
10 ml weißer Balsamico
65 ml Weißwein
100 ml Wasser
15 g Butter
15 g Honig
Salz, Pfeffer

Für die Käsecreme
80 ml Sahne
200 g reifer Vacherin-Käse (ohne Rinde)
Salz, Pfeffer

Sonstiges
8 mittelgroße Kartoffeln (La Ratte oder Bamberger Hörnchen)
25 g Butter
Salz, Pfeffer
1 kleines Bund Schnittlauch, in feine Ringe geschnitten
30 g frischer Trüffel

Limonencreme-Ravioli

auf Salpicon von exotischen Früchten mit Kokos-Sorbet

Zutaten
FÜR 4 PERSONEN

Für die Ravioli
60 g Butter
100 g Vanillezucker
Saft von 2 Limonen
2 Eier
1 TL abgeriebene Limonenschale
150 g Nudelteig
(siehe Grundrezept Seite 213)
1 Eigelb

Für den Sud
100 ml Passionsfruchtmark
ca. 50 ml Läuterzucker
1 TL Mondamin, mit etwas Passionsfruchtsaft angerührt
1 Blatt Gelatine
200 ml Champagner oder Sekt

Für das Sorbet
150 ml Kokosmilch, ungesüßt
40 g Kokosmark, gesüßt
20 ml Batida de Coco
20 ml Glucosesirup
Limonensaft, Läuterzucker

Für das Salpicon
je 50 g Kiwi, Mango, Papaya, Ananas, Lychee und Banane
in Würfel (0,5 cm) geschnitten

Für die Garnitur
40 Granatapfelkerne
20 kleine Blätter Zitronenmelisse
4 Physalis (Kapstachelbeeren)
4 kleine Hippenschalen
(siehe Grundrezept Seite 213)

ZUBEREITUNG

Für die Ravioli-Füllung Butter mit Vanillezucker, Limonensaft und Eiern unter ständigem Rühren aufkochen, kalt rühren und durch ein feines Sieb streichen. Den Limonenabrieb einrühren.

Den Nudelteig hauchdünn ausrollen und mit Eigelb bestreichen. Von der Limonencreme mit einem Spritzbeutel 20 Cremehäufchen auf die eine Hälfte der Nudelbahn spritzen. Die andere Hälfte vorsichtig darüberlegen. Mit der glatten Seite eines Ausstechers (2,5 cm Ø) den Teig andrücken. Mit einem gewellten Ausstecher (ca. 3,5 cm Ø) 20 Ravioli ausstechen und auf einem leicht gezuckerten Pergamentpapier kalt stellen.

Für den Sud die Hälfte des Passionsfruchtmarks mit dem Läuterzucker aufkochen, mit angerührtem Mondamin abbinden, eingeweichte Gelatine auflösen und das restliche Mark zugeben. Je nach Säuregehalt den Sud nachsüßen und bis zum Gebrauch kalt stellen.

Kokosmilch mit Kokosmark, Batida de Coco und Glucosesirup verrühren, mit Limonensaft und Läuterzucker abschmecken und in der Eismaschine gefrieren.

ANRICHTEN

Für das Salpicon die Früchte vorsichtig mischen und mit Hilfe eines Rings (ca. 12 cm Ø) auf die Teller verteilen. Ravioli in leicht gesüßtem Wasser al dente kochen, abtropfen lassen und je 5 Ravioli sternförmig auf den Früchten anrichten. Die Mitte frei lassen.

Passionsfruchtsud kurz aufmixen, vorsichtig mit Champagner verrühren und abschmecken. Den gesamten Sud über Ravioli und Salpicon verteilen. Mit Granatapfelkernen und Zitronenmelisse garnieren. Kokossorbet als Rosette in die Hippenschalen spritzen, mit je 1 Physalis garnieren und in die Mitte des Früchtesockels setzen.

DESSERTS | 189

DESSERTS

Macadamianuss-Grieß-Schnitte
mit Herzkirschen und geeister weißer Schokolade

ZUBEREITUNG

Milch, Butter und Vanillezucker aufkochen, Grieß zugeben und unter ständigem Rühren garen, abbrennen, vom Herd nehmen, Eigelb und eingeweichte Gelatine einrühren. Grießmasse auf ein leicht befeuchtetes Pergamentpapier ca. 0,5 cm hoch aufstreichen. Die Masse kalt stellen. Nach dem Abkühlen in 12 Rechtecke (3 x 9 cm) schneiden.

Macadamianüsse mit Puderzucker mischen und auf einem Backblech im Ofen goldbraun rösten, erkalten lassen. Auf einem Blech dünn verteilen.

Portwein mit Honig aufkochen, mit Mondamin dickflüssig abbinden, Kirschen zugeben und erhitzen, vom Herd nehmen, das Kirschwasser vorsichtig einrühren, kühl stellen.

Für das Gelee Kirschsaft mit Zimtzucker aufkochen, eingeweichte Gelatine darin auflösen, Banyuls und Kirschwasser zugeben und verrühren. Flüssigkeit etwas abkühlen lassen und in ein mit Klarsichtfolie ausgelegtes Blech oder eine Form gießen, sodass ein ca. 4–5 mm hoher Geleespiegel entsteht, der nach dem Abkühlen 4 Rechtecke à 3 x 9 cm ergibt.

Für die geeiste Schokolade Milch und Sahne aufkochen, Schokolade darin auflösen, mixen und passieren. Crème de Cacao einrühren, kalt stellen.

Die Grieß-Rechtecke mit einer Seite in die gerösteten Macadamianüsse legen, leicht andrücken. Mit der Nuss-Seite nach oben auf ein Tablett legen. Auf 4 Schnitten je 1 gleich große Geleeplatte legen. Wieder eine Grießschnitte aufsetzen und mit den eingelegten Herzkirschen belegen. Mit dem kalten Sud einpinseln und eine weitere Schnitte auflegen, leicht andrücken. Die Oberseite mit Puderzucker und etwas Kakao bestäuben. Die fertigen Grießschnitten in die Mitte einer ovalen Platte setzen.

Die kalte Schokolade aufmixen und in geeiste Gläser verteilen. In jedes Glas 1 Schokoladenhalm stecken und neben die Grießschnitte stellen. Aus Mehl, Eigelb, Salz, Zucker und Weißwein einen sehr dickflüssigen Teig herstellen, durch ein feines Sieb streichen und steif geschlagenes Eiweiß unterziehen. Die gefüllten Kirschen durch den Teig ziehen, ausbacken, mit Puderzucker bestäuben und auf das warme Kirsch-Sabayon setzen. Mit ein paar Tupfern Kirschsaft garnieren.

Zutaten
FÜR 4 PERSONEN

Für die Grießschnitte
250 ml Milch
40 g Butter
40 g Vanillezucker
60 g Grieß, 2 Eigelb
1 Blatt Gelatine
80 g grob gemahlene Macadamianüsse
10 g Puderzucker

Für die Herzkirschen
60 ml roter Portwein
10 g Honig
Mondamin
20 Herzkirschen, entsteint und halbiert
1 cl Kirschwasser

Für das Gelee
180 ml Kirschsaft
20 g Zimtzucker
3,5 Blatt Gelatine
30 ml Banyuls, 2 cl Kirschwasser

Für die geeiste Schokolade
100 ml Milch, 25 ml Sahne
70 g weiße Schokolade
2 cl Crème de Cacao

Für die Garnitur
Puderzucker, Kakaopulver
4 Schokoladen-Trinkhalme
4 Kirschen mit Stiel, entkernt und mit Nougat gefüllt
2 EL Weinteig zum Ausbacken der Kirschen (aus 2 EL Mehl, 1 Ei, Salz, Zucker, Weißwein)
4 EL Kirschwasser-Sabayon (aus 1 Eigelb, 15 ml Weißwein, 10 g Zucker, 1 cl Kirschwasser)

Kürbiskern-Eisparfait
mit pochierter Nashi-Birne und gebackener Marzipan-Praline

Zutaten
FÜR 4 PERSONEN

Für das Kürbisparfait
2 Eigelb, 1 Ei
45 g Zucker
1 Blatt Gelatine
50 g Kürbiskrokant
(10 g Zucker karamellisieren,
40 g Kürbiskerne zugeben,
leicht glasieren, auf einer
Backmatte auskühlen lassen,
fein mixen)
1 EL Kürbiskernöl
200 ml Schlagsahne

Für die Birnen
500 ml Pochierfond (400 ml Wasser, 50 ml
Weißwein, 50 g Zucker, Mark von ½ Vanilleschote, 1 TL Limonensaft)
2 geschälte Nashi-Birnen

Für die Praline
20 g Pistazienmarzipan
40 g Marzipan
20 g heller Nougat
1 Eigelb
1–2 EL Mandelgrieß

Für das Sabayon
40 ml Birnen-Pochierfond
10 g Zucker, 2 Eigelb
10 ml Birnenbrand

Für die Garnitur
Puderzucker, fein gehackte Pistazien
4 Hibiskusblüten (in Sirup eingelegt)
2 EL geröstete, gemahlene Kürbiskerne
rotes Fruchtmark
4 Sträußchen Zitronenmelisse
20 geröstete Kürbiskerne

ZUBEREITUNG

Für das Parfait Eigelb, Ei und Zucker über Wasserdampf cremig aufschlagen, die eingeweichte Gelatine darin auflösen. Masse auf Eiswasser kalt rühren, Kürbiskrokant und Kürbiskernöl einrühren, geschlagene Sahne unterziehen. Parfait-Masse in eine vorgekühlte und mit Klarsichtfolie ausgelegte Dreiecks-form füllen und bei −18 °C einfrieren.

Den Pochierfond für die Birnen aufkochen, die Birnen halbieren, entkernen und fächerförmig einschneiden, in den Sud legen und so pochieren, dass die Birne noch leicht Biss hat, herausnehmen, mit einem Tuch abdecken, dieses mit Pochierfond durchnässen. 40 ml Fond für das Sabayon beiseitestellen, den Rest sirupartig einkochen.

Für die Pralinen die Marzipanmasse dünn ausrollen und rund ausstechen. 4 gleichmäßige Nougatkugeln formen, zuerst in Pistazienmarzipan, dann in Marzipan einwickeln und rund nachformen. Pralinen in Eigelb und Mandel-grieß panieren, bis zum Ausbacken kühl stellen.

ANRICHTEN

Die Birnen im Ofen erwärmen und dabei immer wieder mit dem Birnensirup bestreichen. Je 1 Birne pro Teller anrichten. Mandelpralinen goldbraun aus-backen, mit Puderzucker und fein gehackten Pistazien bestreuen, in einer geöffneten Hibiskusblüte anrichten.

Das Kürbisparfait aus der Folie nehmen, in den gemahlenen Kürbiskernen wälzen, in Scheiben schneiden und je 2 pro Teller anrichten. Birnenfond mit Zucker und Eigelb zu einem Sabayon aufschlagen, Birnenbrand zugeben. Das Dessert mit Sabayon, Fruchtmark, Zitronenmelisse und Kürbiskernen garnieren.

DESSERTS | 193

194 | DESSERTS

Glasierte Zwetschgenschnitte
mit Nougateis und Armagnac-Rosinen-Mousse

ZUBEREITUNG

Blätterteig rechteckig ausrollen, mit Zimtzucker bestreuen und nochmals touren. Teig kurz durchkühlen lassen, wieder ausrollen, kurz entspannen lassen und 4 Rechtecke (3,5 x 10 cm) ausschneiden. Auf ein mit Backpapier ausgelegtes Backblech legen, mit der Gabel mehrfach einstechen, mit Backpapier belegen, mit einem weiteren Blech beschweren und im Ofen bei 180 °C hell ausbacken, abkühlen lassen. Marzipan mit Zwetschgenwasser verkneten, ausrollen, auf die Größe der gebackenen Teigblätter zurechtschneiden und diese damit belegen.

Zwetschgen halbieren, entkernen, in dünne Scheiben schneiden und die Teigblätter damit belegen, mit etwas Zucker bestreuen und zum Backen vorbereiten.

Für das Nougateis Milch und Sahne mit Zucker aufkochen, Nougat zugeben und auflösen. Eigelb mit 1 EL Flüssigkeit über Wasserdampf aufschlagen, dann die Nougatmasse langsam, unter ständigem Rühren, auf das Eigelb schütten, Likör zugeben, Masse zur Rose aufschlagen, auf Eiswasser kalt rühren, in der Eismaschine gefrieren lassen.

Für die Mousse die Schokolade schmelzen. Eigelb mit Rosinensaft über Wasserdampf cremig aufschlagen, eingeweichte Gelatine darin auflösen. Zerlassene Schokolade und Armagnac zugeben und gut verrühren. Schokoladenmasse kalt rühren. Vor dem Stocken Rosinen und geschlagene Sahne unterziehen. Mousse in eine kalte Schüssel füllen, abdecken und kalt stellen.

Die Zwetschgenschnitte bei 200 °C im Ofen in ca. 6–8 Minuten ausbacken. Zwetschgengelee mit Läuterzucker verkochen, die Schnitten damit mehrmals bestreichen, auf einem rechteckigen Teller anrichten. Mousse mit einem Spritzbeutel mit Lochtülle auf je 3 Hippenblätter spritzen, aufeinandersetzen, mit Minze verzieren und anrichten.

Vom Nougateis 4 Nocken abstechen, Streifen von dunkler Kuvertüre aufspritzen und das Eis an die Schnitte setzen. Mit Zwetschgenmark garnieren.

Zutaten
FÜR 4 PERSONEN

Für die Zwetschgenschnitte
200 g Blätterteig
1–2 TL Zimtzucker
50 g Marzipan
10 ml Zwetschgenwasser
4–6 Zwetschgen, nicht zu reif
1 EL Zwetschgengelee
etwas Läuterzucker

Für das Nougateis
125 ml Milch
125 ml Sahne
10 g Zucker
40 g heller Nougat
3 Eigelb
10 g Haselnusslikör

Für die Mousse
75 g weiße Schokolade
2 Eigelb
Saft von den eingelegten Rosinen
1 Blatt Gelatine
15 ml Armagnac
20 g grob zerschnittene Rosinen
(in 30 ml weißem Portwein aufkochen
und ziehen lassen)
60 g geschlagene Sahne

Für die Garnitur
12 Honighippen-Blätter (ca. 4,5 cm Ø)
(siehe Grundrezept Seite 213)
4 Minzeblätter
1 EL geschmolzene, dunkle Kuvertüre
1 TL Zwetschgenmark, spritzfähig

Champagner-Süppchen
mit Walderdbeeren und Nektarinen

Zutaten
FÜR 4 PERSONEN

Für das Süppchen
½ Flasche Champagner
25 ml Läuterzucker (1:1)
2 Blatt Gelatine
Saft von ½ Limone
1 EL Walderdbeermark

Für das Törtchen
100 ml Champagner
15 g Zucker
2 Eigelb
1,5 Blatt Gelatine
75 g geschlagene Sahne
32–36 schöne, reife Walderdbeeren
(weniger schöne, aber reife Beeren
für das Mark verwenden)
180 ml Rosé-Champagner
1 EL Läuterzucker (1:1)
3 Blatt Gelatine

Für die Garnitur
2 reife Nektarinen oder Pfirsiche
1 EL Vanillezucker
4 Sträußchen Minze
2–3 EL kaltes Champagner-Sabayon
(aus 1 Eigelb, 10 g Zucker,
25 ml Champagner)
1 EL Erdbeermark

ZUBEREITUNG

Für das Süppchen 100 ml Champagner mit Läuterzucker erhitzen, eingeweichte Gelatine darin auflösen, Limonensaft zugeben, leicht durchrühren und kalt stellen. Restlichen Champagner kalt halten.

Für das Törtchen Champagner mit Zucker und Eigelb über Wasserdampf cremig aufschlagen (Masse muss 72–75 °C haben), eingeweichte Gelatine zugeben, auflösen. Masse auf Eiswasser kalt rühren. Kurz vor dem Stocken die Sahne unterziehen. Creme in vorbereitete gekühlte Metallringe (ca. 6 cm Ø) verteilen, kalt stellen.

Wenn die Creme fest ist, die Walderdbeeren aufrecht in die Ringe setzen. 2 EL Rosé-Champagner mit Läuterzucker erhitzen, eingeweichte Gelatine darin auflösen, restlichen Rosé-Champagner vorsichtig einrühren, sodass die Perlage erhalten bleibt. Das Gelee abkühlen lassen, die Beeren damit übergießen. Sie sollten komplett mit dem Gelee bedeckt sein. Die Törtchen kalt stellen.

Von den Nektarinen gleichmäßige Ecken ausschneiden, mit Vanillezucker einzuckern. Die Törtchen vorsichtig aus den Ringen nehmen. Ring dazu kurz unter heißes Wasser halten. Je 1 Törtchen in die Mitte eines tiefen, sehr kalten Tellers setzen, mit Minze garnieren. Nektarinenfilets fächerförmig um das Törtchen legen.

Für das Süppchen den Ansatz kurz mit Walderdbeermark aufmixen, restlichen Champagner vorsichtig einrühren und um die Törtchen gießen, Champagner-Sabayon tropfenweise einspritzen, in das Sabayon je 1 Tropfen Erdbeermark spritzen.

> Das Dessert können Sie ebenso gut mit Sekt zubereiten und die Früchte je nach Saison variieren. Die Suppe kann auch erst am Tisch eingegossen und das Sabayon extra dazu serviert werden.

DESSERTS | 197

198 | DESSERTS

Warmer Vanilleflan
mit Tamarillo-Butter-Sauce, Curry-Banane und Ananas-Sorbet

ZUBEREITUNG

Für den Flan Milch, Sahne, Vanillezucker, Zitronenabrieb, Vanillemark, Ei und Eigelb verrühren. Flan-Masse in gebutterte Timbal-Formen füllen. In 80–85 °C heißes Wasser stellen (Füllung und Wasserbad müssen die gleiche Höhe haben, damit der Flan richtig garen kann) und im Ofen bei ca. 160 °C ca. 50 Minuten pochieren (Druck oder Nadelprobe machen). Die fertigen Flans leicht abkühlen und ruhen lassen.

Für die Curry-Bananen Kokosmilch mit Currypulver erhitzen, Pulver auflösen. Die Milch erkalten lassen, mit Bananenpüree verrühren. Brikteig-Blätter auslegen, mit Eiweiß bestreichen. ⅓ des Pürees als Streifen auf die Blätter streichen. Darauf je 1 geschälte Banane legen, mit dem restlichen Bananen-Curry-Püree bestreichen und straff in Brikteig einrollen. Enden fest andrücken, bis zum Ausbacken kalt stellen.

Für das Sorbet Wasser, Zucker und Glucose aufkochen, erkalten lassen und mit dem Ananaspüree verrühren. Mit Limonensaft abschmecken und in der Eismaschine gefrieren lassen.

ANRICHTEN

Den Flan in der Form in heißem Wasser oder Dampf erwärmen, ausschneiden und vorsichtig auf einen Glasteller stürzen.

Banane in heißem Fett ca. 30 Sekunden ausbacken, Enden abschneiden, von der restlichen Banane 3–4 Stücke schneiden, mit Puderzucker oder Kokospulver bestäuben und nebeneinander halbrund auf dem Teller anrichten.

Tamarillo-Püree mit Rohrzucker aufkochen, mit Butter aufmixen, abschmecken und den Flan zur Hälfte damit nappieren, mit Melisse garnieren. Teller mit der restlichen Tamarillo-Butter und einem Streifen Joghurtsauce verzieren.

Je einen Mandelbogen auf den Teller setzen, darauf eine Nocke Ananas-Sorbet geben, mit je 1 Ananas-Chip garnieren.

Zutaten
FÜR 4 PERSONEN

Für den Vanilleflan
75 ml Milch
75 ml Sahne
30 g Vanillezucker
etwas abgeriebene Zitronenschale
Mark von 1 Vanilleschote
2 Eier, 2 Eigelb

Für die Curry-Banane
1 EL Kokosmilch
0,5 g Currypulver
5 reife Minibananen (1 Banane pürieren)
4 Brikteig-Blätter (ca. 10 x 10 cm)
1 Eiweiß
Puderzucker oder Kokospulver

Für das Ananas-Sorbet
25 ml Wasser, 25 g Zucker
10 g Glucose
150 g Ananaspüree, Limonensaft

Für die Tamarillo-Butter-Sauce
100 g passierte Tamarillo
50 g Rohrzucker
40 g Butter

Für die Garnitur
4 Sträußchen Zitronenmelisse
1 EL Joghurtsauce (Joghurt mit Zucker und Limonensaft verrührt)
4 Mandelbögen
(siehe Grundrezept Hippenmasse Seite 213, statt 100 g Mehl, 60 g Mandelgrieß und 40 g Mehl verwenden)
4 Ananas-Chips
(siehe Grundrezept Seite 213)

Maronen-Soufflé

mit Banyuls-Feige und geeistem Cappuccino

Zutaten
FÜR 4 PERSONEN

Für das Soufflé
25 g Butter
1 Eigelb
10 g Vanillezucker
25 g Maronenpüree
10 g Schokoladenraspeln
10 ml Rum
15 g gemahlene Haselnüsse
45 g süße Brösel
2 Eiweiß
20 g Vanillezucker
1 EL flüssige Butter
Streuzucker
Zucker für die Förmchen

Für den geeisten Cappuccino
1 Eigelb
30 ml kräftiger Espresso
oder 25 g löslicher Kaffee
15 g Vanillezucker
10 ml weißer Rum
70 g geschlagene Sahne
50 ml Milch
10 g Vanillezucker
½ Blatt Gelatine
50 ml Sahne

Für die Banyuls-Feigen
2 reife, frische Feigen
100 ml Banyuls, sehr gute Qualität
50 ml roter Portwein
30 g Feigenpüree

Für die Garnitur
4 Sträußchen Minze
etwas gehobelte, dunkle Schokolade
Puderzucker

ZUBEREITUNG

Für das Soufflé Butter mit Eigelb und Vanillezucker schaumig rühren, Maronenpüree, Schokoladenraspeln, Rum, Haselnüsse und Brösel unterrühren. Die Auflaufmasse kühl durchziehen lassen.

Für den Cappuccino Eigelb mit Espresso und Vanillezucker über Wasserdampf schaumig aufschlagen, eingeweichte Gelatine darin auflösen, Masse kalt rühren. Vor dem Stocken den Rum einrühren und die geschlagene Sahne unterziehen. Parfaitmasse in 4 vorgekühlte Gläser füllen. Diese nur zu etwa ⅔ auffüllen, sodass später der weiße Milch-Sahne-Schaum noch Platz hat. Gläser in die Tiefkühltruhe stellen.

2 EL Milch mit Zucker erhitzen, eingeweichte Gelatine darin auflösen. Restliche Milch und Sahne dazugießen, verrühren und kalt stellen.

Feigen enthäuten und in 8 Ecken schneiden. In eine flache Form legen. 50 ml Banyuls mit Portwein auf 50 ml einkochen, heiß über die Feigen gießen, abgedeckt kalt stellen und durchziehen lassen.

4 Auflaufformen gut buttern und zuckern. Auflaufmasse gut durchrühren. Eiweiß mit Vanillezucker steif schlagen. Eischnee in 3 Arbeitsgängen (rühren, ziehen, heben) unter die Auflaufmasse heben. Die Auflauf-Förmchen damit zu ⅔ füllen. Die Förmchen in ein flaches Behältnis stellen, das mit ca. 1 cm heißem Wasser gefüllt ist. Soufflés bei ca. 170 °C ca. 20–25 Minuten im Ofen garen (Nadelprobe machen).

In der Zwischenzeit die Feigen in der Marinade erwärmen, auf ein flaches Sieb gießen. Den abgetropften Sud mit Feigenpüree und restlichem Banyuls verrühren.

Je 4 Feigenecken auf einen Teller legen, mit Banyuls-Sauce nappieren, mit Minze garnieren. Restliche Sauce zum Garnieren zurückhalten.

Cappuccino-Gläser aus dem Eis nehmen, Parfait leicht temperieren lassen. Milch-Sahne-Mischung sehr schaumig aufmixen und auf das Kaffee-Parfait verteilen (bei Bedarf Schaum mehrmals auffüllen). Mit Schokoladenhobeln bestreuen. Je 1 Glas auf den Teller stellen. Das Soufflé aus dem Ofen nehmen, aus den Förmchen in ein Tuch stürzen, sofort auf den Teller setzen und mit Puderzucker bestäuben.

DESSERTS | 201

DESSERTS

Passionsfrucht-Joghurt-Törtchen

mit Himbeergelee und Rahmeis von Edelmandeln

ZUBEREITUNG

Für das gelbe Parfait 2 EL Passionsfruchtmark mit Zucker aufkochen. Darin die eingeweichte Gelatine auflösen, das restliche Passionsfruchtmark unterrühren. Kurz vor dem Stocken die geschlagene Sahne unterziehen, in die vorbereiteten Metallringe (ca. 5 cm Ø) füllen, kalt stellen.

Für das weiße Parfait 2 EL Joghurt mit Zucker aufkochen. Eingeweichte Gelatine darin auflösen, restlichen Joghurt einrühren, mit Limonensaft abschmecken. Kurz vor dem Stocken die geschlagene Sahne unterziehen.

Die weiße Joghurtmasse auf das gestockte, gelbe Parfait gießen, gut durchkühlen lassen. Auf das fest gewordene Parfait je 8 Passionsfruchtkerne legen. 1 EL Passionsfruchtmark mit Zucker erhitzen. Die eingeweichte Gelatine darin auflösen, restliches Fruchtmark einrühren und auf 30 °C abkühlen. Gelee auf dem Parfait verteilen, weiter durchkühlen lassen.

Für das Himbeergelee 3 EL Himbeerpüree mit Zucker aufkochen. Darin die eingeweichte Gelatine auflösen. Champagner und restliches Himbeerpüree einrühren. Masse auf ein Blech, ausgelegt mit Klarsichtfolie, 0,5 cm hoch gießen, kalt stellen.

Für das Eis Milch, Sahne, Mandelpaste und Pistazien aufkochen. Parallel Eigelb mit Zucker schaumig aufschlagen. Die Mandelsahne vorsichtig unter ständigem Rühren in die Eigelbmasse gießen, zur Rose abziehen, kalt rühren, Amaretto zugeben, in der Eismaschine gefrieren lassen.

Die Törtchen aus der Form nehmen, Ringe dazu kurz unter heißes Wasser halten. Auf eine längliche Platte setzen, mit Minze garnieren. Vom Himbeergelee mit einem gewellten Ausstecher (ca. 3,5 cm Ø) 12 Taler ausstechen. Mit einem kleinen, runden Ausstecher (ca. 1,5 cm Ø) die Mitte ausstechen, sodass eine Himbeer-Bordüre entsteht. Je 3 Ringe schräg nebeneinander auf die Platte setzen. In jeden Ring 1 Himbeere, mit der Öffnung nach oben, stellen. Restliches Himbeergelee fein hacken oder durch eine Kartoffelpresse drücken, mit ein paar Tropfen Himbeergeist oder Champagner verrühren und in die Himbeeren füllen.

Auf jede Platte 1 Hippenschale setzen. Das Eis mit einem Spritzbeutel mit Sterntülle als Rosette einspritzen. Evtl. mit Himbeermark und gehackten Pistazien verzieren.

Zutaten
FÜR 4 PERSONEN

Für das gelbe Parfait
30 g Passionsfruchtmark
20 g Zucker
1 Blatt Gelatine
30 g geschlagene Sahne

Für das weiße Parfait
75 g Joghurt
15 g Zucker
1 Blatt Gelatine
Limonensaft
35 g geschlagene Sahne

Für das Passionsfruchtgelee
32 Passionsfruchtkerne
70 g Passionsfruchtmark
25 g Zucker, 1 Blatt Gelatine

Für das Himbeergelee
250 g Himbeerpüree
25 g Vanillezucker
3,5–4 Blatt Gelatine
50 ml Champagner

Für das Rahmeis
100 ml Milch
100 ml Sahne
15 g Mandelpaste
15 g gehackte Pistazien
2 Eigelb
40 g Zucker
1 cl Amaretto

Für die Garnitur
4 Sträußchen Minze
12 Himbeeren
4 Hippenschalen
(siehe Grundrezept Seite 213)

Grundrezepte

Fonds und Consommés

GEMÜSEFOND

150 g Karotten, 100 g Sellerie, 150 g Lauch, 100 g Petersilienwurzel, 100 g Champignons, 1 Tomate, 30 g geschälte Schalotten, 1 Kerbelstiel, 1 Lorbeerblatt, 1 Nelke, 2 Pfefferkörner, 2 Pimentkörner, ein paar Korianderkörner, 700 ml stilles Mineralwasser Fenchelkraut

ZUBEREITUNG: Das Gemüse waschen und klein schneiden. Mit den zerstoßenen Gewürzen in einen Topf geben, mit Mineralwasser auffüllen und aufkochen. Ca. 20 Minuten bei ca. 95 °C Wassertemperatur ziehen lassen. Durch ein feines Tuch passieren.

KALBSFOND NATUREL

1 kg Kalbsknochen, 250 g Kalbfleischabschnitte (oder Schulterfleisch), 150 g Bouquet garni (Karotten, Sellerie, Lauch, Petersilienwurzel), 50 g Champignons, Kerbelstiele, ½ Lorbeerblatt, 1 Nelke, 2 Pfefferkörner, 2 Pimentkörner

ZUBEREITUNG: Kalbsknochen- und Fleisch kurz blanchieren. Mit 3 l kaltem Wasser auffüllen, aufkochen lassen, Schaum und Fett entfernen. Kalbsfond ca. 2 ½ Stunden langsam kochen lassen. Ca. ½ Stunde vor dem Passieren Gemüse, Pilze, Kerbelstiele und die zerstoßenen Gewürze zugeben. Nach Ende der Kochzeit den Fond durch ein feines Tuch passieren und auf 1,2–1,5 l einkochen.

GEFLÜGELFOND NATUREL

1 frisches Suppenhuhn (ca. 2,5 kg), 250 g Bouquet garni (Karotte, Sellerie, Lauch, Petersilienwurzel und Kerbelstiele), 60 g Champignons, 1 Lorbeerblatt, 2 Nelken, 4 Pfefferkörner, 4 Pimentkörner

ZUBEREITUNG: Das Suppenhuhn gut waschen, in kleinere Stücke schneiden bzw. hacken. Mit 4 l kaltem Wasser auffüllen, zum Kochen bringen, den Eiweißschaum und Fett immer wieder abschöpfen. Den Geflügelfond ca. 2 Sunden langsam köcheln lassen. Ca. 30 Minuten vor dem Passieren das Bouquet garni, die klein geschnittenen Champignons und die zerdrückten Gewürze zugeben. Nach Ende der Kochzeit den Geflügelfond durch ein feines Tuch passieren und auf max. 2 l einkochen.

FISCHFOND NATUREL

2 kg Fischgräten und Abschnitte (z.B. Seezunge oder Steinbutt, keine Fettfische), 40 ml Olivenöl, 200 g Wurzelgemüse (Karotten, Lauch, Staudensellerie), Stiele von Petersilie und Kerbel, 2 Schalotten, 1 Lorbeerblatt, 2 Nelken, 4 zerdrückte Pfefferkörner, 1 kleiner Zweig getrocknetes Fenchelkraut

ZUBEREITUNG: Die Fischgräten- und Abschnitte gut waschen, zerkleinern und in Olivenöl anschwitzen. Das klein geschnittene Gemüse zugeben, mitanschwitzen und so mit Wasser auffüllen, dass die Gräten knapp bedeckt sind. Zum Kochen bringen und immer wieder den Fischeiweiß-Schaum abschöpfen. Fond bei ca. 95 °C 35–40 Minuten ziehen lassen. Ca. 15 Minuten vor dem Passieren die Gewürze und das Fenchelkraut zugeben, aber kein Salz. Fischfond durch ein feines Tuch passieren. Dann auf ca. 1 l einkochen.

FISCHFOND CLASSIC

Zutaten siehe Fischfond naturel. Außerdem 200 ml trockener Weißwein, 150 ml Noilly Prat

ZUBEREITUNG: Zubereitung wie Fischfond naturel. Die angeschwitzten Gräten und das Gemüse mit Wein und Vermouth ablöschen, kurz einreduzieren lassen, mit Wasser auffüllen. Wie bei Fischfond naturel weiterverfahren.

KRUSTENTIERFOND NATUREL

(Hummer, Langusten, Krebse, Garnelen etc.)
50 g Karotten, 50 g Lauch, 50 g Schalotten, 40 g Staudensellerie, 1 kg Krustentierkarkassen, Olivenöl, 80 g Tomatenmark, 2 l Geflügelfond naturel, 1 Lorbeerblatt, 2 Nelken, 4 zerdrückte Pfefferkörner, 1 kleiner Zweig Fenchelkraut

ZUBEREITUNG: Das Gemüse waschen und in haselnussgroße Stücke schneiden, Karkassen zerstoßen und in Olivenöl leicht anrösten, Gemüse- und Schalottenwürfel zugeben, anschwitzen, Tomatenmark zugeben, mit Geflügelbrühe auffüllen. Aufkochen und abschäumen. Die zerdrückten Gewürze zugeben. Den Fond ca. 30 Minuten ziehen lassen, durch ein Tuch passieren und auf 1 l einkochen. Zum weiteren Gebrauch bereithalten oder portionsweise einfrieren.

COURT-BOUILLON

4 l Wasser, 500 g Gemüse (Lauch, Sellerie, Karotten), Petersilienstiele, 2 in Scheiben geschnittene Schalotten, 1 Lorbeerblatt, 4 Pfefferkörner, 2 Nelken, 15 g Meersalz

ZUBEREITUNG: Alle Zutaten ca. 10 Minuten zusammen kochen, dann passieren.

GEFLÜGELCONSOMMÉ

300 g schieres Geflügel-Keulenfleisch, 150 g Wurzelgemüse (Karotte, Lauch, Sellerie, Petersilienwurzel), 2 Eiweiß, Eiswürfel, 2 l Geflügelfond naturel, Kerbelstiele, ½ Lorbeerblatt, 1 Nelke, 2 Pfefferkörner, 4 Pimentkörner, 4 Korianderkörner

ZUBEREITUNG: Das Geflügelfleisch mit dem Wurzelgemüse durch den Fleischwolf (grobe Scheibe) drehen. Masse mit Eiweiß und ein paar Eiswürfeln verrühren. In einen passenden Kochtopf geben. Darauf den kalten, entfetteten Geflügelfond gießen. Das Ganze unter fast ständigem, langsamem Rühren zum Kochen bringen (Klärmasse und Eiweiß dürfen nicht anbrennen). Wenn der Klärprozess bei ca. 75 °C einsetzt, nur noch ganz vorsichtig rühren. Sobald die Consommé kocht, nicht mehr rühren. Die Consommé bei schwacher Hitze nur noch langsam sieden lassen, Fett sorgfältig abschöpfen. Ca. 15 Minuten vor dem Passieren Kerbel und zerdrückte Gewürze zugeben. Nach Ende der Kochzeit die Consommé durch ein feines Tuch passieren, nochmals aufkochen, dann kalt stellen. Von der fertigen Consommé das restliche erkaltete Fett abschöpfen.

FISCHCONSOMMÉ

300 g weißes Fischfleisch (z. B. Zander), 250 g Wurzelgemüse (Karotte, Lauch, Sellerie, Petersilienwurzel) Petersilienstiele, je 1 Kerbel- und Korianderstiel, 2 Eiweiß, 1 l Fischfond classic, 1 l Geflügelfond naturel, 1 Lorbeerblatt, 1 Nelke, 2 Pfefferkörner, ⅕ Sternanis

ZUBEREITUNG: Das Fischfleisch mit Gemüse und Kräuterstielen durch die grobe Scheibe eines Fleischwolfes drehen. Diese Masse mit ein paar Eiswürfeln und dem Eiweiß verrühren. In einen passenden Kochtopf füllen. Kalten Fisch- und Geflügelfond dazugießen. Unter ständigem, langsamem Rühren aufkochen lassen. Die zerdrückten Gewürze zugeben. Die Consommé ca. 1 Stunde bei kleiner Hitze ziehen lassen, durch ein feines Tuch passieren, abschmecken, nochmals aufkochen und bis zum weiteren Gebrauch kalt stellen.

ESCABÈCHE-SUD

150 ml Fischfond, 30 ml Weißwein, 20 ml Noilly Prat, 8–10 ml Weißweinessig, 1 Schalotte, 1 kleine Lauchzwiebel, ½ Lorbeerblatt, je 1 kleiner Zweig Rosmarin und Thymian, 1 g zerdrückte Korianderkörner, 2 g Zitronenschale, 2 zerdrückte Pfefferkörner

ZUBEREITUNG: Für den Sud die Flüssigkeiten mit Schalotte, Lauchzwiebel und Gewürzen aufsetzen und ca. 10 Minuten langsam kochen lassen, durch ein feines Sieb passieren.

OCHSENSCHWANZ-CONSOMMÉ

3 kg Ochsenschwanz, Pflanzenöl, 500 g Röstgemüse (Karotte, Lauch, Staudensellerie), 200 g junge Zwiebeln, 120 g Tomatenmark, 3 l Wasser, 4 l Rinderbrühe, ½ Lorbeerblatt, 3 Wacholderbeeren, 4 Pfefferkörner, 2 Nelken, 3 Pimentkörner, je 1 Zweig Thymian und Rosmarin, 1,5 kg schiere Rinderhesse, 150 g Wurzelgemüse (Karotte, Lauch, Sellerie, Petersilienwurzel), 4 Eiweiß, Eiswürfel, ½ Lorbeerblatt, 3 Pfefferkörner, 1 Nelke, 2 Wacholderbeeren, 4 Pimentkörner

ZUBEREITUNG: Ochsenschwanzstücke in Öl goldbraun anbraten, Fett abschütten, das haselnussgroß geschnittene Gemüse und Zwiebeln anrösten, Tomatenmark zugeben, leicht anbraten, immer wieder mit etwas Wasser ablöschen und reduzieren, bis der gewünschte Farbton erreicht ist. Mit Wasser und Rinderbrühe auffüllen, aufkochen und den Ochsenschwanz weich kochen. Die Brühe sorgfältig abschäumen bzw. abfetten. Ca. eine halbe Stunde vor Ende der Kochzeit die zerstoßenen Gewürze zugeben. Wenn das Fleisch weich ist, herausnehmen und abkühlen lassen. Fond durch ein feines Tuch passieren und kalt stellen. Fleisch vom Knochen lösen, Fett und Knorpel entfernen, warm in eine Pressform geben, unter Druck bis zur Verwendung kalt stellen. Zum Klären der Ochsenschwanzbrühe die Rinderhesse mit dem Wurzelgemüse durch die grobe Scheibe eines Fleischwolfes drehen, mit Eiweiß und ein paar Eiswürfeln so lange verrühren, bis eine Bindung entsteht. Klärmasse in einen hohen Topf geben, mit der kalten Brühe aufgießen. Unter ständigem Rühren zum Kochen bringen, die Hitze reduzieren und die Brühe ca. 1 ½ Stunden ziehen lassen. Fett regelmäßig abschöpfen. Ca. 20 Minuten bevor die Consommé abpassiert wird, die zerstoßenen Gewürze zugeben. Die geklärte Ochsenschwanzsuppe vorsichtig durch ein feines Tuch passieren, nochmals aufkochen, sofort weiterverwenden oder nach dem Abkühlen einfrieren.

GEFLÜGELRAHMSUPPE
¼ Stange in Ringe geschnittener Lauch, 50 g Karottenscheiben, 50 g Selleriewürfel, 50 g Schalottenwürfel, 100 g Champignons in Scheiben, 30 g Butter, 125 ml Weißwein, 50 ml Noilly Prat, 500 ml Sahne, 1 l Geflügelfond, 3 Pimentkörner, Salz, Pfeffer, Limonensaft
ZUBEREITUNG: Das Gemüse mit Schalotten und Champignons in Butter hell anschwitzen, mit Weißwein und Noilly Prat ablöschen, mit Sahne und Geflügelfond auffüllen, die zerstoßenen Pimentkörner zugeben, 40 Minuten kochen lassen, passieren und abschmecken.

Jus und warme Saucen

ANSATZ GRUNDJUS NATUREL
1 kg fein gehackte Knochen des jeweiligen Grundproduktes, 250 g Fleisch oder Fleischabschnitte des jeweiligen Grundproduktes, etwas Öl, 170 g Mirepoix (Röstgemüse aus Karotte, Lauch, Sellerie, Petersilienwurzel), ½ Gemüsezwiebel, 30 g Tomatenmark, Gewürze wie Lorbeer, Nelke, Pfefferkörner, bei Wild Wacholderbeeren und Thymian, bei Geflügel Pimentos und Koriander, bei Lamm Knoblauch, Rosmarin und Thymian, bei hellem Fleisch Rosmarin und Salbei
ZUBEREITUNG: Die Knochen und Fleisch mit Öl in einem Bräter im Ofen goldbraun anrösten, Bratfett abschütten, Röstgemüse und Zwiebel zugeben und gleichfalls goldbraun anrösten, Tomatenmark zugeben, leicht anbraten, dann mit etwas Wasser ablöschen und wieder einreduzieren lassen. Diesen Vorgang so lange wiederholen, bis der gewünschte Farbton erreicht ist. Mit 2 l kaltem Wasser auffüllen, aufkochen lassen, Eiweißschaum und Fett immer wieder sorgfältig entfernen. Jus ca. 3 Stunden langsam kochen lassen. Etwa ½ Stunde vor dem Passieren die zerdrückten Gewürze zugeben. Nach Beendigung des Kochvorganges die Jus durch ein feines Sieb oder Tuch passieren. Die Jus auf 500 ml einkochen. Diese Grundsauce ist die Basis für den Ansatz der eigentlichen Sauce.

♕

KALBSJUS CLASSIC
Zutaten siehe Grundjus naturel. Außerdem 100 ml Weißwein, 25 ml roter Portwein, 25 ml Madeira, 50 g Butter, Salz, Pfeffer
ZUBEREITUNG: Die Kalbsjus wie die Jus naturel ansetzen. Das angeschwitzte Gemüse mit Weißwein ablöschen, einreduzieren und wie bei der Jus naturel fortfahren. Nach dem Passieren Portwein und Madeira zugeben und alles auf 450 ml einkochen lassen. Mit der Butter binden und abschmecken.

GEFLÜGELVELOUTÉ
¼ Stange in Ringe geschnittener Lauch, 50 g Karottenscheiben, 50 g Selleriewürfel, 50 g in Scheiben geschnittene Champignons, 50 g Schalottenwürfel, 30 g Butter, 100 ml Weißwein, 30 ml Noilly Prat, 750 ml Geflügelfond, 500 ml Sahne, 200 g Crème double, 3 Pimentkörner, ½ Lorbeerblatt, 1 Nelke, 2 weiße Pfefferkörner, Salz, Pfeffer, Limonensaft
ZUBEREITUNG: Das Gemüse in Butter anschwitzen, mit Weißwein und Noilly Prat ablöschen, einkochen lassen, mit Geflügelfond, Sahne und Crème double auffüllen. Die zerstoßenen Gewürze zugeben und die Velouté ca. 40 Minuten kochen lassen, passieren und auf die gewünschte Konsistenz einkochen, abschmecken und für die Bindung kurz durchmixen.

♕

ANSATZ FISCHVELOUTÉ NATUREL
2 kleine Schalotten, 100 g Lauch, 50 g Butter, 500 ml Fischfond naturel, 200 ml Sahne, 100 g Crème double, ½ Lorbeerblatt, 1 Nelke, 2 zerdrückte Pfefferkörner, 1 Petersilienstiel, 2 Kerbelstiele, Salz, Pfeffer, Limonensaft
ZUBEREITUNG: Die geschälten Schalotten und den gewaschenen Lauch in Scheiben schneiden, in Butter hell anschwitzen, mit Fischfond ablöschen, Sahne, Crème double, Gewürze und Kräuterstiele zugeben. 45 Minuten kochen lassen, durch ein feines Sieb passieren, auf ca. 400 ml einkochen und kalt stellen.

♕

FISCHVELOUTÉ CLASSIC
Zutaten siehe Fischvelouté naturel. Außerdem 125 ml trockener Weißwein, 50 ml Noilly Prat
ZUBEREITUNG: Das Gemüse anschwitzen, mit Weißwein und Noilly Prat ablöschen, einkochen lassen, mit Fischfond etc. auffüllen und weiterverfahren wie bei der Fischvelouté naturel. Es sollte nach dem Einkochen ca. 600 ml fertige Velouté vorhanden sein.

Mild abschmecken und kalt stellen. Diese Sauce ist die Basis für die Zubereitung von Hauptsaucen.

♛

HUMMERSAUCE
1 kg Hummerkarkassen, 2 EL Olivenöl, 25 ml Cognac, 130 g Wurzelgemüse (Karotte, Lauch, Staudensellerie, Fenchel), 2 Schalotten, 100 g Tomatenmark, 25 ml Noilly Prat, 80 ml Weißwein, 350 ml Geflügel- oder Rinderjus naturel, 350 ml Hummerfond, 500 ml Sahne, 200 g Crème double, ½ Lorbeerblatt, 3 Pfefferkörner, 1 Nelke, 1 kleiner Zweig Fenchelkraut, 2 Pimentkörner, ⅙ Sternanis, Salz, Pfeffer, Limonensaft
ZUBEREITUNG: Hummerkarkassen zerstoßen und in Olivenöl heiß anbraten, mit Cognac flambieren, Gemüse zugeben, anschwitzen, Tomatenmark zugeben, anschwitzen, mit Noilly Prat und Weißwein ablöschen, einreduzieren lassen. Mit Brühe, Fond, Sahne und Crème double auffüllen, aufkochen lassen. Zerdrückte Gewürze zugeben. Sauce langsam ca. 35 Minuten kochen lassen. Sauce passieren und auf die gewünschte Konsistenz (ca. 1 l) einkochen, abschmecken, kurz durchmixen. Die Sauce sollte cremig und doch leicht sein.

♛

BOUILLABAISSE-SAUCE (BASIS)
1 kg Felsenfische (Mittelmeerfische), 100 g Schalotten, 100 g frischer Fenchel, 100 g Lauch, 50 g Karotten, 50 g Staudensellerie, 100 g Kartoffeln, Olivenöl, 70 ml Noilly Prat, 100 ml Weißwein, 50 g Tomatenmark, 2 Fleischtomaten, 500 ml Wasser, 1 l Fischfond, 1 l Geflügelfond, 0,5 g Safranpulver, 1 Knoblauchzehe, 1 Lorbeerblatt, 1 Nelke, 6 Pfefferkörner, 1 kleiner Zweig getrocknetes Fenchelkraut, Schale von ¼ Zitrone, Salz, Pfeffer, Limonensaft, Pernod
ZUBEREITUNG: Die Fische schuppen, ausnehmen und die Flossen entfernen. Bei den Fischköpfen Kiemen und Augen entfernen. Fische in größere Stücke schneiden. Alle Gemüse haselnussgroß schneiden und in Olivenöl anschwitzen, mit Noilly Prat und Weißwein ablöschen, einreduzieren lassen. Tomatenmark und frische Tomaten zugeben, mit Wasser, Fisch- und Geflügelfond auffüllen, aufkochen. Safranpulver und die zerdrückten Gewürze zugeben, langsam kochen lassen. Die Fischstücke in Olivenöl goldbraun anbraten und in den Sud legen. 25–30 Minuten bei mittlerer Hitze kochen lassen. Die Bouillabaisse-Sauce durch ein feines Sieb passieren; gut ausdrücken. Die Sauce auf 1,5 l einkochen. Bis zur Verwendung bereithalten bzw. in kleineren Mengen einfrieren. Sauce bei Gebrauch evtl. mit etwas Stärke oder Olivenöl nachbinden und abschmecken.

♛

ROTWEIN-BUTTER-SAUCE
750 ml Rotwein, 200 ml roter Portwein, 80 g Schalottenwürfel, ½ Lorbeerblatt, 4 zerdrückte Pfefferkörner, je 1 kleiner Zweig Rosmarin und Thymian, 70–80 g Butter, Salz, Pfeffer
ZUBEREITUNG: Alle Zutaten auf 100 ml einkochen, passieren, die kalte Butter nach und nach einrühren. Sauce mit Salz und Pfeffer aus der Mühle abschmecken.

♛

SAUCE FÜR DIE LAMM-TORTE
1 kleine Schalotte, 20 ml Weißwein, 30 ml weißer Portwein, 150 ml Lammjus naturel, ¼ TL gehackte Rosmarin- und Thymianspitzen, 25 ml mildes Olivenöl, Salz, Pfeffer
ZUBEREITUNG: Die Schalotte fein würfeln und in Öl hell anschwitzen, mit Weißwein und Portwein ablöschen, Lammjus zugeben und auf 120 ml einkochen. Die Sauce mit Öl binden, die Kräuter zugeben und abschmecken.

Kalte Saucen und Pasten

MAYONNAISE
1 Eigelb, 1 Msp. Senf, Zitronensaft, 150 ml sehr gutes Tafelöl, Salz, Pfeffer

ZUBEREITUNG: Das Eigelb mit Senf und Zitronensaft verrühren. Das Öl tropfenweise einrühren. Sollte die Mayonnaise zu dick werden, mit ein paar Tropfen warmem Wasser verdünnen. Mit Salz und Pfeffer abschmecken.

KRUSTENTIER-MAYONNAISE

150 ml Krustentieröl, 1 Eigelb, Salz, Pfeffer, Limonensaft, 1–2 EL geschlagene Sahne
ZUBEREITUNG: Das Krustentieröl tropfenweise in das Eigelb einrühren. Falls die Mayonnaise zu dick wird, mit ein paar Tropfen warmem Wasser verdünnen. Mit Salz, Pfeffer und Limonensaft abschmecken. Kurz vor Gebrauch geschlagene Sahne unterziehen.

BOTTARGA-MAYONNAISE

1 Eigelb, Limonensaft, 60 ml Traubenkernöl, Salz, Pfeffer, 30 g Bottarga (von der Meeräsche; Thunfisch-Bottarga ist etwa doppelt so teuer und meist etwas salziger), 10 ml Weißwein, 10 ml Geflügelfond
ZUBEREITUNG: Aus Eigelb, Limonensaft, 50 ml Öl und Gewürzen eine Mayonnaise herstellen. Bottarga, restliches Öl, Wein und Fond mixen, passieren und mit der Mayonnaise verrühren.

PESTO

15 g goldbraun geröstete Pinienkerne, 25 g Basilikumblätter, 5 g Petersilienblätter, 15 g geriebener junger Parmesan, 75 ml gutes Olivenöl mit leicht grasigem Geschmack, 2,5 g Salz, Pfeffer, 2 ml Himbeeressig
ZUBEREITUNG: Die Pinienkerne fein zerreiben, mit den fein gehackten Basilikum- und Petersilienblättern, Parmesan und Olivenöl verrühren, mit Salz, Pfeffer und Himbeeressig abschmecken. In einem verschließbaren Gefäß kühl lagern. Pesto möglichst wenig Licht und Hitze aussetzen.

THAI-CURRY-GEWÜRZPASTE

½ blanchierte, fein gehackte Knoblauchzehe, ½ rote, fein gehackte Thai-Chili-Schote ohne Kerne, 15 g frischer, fein geriebener Ingwer, 15 g fein geriebene Galgantwurzel, 2 fein geschnittene Innenblätter Zitronengras, 1 fein gehacktes Kaffirlimettenblatt, 3 fein gehackte Blätter Minze, 6 fein gehackte Blätter Koriander, 1 g fein zerstoßener Kardamom, 3 g fein zerstoßener Sezuanpfeffer, 5 g fein zerstoßene Koriandersamen, ½ fein zerstoßener Sternanis, 1 Msp. Safran, 5 g Currypulver, 100 ml Erdnussöl, 20 ml Sesamöl, 30 ml Palmöl
ZUBEREITUNG: Alle Gewürze fein mixen und mit den Ölen verrühren. Paste kühl lagern und in den ersten 2 Tagen mehrmals umrühren.

SAUCE GRIBICHE

1 hart gekochtes Ei, 1 Msp. Dijonsenf, 100 ml feines Tafelöl, 1 Bund Schnittlauch, Salz, Pfeffer, Limonensaft
ZUBEREITUNG: Das Eigelb mit Senf verrühren, Öl tropfenweise einrühren. Eiweiß würfeln, Schnittlauch fein schneiden und beides mit dem Eigelb verrühren. Mit Salz, Pfeffer und Limonensaft abschmecken.

TRÜFFELREMOULADE

2 Eigelb, 2 EL Trüffelsaft, 1 TL Trüffelöl, 40 ml Traubenkernöl, 80 ml mildes Olivenöl, Salz, Pfeffer, Limonensaft, 12 g feine Trüffelwürfel, 2 g fein gehackte Kapern, ½ gekochtes, feinwürfelig geschnittenes Ei, 1 TL gehackter Kerbel
ZUBEREITUNG: Das Eigelb mit Trüffelsaft verrühren, die Öle tropfenweise einrühren, mit Salz, Pfeffer und Limonensaft abschmecken, die restlichen Zutaten zugeben und unterrühren, fertig abschmecken und kalt stellen.

GREMOLATA

50 g feine Olivenwürfel, 50 g feine Würfel von getrockneten Tomaten, je 10 g fein gehackte Zitronen- und Limonenschale, 2 g fein zerriebene Knoblauchzehe, 10 g fein gehackte Blattpetersilie, 60 ml gutes Olivenöl
ZUBEREITUNG: Alle Zutaten mit dem Olivenöl verrühren und abgedeckt kalt stellen.

KAROTTEN-CHUTNEY

40 g Schalottenwürfel, 1 EL Palmöl, 150 g Karottenwürfel, 20 g Rohrzucker, 30 ml Noilly Prat, 3 g gewürfelter frischer Ingwer, 5 g Pektin, 25 g Mandelpüree, Salz, Koriander aus der Mühle
ZUBEREITUNG: Schalottenwürfel in Palmöl anschwitzen, Karottenwürfel und Rohrzucker zugeben, hell glasieren, mit Noilly Prat ablöschen, Ingwer und Pektin zugeben, bei wenig Hitze garen. Zum Schluss das Mandelpüree einrühren, mit Salz und Koriander abschmecken. In ein kleineres Gefäß umfüllen und kalt stellen.

Dressings und Marinaden

DRESSING FÜR BLATT- UND KRÄUTERSALATE
150 ml bestes Olivenöl, mit frischem, leicht grasigem Geschmack, 25 ml milder Sherryessig, 10 ml Balsamico-Essig, 5 g Salz, 2,5 g Zucker, 1 Prise Pfeffer aus der Mühle

DRESSING FÜR GOURMETSALATE
35 ml Traubenkernöl, 10 ml Haselnussöl, 75 ml bestes, mildes Olivenöl, 45 ml Balsamico-Essig, 2 ml Sherryessig, 5 g Salz, 1 Prise Zucker, etwas Pfeffer aus der Mühle

HIMBEER-SAHNE-DRESSING
25 ml Himbeeressig, 5 ml weißer Balsamico-Essig, 90 ml Olivenöl, 25 ml Traubenkernöl, 10 ml Haselnussöl, 40 g Himbeermark, 50 ml flüssige Sahne, 6 g Salz, 5 g Zucker, 0,3 g weißer Pfeffer

BASIS-DRESSING
100 ml kräftiger Geflügelfond oder Mineralwasser für Vegetarier (evtl. leicht abbinden), 10 ml Limonensaft, 10 ml Sherryessig, 20 ml weißer Balsamico-Essig, 100 ml Olivenöl, 50 ml Traubenkernöl, 50 ml Rapsöl, 8 g Salz, 3 g Zucker, 0,5 g Pfeffer

OLIVENÖL-DRESSING
Zutaten siehe Basis-Dressing. Statt Traubenkernöl 150 ml Olivenöl verwenden.

VANILLE-DRESSING
100 ml kräftiger Geflügelfond, 25 ml weißer Portwein, 10 g Honig, 10 ml Sherryessig, 10 ml Himbeeressig, 100 ml Distelöl, 50 ml Traubenkernöl, Mark von 1 Vanilleschote, 6–8 g Salz, 2 g Zucker, 0,5 g weißer Pfeffer

GRUNDDRESSING FÜR FISCH
50 ml reduzierter Fischfond, 50 ml reduzierter Geflügelfond, 90 ml ligurisches Olivenöl, 50 ml Distelöl, 10 ml Limonensaft, 10 ml Champagner-Essig, 10 ml weißer Balsamico-Essig, 5–6 g Salz, 2 g Zucker, 0,3 g Pfeffer, abgeriebene Schale von ¼ Limone

ZUBEREITUNG FÜR ALLE DRESSINGS: Alle Zutaten gut aufschlagen, abschmecken, in eine verschließbare Glasflasche abfüllen und kalt stellen. Vor dem Gebrauch nochmals gut durchschütteln.

♛

SCHALOTTEN-VINAIGRETTE
5 Schalotten, 150 ml Geflügelfond, 20 ml Sherryessig, 5 ml Balsamico-Essig, 120 ml Olivenöl, 25 ml Haselnussöl, 8 g Salz, 2 g Zucker, 1 Prise Pfeffer aus der Mühle
ZUBEREITUNG: Die Schalotten klein schneiden, mit Geflügelfond auf 125 ml einkochen, mixen und durch ein feines Sieb passieren, mit den restlichen Zutaten aufmixen, abschmecken und kalt stellen.

♛

TRÜFFEL-MARINADE
100 ml Kalbs- oder Geflügelfond (je nach Verwendung), 50 ml reduzierter Trüffelsaft, 100 ml umbrisches Olivenöl, 15 ml Balsamico-Essig, Salz, Pfeffer
ZUBEREITUNG: Den Fond auf 50 ml einkochen, mit den restlichen Zutaten aufschlagen, abschmecken und kalt stellen. Evtl. noch 2 ml Trüffelöl zugeben. Sie können die Marinade mit 25 g Trüffelwürfeln verfeinern, weiße Alba-Trüffel oder schwarze Perigord-Wintertrüffel über das Gericht hobeln.

Farcen

FLEISCHFARCE
200 g Fleisch ohne Haut und Sehnen, 1 Ei, 150 ml Sahne, Salz, Pfeffer und Gewürze passend zum Gericht

KANINCHENFARCE
200 g schieres Kaninchenfleisch (ohne Haut und Sehnen), 1 Ei, 150 ml Sahne, Fünf-Gewürze-Pulver, 3 cl Sherry, Salz, Pfeffer

FISCHFARCE
200 g schieres Fischfleisch, 1 Ei, 175 ml Sahne, Salz, Pfeffer, Muskat

ZUBEREITUNG: Für die Farcen das klein geschnittene, gut gekühlte Fleisch mit den anderen Zutaten fein mixen, durch ein Sieb streichen und kalt stellen. Vor der Weiterverarbeitung aufmixen und abschmecken. Evtl. die Konsistenz mit Sahne verändern.

HUMMERFARCE
250 g rohes Hummerfleisch, 50 g Seezungenfilet oder anderes gut bindendes, weißes Fischfleisch, 1 Ei, 180 ml Sahne, Salz, Pfeffer, Muskat
ZUBEREITUNG: Für die Farce einen ca. 750 g schweren Hummer in kochender Court-Bouillon kurz abtöten, das rohe Fleisch auslösen. Den Hummer-Corail, wenn vorhanden, mitverwenden. Hummerfleisch mit den restlichen Zutaten fein mixen, passieren und vor der Weiterverarbeitung mind. 2 Stunden gut gekühlt durchziehen lassen. Für eine Krustentierfarce aus Garnelen, Langusten, Bärenkrebsen etc. entsprechend vorgehen.

Grundzubereitungen

GESCHMORTER OCHSENSCHWANZ
2 kg Ochsenschwanz, Zutaten wie bei Kalbsfuß, außerdem 700 ml Rotwein, 150 ml Madeira
ZUBEREITUNG: Bei der Zubereitung wie beim Kalbsfuß vorgehen, die angebratenen Ochsenschwanzstücke mit 250 ml Wein ablöschen, bis der gewünschte Farbton erreicht ist. Weitere 250 ml Wein zur Jus gießen. Die passierte Ochsenschwanzsauce mit 200 ml Wein und Madeira auf 1 l einkochen. Das abgelöste Fleisch wie den Kalbsfuß pressen, zum Füllen verwenden oder als Ragout oder Kompott zubereiten.

♛

KALBSBRIESROULADE
300 g Kalbsbriesperlen, 100 g Kalbfleischfarce
ZUBEREITUNG: Briesperlen mit der Farce mischen und abschmecken. Masse in Klarsicht- und Alufolie wickeln (ca. 4 cm Ø) und in 85 °C heißem Wasser pochieren (Kerntemperatur ca. 58–60 °C). Rolle kalt stellen und 1- bis 2-mal nachdrehen, damit die Bindung von Bries und Farce erhalten bleibt.

♛

LAMMHASCHEE NATUREL
250 g schieres Lammfleisch (Keule oder Schulter), 60 g Schalottenwürfel, Olivenöl, 15 g Tomatenmark, 100 ml Lammjus naturel, 2 g zerriebene Knoblauchzehe, Salz, Pfeffer, Oregano
ZUBEREITUNG: Das Lammfleisch feinwürfelig schneiden, mit den Schalotten in Olivenöl anbraten, Tomatenmark zugeben, leicht anbraten. Mit Lammjus aufgießen, Knoblauch zugeben und das Ganze schön weich kochen. Nach dem Garen sollte nur noch wenig Sauce übrig sein. Mit Salz, Pfeffer und Oregano abschmecken. Sollte noch zu viel Sauce übrig sein, das Haschee auf ein Sieb schütten, Sauce sirupartig einkochen und wieder mit dem Fleisch verrühren.

PULPO NATUREL
1 frischer Pulpo ca. 1–1,4 kg (Octopus oder Krake), 15 g Meersalz, 1 gespickte Zwiebel (Zwiebel, Lorbeerblatt, Nelke), 4 zerdrückte Pfefferkörner, 4 l Wasser, 2 Flaschenkorken
ZUBEREITUNG: Den Mund des Pulpo herausschneiden, die Fangarme (mit Körperteil) einzeln abtrennen, gut waschen. Pulpo mit allen Zutaten, den Korken und Wasser aufsetzen, zum Kochen bringen und den Pulpo weich kochen (Nadelprobe machen). Pulpo herausnehmen, in mittelgroße Stücke schneiden, nochmals erhitzen, in einen Kunstdarm oder eine Pressform geben und unter leichtem Druck erkalten lassen. Den Pulpo je nach Verwendung in Scheiben oder Würfel schneiden.

♛

GESCHMORTE KALBS- ODER SCHWEINEFÜSSE NATURELS
2 kg frische Füße vom Kalb oder Schwein, etwas Pflanzenöl, 300 g Mirepoix (Röstgemüse aus Karotte, Lauch, Staudensellerie), 1 Knoblauchzehe, 100 g junge Zwiebeln, 1 EL Tomatenmark, 2 frische Tomaten, 1,5 l Wasser, 1 l Kalbsjus naturel, Petersilienstiele, 1 Lorbeerblatt, 4 Pfefferkörner, 2 Wacholderbeeren, 2 Nelken, 3 Pimentkörner, 6 Kreuzkümmelkörner, Salz, Pfeffer
ZUBEREITUNG: Die der Länge nach gespaltenen Füße in einer Kasserolle mit etwas Öl rundherum anbraten, das in haselnussgroße Stücke geschnittene Röstgemüse, Knoblauch und die Zwiebelwürfel zugeben, anbraten, Tomatenmark und frische Tomaten zugeben, leicht glasieren lassen. Wasser und Jus mischen. Davon ⅓ angießen, sodass die Füße etwa 1 cm hoch im Fond liegen. Die Kasserolle abdecken und in den Ofen schieben. Füße garen, dabei mehrmals wenden und immer wieder Wasser und Jus zugeben. Herausnehmen und etwas abkühlen lassen. Schmorsauce passieren und auf 1 l einkochen, die zerstoßenen Gewürze ca. ½ Stunde vor Kochende zugeben. Sauce für den

weiteren Gebrauch bereitstellen oder einfrieren. Schwarten und Fleisch vom Knochen lösen. Überflüssiges Fett und Knorpel entfernen. Fleisch in mittelgroße Stücke schneiden, in einem flachen Topf mit ein paar Löffeln Sauce erhitzen, mit Salz und Pfeffer würzen, in eine Pressform geben und kalt stellen. Aus der Form nehmen und weiterverwenden oder in kleinere Blöcke schneiden und einfrieren oder vakuumieren.

♛

GEPÖKELTER UND MARINIERTER KALBSKOPF

½ Kalbskopfmaske, Pökelsalz, 1 Spickzwiebel, 1 Bouquet garni, Senf, Pfeffer, Weißweinessig
ZUBEREITUNG: Mild gepökelten Kalbskopf kaufen oder frischen Kalbskopf selbst pökeln. Dazu Wasser mit 4 g Pökelsalz pro Liter aufkochen, erkalten lassen und die gewaschene Maske einlegen. Ca. 4 Tage im Kühlschrank ziehen lassen. Zum Marinieren Wasser mit wenig Salz, der Spickzwiebel und dem Bouquet garni aufkochen, die gepökelte Maske einlegen und weich kochen (Nadelprobe machen). Herausnehmen, leicht abkühlen lassen, überschüssiges Fett, Knorpelteile und die Haut des Gaumens sorgfältig entfernen. Den Kalbskopf in ca. 3 x 3 cm große Stücke schneiden. In einem flachen Topf mit 1–2 EL Kochfond erhitzen, mit etwas Senf und Pfeffer aus der Mühle würzen, evtl. etwas nachsalzen. Zum Schluss 5–6 Tropfen Weißweinessig zugeben. Den marinierten Kalbskopf heiß in einen Kunstdarm oder eine halbrunde Pressform füllen. Unter Druck erkalten lassen. Bis zum Gebrauch kalt stellen.

Gewürzzubereitungen

GEWÜRZMARINADE

10 g Sezuanpfeffer, 8 g Korianderkörner, 3 g Kreuzkümmel, 1 g grüne Kardamomschote, 1 g zerriebene Knoblauchzehe, 50 g Blütenhonig, 1 TL Sojasauce, 1 EL trockener Sherry, etwas Salz
ZUBEREITUNG: Alle Gewürze fein mahlen, mit Honig, Sojasauce und Sherry verrühren, leicht salzen, in ein verschließbares Glas füllen und kalt stellen.

♛

BASIS-GEWÜRZMISCHUNG

5 g Sternanis, 10 g Pimentkörner, 5 g Fenchelsaat, 10 g Koriandersamen, 2 g Kurkuma
ZUBEREITUNG: Alle Gewürze zu feinem Pulver zerstoßen und in einem geschlossenen Gefäß trocken lagern.

♛

GEWÜRZBROTMANTEL

150 g in feine Würfel geschnittenes Weißbrot ohne Rinde, 25 g grob gemahlene Pinienkerne, 8 g Basis-Gewürzmischung
ZUBEREITUNG: Alle Zutaten gut mischen und zum Gebrauch bereithalten. Die Mischung lässt sich nur kurze Zeit und in einem geschlossenen Gefäß aufbewahren.

PINIENKERNKRUSTE

20 g Butter, 1 Eigelb, 50 g gemahlene Pinienkerne, 15 g geriebenes Weißbrot ohne Rinde, 10 ml Pinienkernöl, Salz und Pfeffer
ZUBEREITUNG: Die Butter mit Eigelb schaumig rühren, Pinienkerne, Weißbrot und Pinienkernöl zugeben, vermischen und mit etwas Salz und Pfeffer würzen. Die Mischung in Klarsicht- und Alufolie einrollen und kalt stellen bzw. einfrieren.

♛

SCHALOTTEN-KRÄUTER-KRUSTE

3–4 Schalotten, 20 g Butter, 2 Eigelb, 1 EL gehackte Kräuter (Kerbel, Petersilie, Rosmarin Thymian, Koriander), 40–50 g geriebenes Weißbrot ohne Rinde, Salz, Pfeffer, Muskat
ZUBEREITUNG: Die Schalotten in der Schale im Ofen garen, das Schalottenfleisch herausdrücken, pürieren und passieren (sollte ca. 60 g Püree ergeben). Die Butter mit Eigelb schaumig rühren, Schalottenpüree, Kräuter und Weißbrot unterrühren; abschmecken. Wenn die Masse zu weich ist, geriebenes Weißbrot zugeben. Masse in Klarsicht- und Alufolie einrollen und kalt stellen. Innerhalb von 3 Tagen verbrauchen.

LACHSBEIZE
Für je 1 kg beizfertigen Lachs
5 g Basis-Gewürzmischung, 2 EL Salz, 1 EL Rohrzucker, 1 TL Zitronenabrieb, 50 g Blattpetersilie, 5 g Dill, 10 g Estragon, 10 g Basilikum, 10 g Zitronenmelisse (alle Kräuter mit Stiel), Limonenöl
ZUBEREITUNG: Die Gewürze mischen, das Lachsfilet damit bestreuen und mit der Hand vorsichtig einreiben. Die Kräuter grob hacken und auf ein mit Olivenöl bestrichenes Pergamentpapier streuen, Lachsfilet auflegen und einwickeln. 24 Stunden beizen, auspacken, unter fließendem kalten Wasser abwaschen und trocken tupfen. Gebeiztes Lachsfilet mit Limonenöl einpinseln, in Pergamentpapier einwickeln und bis zum Gebrauch kalt stellen.

♛

KRUSTENTIERÖL NATUREL
1 kg Krustentierkarkassen, 1 getrockneter Fenchelzweig, 1 Lorbeerblatt, 1 Nelke, 2 zerdrückte Pfefferkörner, 1 kleines Stück Sternanis, 60 g Tomatenmark, 500 ml Distelöl
ZUBEREITUNG: Die Karkassen zerstoßen, mit den zerdrückten Gewürzen und Tomatenmark vermischen, in einen flachen Topf geben und mit Öl auffüllen. Den Topf abgedeckt auf einem Gitter in den 180 °C heißen Ofen stellen. Die Karkassen unter mehrmaligem Rühren so lange auskochen, bis das Öl wieder klar ist. Durch ein feines Tuch passieren bzw. abtropfen lassen. Krustentieröl in einem verschlossenen Glas kühl aufbewahren.

♛

OFENTOMATEN
6 reife Fleischtomaten, je 1 Zweig Rosmarin und Thymian, Meersalz, Pfeffer, Zucker, Olivenöl
ZUBEREITUNG: Tomaten an der Oberseite über Kreuz einschneiden, ein paar Sekunden in kochendes Wasser legen, abschrecken und die Haut abziehen. Tomaten vierteln und die Kerne entfernen. Tomatenecken in eine Schüssel geben, eine Msp. fein gehackten Thymian und Rosmarin, Meersalz, Pfeffer, Zucker und ein paar Tropfen Olivenöl zugeben; durchschwenken. Tomatenecken auf eine Backmatte legen und im Ofen bei ca. 70 °C ca. 6-7 Stunden trocknen (confieren). Nach ca. 3 Stunden die Tomaten einmal wenden. Getrocknete Tomaten abkühlen, in ein passendes Gefäß legen und mit Olivenöl begießen. Evtl. Kräuterstiele von Basilikum und Estragon zugeben. Bis zum Gebrauch kalt stellen.

Beilagen und Garnitur

RATATOUILLE
Je 1 rote, grüne und gelbe Paprikaschote, 1 Zucchini, 1 kleine Aubergine, Olivenöl, 50 g Schalottenwürfel, 2 g zerriebene Knoblauchzehe, Salz, Pfeffer aus der Mühle, 100 g Tomatenrauten von Fleischtomaten, 1 TL fein gehackte Thymianblättchen
ZUBEREITUNG: Die Paprika schälen, vierteln, entkernen und wie Zucchini und Aubergine in ca. 1 cm große Rauten schneiden. Tomaten in Rauten schneiden, die Abschnitte und das Tomateninnere durch ein Sieb passieren. Paprikaschoten in heißem Olivenöl anschwitzen, Schalotten und Knoblauch zugeben, Auberginen und Zucchini anschwitzen und würzen. Den passierten Tomatensud zugeben und das Ratatouille bissfest garen, vom Herd nehmen, Thymianblätter unterschwenken, fertig abschmecken. Sollte das Ratatouille zu saftig sein, auf ein flaches Sieb schütten, den Sud reduzieren, leicht abbinden und mit ein wenig Olivenöl aufschlagen. Das Gemüse dazugeben und durchschwenken. Ratatouille bis zum Gebrauch durchziehen lassen, evtl. nachwürzen.

ROTES ZWIEBELKOMPOTT
500 g in Ringe geschnittene rote Zwiebeln, 200 ml Rotwein, 30 ml roter Portwein, 25 ml Sherry-Essig, 250 ml Wasser, 25 g Butter, 50 g Honig, Salz, Pfeffer
ZUBEREITUNG: Die Zwiebeln in einem flachen Topf mit Rotwein, Portwein und Essig bei starker Hitze einkochen, bis fast keine Flüssigkeit mehr vorhanden ist. Mit Wasser auffüllen und weiter einkochen, bis nur noch wenig Flüssigkeit übrig ist. Dann Butter und Honig einrühren, mit Salz und Pfeffer abschmecken. Das Zwiebelkompott vor dem Servieren mind. 2 Tage durchziehen lassen.

♛

GNOCCHI
350 g mehligkochende Kartoffeln, Salz, Muskat, ca. 100 g Mehl, 1 Eigelb, 1 EL Olivenöl
ZUBEREITUNG: Die Kartoffeln mit Schale kochen, pellen und durch ein feines Sieb streichen.

Kartoffelmasse zusammenschieben, in die Mitte eine Mulde drücken, Salz, Muskat und Mehl auf die Kartoffelmasse streuen. In die Mulde das Eigelb geben. Von außen nach innen von Hand zu einem Teig vermengen. Sobald der Teig Bindung hat, aufhören zu kneten. Aus dem Gnocchi-Teig eine dünne Rolle formen. 1–1,5 cm lange Stücke abschneiden und über einer Gabel oder auf einem Gnocchi-Brett formen. Sofort in Salzwasser garen, abschrecken, leicht mit Olivenöl beträufeln und auf einem Blech abgedeckt kühl lagern.

NUDELTEIG
100 g Mehl, 100 g Nudelgrieß, 4 Eigelb, 1 Ei, 1 EL Olivenöl, Salz, Muskat
ZUBEREITUNG: Alle Zutaten gut verkneten. Den Teig in eine Klarsichtfolie einwickeln oder in einen Vakuumierbeutel einschweißen. Vor der Weiterverarbeitung mind. 2 Stunden ruhen lassen.

PERLZWIEBELN IN PORTWEIN
10 g Rohrzucker, 20 g Butter, 250 g geschälte Perlzwiebeln, Salz, Pfeffer, 100 ml Rotwein, 100 ml Portwein, 1 kleiner Zweig Thymian
ZUBEREITUNG: Den Rohrzucker mit Butter hell karamellisieren, die Zwiebeln zugeben, leicht würzen und glasieren, mit Rotwein und Portwein auffüllen, Thymian zugeben. Perlzwiebeln im Sud bissfest garen. Auf ein Sieb schütten und die Perlzwiebeln in ein gut verschließbares Glas füllen. Den Weinsud auf 100 ml einkochen und zu den Zwiebeln gießen, auskühlen lassen, Glas verschließen und kalt stellen. Vor dem Gebrauch die Zwiebeln ca. 3 Tage ziehen lassen. Dabei das Glas jeden Tag wenden.

HIPPENMASSE
50 g Honig, 50 g Zucker, 50 g Marzipan, 2 Eier, 1 Prise Salz, 100 g Mehl, 20 ml Sahne
ZUBEREITUNG: Honig mit Zucker, Marzipan, Eiern und Salz gut verrühren, Mehl einstäuben und unterziehen. Hippenmasse ½ Tag ruhen lassen, Sahne unterrühren. Hippenmasse mithilfe einer Schablone auf eine Backmatte streichen, hell ausbacken, kurz abkühlen lassen, dann goldbraun fertig backen und warm in die gewünschte Form bringen. Trocken lagern.

PANIERTE HAHNENKÄMME
Die sehr gut gesäuberten Hahnenkämme in Geflügelbrühe weich kochen. Mit Salz, Pfeffer und Limonensaft würzen, in Mehl und Ei wenden und mit Semmelbröseln panieren, goldbraun ausbacken.

TOMATEN-ZUCCHINI-ROSETTE FÜR DIE LAMM-TORTE
Je 12 dünne Scheiben grüne und gelbe Zucchini, 24 dünne Scheiben Kirsch- bzw. kleine Rispentomaten, 1 TL Kräuteröl (Olivenöl, gehackter Thymian, Rosmarin, Estragon, Petersilie), Salz, Pfeffer
ZUBEREITUNG: Für die Rosetten die Zucchinischeiben halbieren, 4 Pergamentpapier-Rechtecke (ca. 8 x 8 cm) ausschneiden und die Oberseite mit Olivenöl bepinseln. Darauf je 1 Metallring (ca. 6 cm Ø) setzen. Die Zucchini- und Tomatenscheiben farblich abwechselnd als Rosette hineinlegen, Ringe entfernen und bis zum Gebrauch kalt stellen.

GETROCKNETE FISCHHAUT
Haut von Meerwolf, Lachs oder Zander
ZUBEREITUNG: Die geschuppte Haut im Ganzen vom Fischfleisch trennen. Innenseite der Haut mit einem Löffel säubern bzw. abschaben. Haut auf beiden Seiten mit Olivenöl einstreichen, mit Salz und Pfeffer würzen, zwischen Pergamentpapier legen, beschweren und im Ofen bei ca. 180 °C 20 Minuten trocknen bzw. bräunen. Für ein stärkeres Aroma die Fischhaut mit fein gehackten Kräutern wie Rosmarin, Thymian und Salbei bestreuen. Dann aber nur bei 150–160 °C trocknen, damit die Kräuter nicht dunkel und bitter werden.

ANANAS-CHIPS
1 Mini-Ananas, 150 ml Läuterzucker (1:1)
ZUBEREITUNG: Die Ananas schälen, auf einer Aufschnittmaschine in dünne Scheiben schneiden. Strunk rund ausstechen. Ananasscheiben in den 36 °C warmen Läuterzucker legen und darin 2 Stunden ziehen lassen. Ananasscheiben auf eine Backfolie legen und im 75–80 °C heißen Ofen 5–6 Stunden trocknen. Die Chips einmal wenden.

Kulinarische Tipps aus der Sterne-Küche

Die Gerichte und Zubereitungen, die ich für dieses Buch ausgewählt habe, sollen Ihnen vor allem Spaß machen, aber auch Anreiz sein für Abwandlungen und neue Zusammenstellungen, je nach Saison, Anlass und eigenen Vorlieben. Betrachten Sie die Rezepte als roten Faden für Ihre Kreativität und Freude am Kochen. Denn nichts ist schöner als ein Gericht, das mit Achtung vor dem Produkt und seiner Qualität mit Liebe zubereitet wurde und das die Handschrift des Kochs trägt. Für gutes Gelingen möchte ich Ihnen mit diesen Tipps ein wenig Hilfestellung geben.

NÜTZLICHE KÜCHENHELFER

Zwei Geräte, die in Ihrer Küche nicht fehlen sollten: Ein Temperaturprüfer mit sehr feiner Nadel und eine Trüffelwaage. Zusammen kosten sie in guter Ausführung ca. 60 bis 80 Euro.

- Mit einem Temperaturprüfgerät lässt sich der Garpunkt eines Gerichtes sehr genau feststellen. So können Sie sich eine eigene Gartabelle anlegen und damit für ihre Gerichte ein gleichbleibend gutes Endergebnis garantieren.
- Eine Feinwaage mit einer Einstellung ab 0,1 Gramm lohnt sich nicht nur für Trüffeln und Kaviar, sondern auch bei geschmacklich sehr intensiven Gewürzen. So können Sie den Geschmack eines Gerichtes sehr vielschichtig gestalten und vermeiden, dass der Eigengeschmack eines Produkts durch zuviel Würze überdeckt wird.

NATUREL UND CLASSIC

Bei den Rezepten für Fonds und Saucen habe ich zwischen „naturel" und „classic" unterschieden. Naturel bedeutet, dass das Ergebnis nur den vollen Eigengeschmack der verwendeten Produkte enthält und nicht, wie bei der classic-Variante, z. B. mit Wein abgeschmeckt ist. Naturel bedeutet auch ohne Salz gekocht und das hat einige Vorteile:

- Ungesalzene Fonds und Saucen lassen sich besser einfrieren, da sie sich in Geschmack und Struktur kaum verändern. Denn Salz zersetzt Fleisch- bzw. Fischeiweiß und beim Aufkochen entsteht dann Eiweißschaum. Entfernen Sie diesen, entfernen Sie damit auch Geschmack – und Fonds werden ja durch den kräftigen, natürlichen Fleischgeschmack erst richtig wertvoll.
- Ist der Fond bereits gesalzen, besteht die Gefahr, dass der Salzgeschmack beim weiteren Einkochen zu stark wird.
- Naturel gehaltene Fonds und Saucen sind deshalb die ideale Basis für jede Weiterverarbeitung und können passend zum jeweiligen Gericht abgeschmeckt werden.

DIE IDEALE BASIS FÜR FISCHSUPPEN

Für Fisch- bzw. Krustentier-Consommés und -Suppen verwende ich immer zu gleichen Teilen Fischfond und Geflügel- oder Fleischbrühe. So schmeckt die Suppe nicht zu intensiv nach Fisch bzw. nach Krustentieren, hat aber durch den Fleischfond geschmacklich trotzdem die nötige Kraft. Bei einer Tasse Consommé oder Suppe, die aus reinem Fischfond zubereitet wird, wäre das intensive Fischaroma zu aufdringlich und würde den Eigengeschmack der Einlage nicht zur Geltung kommen lassen.

SELBER RÄUCHERN

Um zu Hause selbst zu räuchern, benötigen Sie nicht unbedingt einen Räucherofen. Eine alte Pfanne mit hohem Rand und mit Deckel sowie ein rundes Kuchengitter, das in die Pfanne passt, reichen völlig aus. Zum Räuchern das Räuchermehl (aus dem Baumarkt oder Anglergeschäft) zusammen mit den zerstoßenen Gewürzen in die Pfanne geben, das Kuchengitter daraufsetzen und die Pfanne bei geschlossenem Deckel auf dem Herd erhitzen, bis sich genügend Rauch gebildet hat. Dann das Gargut auf das Gitter legen, den Deckel wieder schließen und nach Geschmack und gewünschter Intensität räuchern. Soll das Raucharoma besonders intensiv werden, muss die Hitze im Topf während des gesamten Räuchervorgangs gleich gehalten werden. Soll das jeweilige Produkt nur ein leichtes Raucharoma haben, reicht es aus, wenn sich in der Pfanne nach dem Einlegen nochmals Rauch aufbauen kann, danach muss keine Hitze mehr zugeführt werden.

AROMATISCHES DAMPFGAREN

Eine sehr schonende und gesunde Garmethode, die in den letzten Jahren auch in der privaten Küche immer beliebter geworden ist. Die Aromatisierung des Dampfes durch Kräuter, Gewürze etc. bietet viel kreativen Spielraum. Sie benötigen dafür einen Topf mit gelochtem Einsatz und passendem Deckel oder, wie beim Räuchern, eine hohe Pfanne mit Gittereinsatz und gut schließendem Deckel.
Als Vorbereitung lassen Sie den Fond mit Kräutern und Gewürzen zugedeckt kurz kochen, damit der Dampf dann das Aroma an das Gargut abgeben kann. Während des eigentlichen Dämpfens darf der Fond dann nicht mehr stark kochen, da der Dampf sonst zu heiß wird, das Eiweiß zu stark bindet und das Gargut zu trocken wird.

IN ÖL POCHIEREN

Pochieren kann man nicht nur in heißem Wasser, sondern auch in Öl. Bei dieser interessanten Variante der Garmethode wird Öl in einem Topf auf 63 °C erhitzt und mit Kräutern und Gewürzen aromatisiert. Dann das Gargut einlegen und darauf achten, dass die Temperatur konstant zwischen 63 °C und 65 °C gehalten wird. Um ein optimales Ergebnis zu erzielen, am besten mit einem Temperaturmessgerät kontrollieren.

Register

A
Atlantik-Meerwolf mit getrüffelter Kalbsfußkruste auf Lauchpüree und Bouillabaisse-Sauce 148

B
Bachsaibling, Filet vom, im Reisblatt gebraten mit Spargel und Kaffeesauce 124

Bastilla-Roulade mit mild geräucherter Taubenbrust und Dattelsauce 114

C
Cappuccino von Wintertrüffel auf Gänseleber-Royale mit Wachtelei in Brikteig 94

Challans-Entenbrust mit gesalzenem Mispel-Kompott und Mascarpone-Polenta-Krustade 168

Champagner-Süppchen mit Waldbeeren und Nektarinen 196

Crottin de Chavignol mit Bergschinken gebraten auf Salat von grünen Bohnen 184

D
Donau-Huchen auf glasierten Radieschen und Senfsaat-Sauce 134

E
Entenleber, Terrine von, mit Teerosinen und gelackten Brustscheiben 72

F
Felsenrotbarbe, bretonische, aus dem Ofen mit Meeresfrüchte-Füllung und Kräuter-Infusion 138

Fenchel, eingelegter, im Zitrusfrüchte-Sud mit im Kokosmantel gebackenen Couscous-Chili-Bällchen 106

Fluss-Aal, Roulade vom, auf Kürbisgemüse 132

G
Gaisburger Marsch von Süßwasserfischen mit Bachkrebsen 96

Gänseleber, Mille-Feuille von, und Perigord-Trüffel in Ochsenschwanz-Gelee 70

Goldbrasse, gebeizte, auf Safran-Escabèche-Creme mit Herzmuschel-Gelee und frittierter Zucchiniblüte 80

H
Hauskaninchen, Zweierlei vom, auf Perlgraupen-Risotto und Gremolata-Sauce 172

Hirschkalbsrücken auf Rouennaiser Sauce mit glasierten Kirschen, Feuilleté von Wurzelgemüsen und Maisküchle 166

Hummer, Dreierlei vom 154

J
Jakobsmuscheln mit Langustinen-Kataifi auf Orangen-Lavendel-Chicorée 158

Jungrinderlende auf Ravioli und roten Zwiebeln mit Markklößchen und gefülltem Kopfsalat 176

K
Kalbsfilet, Roulade vom, und Königsmakrele mit asiatischem Gemüsesalat 88

Kalbskopf, warmer, mit Gemüsevinaigrette und Bries-Taschenkrebs-Krokette 74

Kalbsmedaillon, souffliertes, und Bries-Nieren-Sauté auf Bäckerin-Kartoffel mit Estragon-Sauce 164

Kaninchen, Variation vom 82

Kartoffel-Trüffel-Salat mit Austernbeignet 90

Kohlrabi-Charlotte mit Bachsaibling und Frühlingsmorcheln 120

Krautwickel vom Waller mit Schmorgemüse und Pfifferlingen 128

Kürbiskern-Eisparfait mit pochierter Nashi-Birne und gebackener Marzipan-Praline 192

L
Lachsforelle im Kräuterflädle mit Leipziger Allerlei 130

Lammfilet, Galantine vom, mit Bries-Tortellini und Salat von geschmorter Paprika 86

Landei, gebackenes, auf Borschtsch-Gemüse mit Räucherstör-Brandade und grüner Meerrettichsauce 118

Langostinos mit Curry und Muscovadozucker glasiert, an grünem Spargel mit Vanille-Lychee-Vinaigrette 112

Langusten-Medaillons mit Osietra-Kaviar und Parfait von Erbsenschoten 78

Limonencreme-Ravioli auf Salpicon von exotischen Früchten mit Kokos-Sorbet 188

Lotte-Medaillons, gratinierte, mit Pulpo-Bolognaise und Artischocken-Ragout 140

M

Macadamianuss-Grieß-Schnitte mit Herzkirschen und geeister weißer Schokolade 190

Makkaroni, gefüllte, mit Mozzarella-Schmelze, warmem Gewürzlachs und Basilikumöl 108

Maronen-Soufflé mit Banyuls-Feige und geeistem Cappuccino 200

Milchferkel, Variation vom, auf Paprika mit gebackenen Ricotta-Ravioli und Korinthen-Sauce 174

Mittelmeersardinen, gefüllte Bordüre von 76

N

Nagelrochenflosse mit Kokosreduktion und Gewürzananas auf karamellisiertem Pak-Choi 142

Nierenbraten von junger Ziege auf Lauch-Trüffel-Ragout mit Schinken-Frischkäse-Nocken 162

P

Passionsfrucht-Joghurt-Törtchen mit Himbeergelee und Rahmeis von Edelmandeln 202

Pastinaken-Rösti mit Kräuterseitlingen, Maronensauce und Quittenpüree 104

Périgord-Gänseleber mit Cassis-Rhabarber und frittiertem Ingwer 110

Petersiliensuppe, weiße, auf grüner Mousseline mit Gourmandises von Froschschenkeln 98

Pilzomelett, offenes, mit Gemüse-Spaghettini, warm geräucherter Taubenbrust und Trüffel-Sauce 178

R

Riesengarnele, gegrillte, mit Maispoularden-Couscous-Krokette und Tonkabohnen-Jus 152

S

Salzwiesenlamm, Kotelett und Torte vom, mit gefülltem Gemüse und Chorizo-Püree 170

Samtsuppe von Blattspinat und Pinienkernen mit Seeigel-Flan 100

Schweinefuß, Crépinette vom, auf Berglinsen mit Trüffelsauce 116

Seezungenröllchen mit Mango-Risoni und Krustentieren gefüllt auf Basilikumsauce 144

St. Petersfisch mit Räucherlachs-Meerrettich-Haube auf Rotweinspinat und Schalotten-Risotto 136

Steinbuttfilet und Hummerschaum im Gemüsemantel mit gefüllter Zucchiniblüte auf Kaviarnudeln 146

Steinpilz-Velouté mit Brunnenkresse-Savarin und glasierten Weinbergschnecken 102

Störfilet, mild geräuchertes, mit roher Gänseleber auf Kartoffel-Apfel-Rosette 150

Suppe von La-Ratte-Kartoffeln mit Schnittlauch und Imperial-Kaviar 92

V

Vacherin-Creme, warme, mit Confit von weißen Zwiebeln und gehobeltem Trüffel 186

Vanilleflan, warmer, mit Tamarillo-Butter-Sauce, Curry-Banane und Ananas-Sorbet 198

W

Wachtelbrust im Nudelblatt mit pochierter Gänseleber, Lauch-Karotten-Gemüse und weißem Alba-Trüffel 180

Z

Zanderfilet in der Gewürzbrotkruste mit Kartoffel-Schalotten-Kompott und Rote Bete 126

Zitronen-Piccata von Krebsschwänzen mit Blumenkohl-Mandel-Püree 156

Zwetschgenschnittte, glasierte, mit Nougateis und Armagnac-Rosinen-Mousse 194

Glossar

abbinden
mit Mehl, Speisestärke, Ei, Püree oder Gelatine dickflüssiger machen

abglänzen
mit einem kleinen Pinsel mit Butter, Öl oder Gelee bestreichen

aufschlagen
mit einem Rühr- oder Schneebesen Luft unter eine dickflüssige Masse (z. B. Schlagsahne, Creme, Sauce) schlagen

Agar-Agar
geschmacksneutrales Geliermittel aus Rotalgenpulver

arrosieren
Fleischstücke mit Bratenfett- bzw. -saft begießen

Beignet
in Wein- oder Bierteig Ausgebackenes (z. B. Apfelkrapfen)

beizen
mit Gewürzmischung marinieren oder in Würz- oder Essigsud einlegen

Bouquet garni
Sträußchen aus Kräutern, Gemüse und Gewürzen zum Aromatisieren von Brühen, Fonds und Saucen

Brunoise
fein gewürfeltes Wurzelgemüse, meist gedünstet, als Garnitur für Fisch- und Fleischgerichte oder als Einlage für Suppen

chemisieren
hauchdünn mit Gelee überziehen

Consommé
klare, kräftige Fleischbrühe

Duxelles
fein gehackte Pilze, mit Schalotten in Butter angeschwitzt

Farce
Füllmasse aus schierem Fleisch, Fisch oder Gemüse, fein gemixt mit Ei, Sahne und Gewürzen

Fond
kräftige helle oder dunkle Brühe aus Fleisch, Fisch oder Gemüse als Grundlage für Saucen

glasieren
mit sirupartig eingekochtem Fond, Jus oder Fondant überglänzen

Gourmandise
besonderer Leckerbissen

Julienne
in feine Streifen geschnittenes Gemüse

legieren
Saucen oder Suppen mit einer Eigelb-Sahne-Mischung abbinden; danach nicht mehr aufkochen lassen

mehlieren
mit Mehl bestäuben

Mie de Pain
fein geriebenes Weißbrot ohne Rinde zum Panieren oder als Bindemittel in Farcen und Füllungen

Mirepoix
Röstgemüse aus kleinwürfelig geschnittenem Wurzelgemüse

montieren
fertige Suppen oder Saucen mit Butter aufschlagen

nappieren
beim Anrichten mit Sauce oder Gelee überziehen

parieren
Fleisch zurechtschneiden d. h. von Fett, Haut, Sehnen etc. befreien und küchenfertig zuschneiden; die dabei entstehenden Fleischabschnitte nennt man Parüren, pariertes Fleisch bezeichnet man auch als „schieres" Fleisch

pochieren
schonende Garmethode bei der das Produkt in reichlich Flüssigkeit bei max. 70–95 °C gegart wird

reduzieren
Flüssigkeit bei starker Hitze einkochen, damit die Konsistenz sämiger und der Geschmack konzentrierter wird

Salpikon
in kleine Würfel geschnittenes Fleisch, Fisch, Krustentiere oder Früchte, mit einer Sauce gebunden

saucieren
Sauce beim Anrichten unter oder neben die Speise geben

tournieren
Gemüse, Kartoffeln oder Obst mit einem kleinen Messer in eine gleichmäßige, dekorative Form schneiden

IMPRESSUM

Mit 11 Farbfotos und 10 Schwarzweißfotos von Sarie-An Kunze:
S. 8, 11, 12, 14, 22, 51, 53, 55, 57, 58/59 o., 60, 61, 63, 66, 219;
14 Farbfotos und 5 Schwarzweißfotos Archiv Martin Öxle:
S. 2, 16, 17, 19, 21, 24, 25, 27, 28, 31, 32, 35, 37, 39, 40, 41, 43,
44, 47, 49, 64, 65, 67; 3 Farbfotos Reinhard Rohner/Archiv
Martin Öxle: S. 1, 4, 44; 1 Farbfoto Michael Wissing S. 13

Foodfotografie: Hartmut Seehuber, Stuttgart

Umschlaggestaltung von solutioncube GmbH, Reutlingen
unter Verwendung von Fotos von Sarie-An Kunze
und Hartmut Seehuber

Mit 100 Farbfotos und 15 Schwarzweißfotos

Unser gesamtes lieferbares Programm und viele
weitere Informationen zu unseren Büchern,
Spielen, Experimentierkästen, DVDs, Autoren und
Aktivitäten finden Sie unter **www.kosmos.de**

Gedruckt auf chlorfrei gebleichtem Papier

© 2008, Franckh-Kosmos Verlags-GmbH & Co. KG, Stuttgart
Alle Rechte vorbehalten
ISBN 978-3-440-11510-7
Texte: Martin Hohnecker
Redaktion: Dr. Eva Eckstein, Anna Ziegler
Layout und Satz: solutioncube GmbH, Reutlingen
Produktion: Eva Schmidt
Printed in Germany / Imprimé en Allemagne

Lesegenuss, der Wissenshunger stillt

Mary Hahn Küchenpraxis
Das Küchenlexikon
ca. 700 Seiten, ca. 1.000 Abbildungen
€/D 39,90; €/A 41,10; sFr 69,–
Preisänderung vorbehalten
ISBN 978-3-440-10763-8

- Von A wie Aal bis Z wie Zander, von arrosieren bis ziselieren – das Küchenlexikon gibt Antwort auf alle Fragen zu Küchentechnik, Zutaten und Zubereitungsarten, Fachbegriffen, Ernährung, internationalen Speisen und Getränken.

- Mit über 7.000 Stichwörtern.

- Sonderseiten zu wichtigen Themen, Trends und Produkten wie Kaffee, Gewürze oder Kürbis runden das kulinarische Handbuch ab.

www.kosmos.de